课题来源：2021年度中国残疾人联合会研究课题
课题名称：新时期聋人大学生就业帮扶机制研究
课题编号：21&ZC027

项目来源：2020年河南省网络文化建设精品项目
项目名称：六校联动架起残疾人网络育人桥梁

聋人高等教育支持体系研究

谭笑风　著

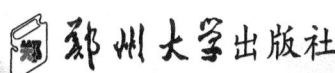

郑州大学出版社

图书在版编目(CIP)数据

聋人高等教育支持体系研究 / 谭笑风著. — 郑州：郑州大学出版社，2022.9

ISBN 978-7-5645-8553-2

Ⅰ.①聋… Ⅱ.①谭… Ⅲ.①聋哑人－高等教育－研究 Ⅳ.①G64

中国版本图书馆 CIP 数据核字(2022)第 030593 号

聋人高等教育支持体系研究
LONGREN GAODENG JIAOYU ZHICHI TIXI YANJIU

策划编辑	王卫疆	封面设计	曾耀东　伦鹏程
责任编辑	宋妍妍	版式设计	苏永生
责任校对	樊建伟	责任监制	凌　青　李瑞卿

出版发行	郑州大学出版社	地　　址	郑州市大学路40号(450052)
出 版 人	孙保营	网　　址	http://www.zzup.cn
经　　销	全国新华书店	发行电话	0371-66966070
印　　刷	广东虎彩云印刷有限公司		
开　　本	710 mm×1 010 mm　1 / 16		
印　　张	12.25	字　　数	228 千字
版　　次	2022 年 9 月第 1 版	印　　次	2022 年 9 月第 1 次印刷
书　　号	ISBN 978-7-5645-8553-2	定　　价	56.00 元

本书如有印装质量问题，请与本社联系调换。

前　言

聋人作为人口规模处于第二位的残疾人类别,其发展情况体现社会的文明;教育对于残疾人来说,具有"内生造血"的功能,有利于包括聋人在内的残疾人接受知识,实现价值。《残疾人教育条例》明确指出,普通高级中等学校、高等学校、继续教育机构应当招收符合国家规定录取标准的残疾考生入学,不得因其残疾而拒绝招收。接受高等教育既是聋人权利的保障,又是教育发展的必然要求。

随着人类文明的进步和国家政策的重视,聋人教育逐渐受到重视,越来越多的聋人学生走进大学,接受高等教育。聋人高等教育是我国特殊高等教育系统的重要组成部分,教育对象在身心发展、学习需求等方面的特殊性,需要高校在入学、教育、就业等各个环节做好衔接,需要高校在师资、专业、学习、生活、环境、思想文化建设等方面开展支持,高校支持体系的构建情况决定聋人高等教育的质量。为促进聋人接受高质量的教育,本书在整理研究文献,调查聋人学生情况、支持体系现状,开展相关访谈的基础上,遵循高等教育发展规律、聋人大学生身心特征、支持体系相关理论的原则,重点阐述聋人高等教育的支持体系模式和发展现状,再具体从学校层面出发,分析聋人高等教育发展过程中的各项支持体系的具体内容。

根据上述思路,本书绪论、第一章和第二章力求帮助读者建立起理念框架和内容体系。第一章从聋人高等教育支持体系概述出发,阐述聋人高等教育的内涵、聋人高等教育支持体系及其理论基础;第二章阐述特殊高等教育发展的法规、政策及高校制度建设,包括我国残疾人高等教育法规政策支持体系构成及相关内容、国际相关残疾人高等教育的重要文献与法规、学校推进聋人高等教育的相关政策举措以及聋人高等教育事业发展法律建设展望。本书第三章至第九章重点分析聋人高等教育各项支持体系的具体情况和建设策略,分别论述了聋人高等教育招生支持体系、学习支持体系、师资支持体系、生活支持体系、环境支持体系、就创业支持体系、思想文化建设支持体系等,内容包含各项支持体系的概述、分类、项目、发展、建议,结合郑州工程技术学院等招收聋人大学生的院校系统介绍了支持体系的构建情况和发展策略。

  本书由谭笑风拟定编写思路和写作提纲。各章编写人员具体分工如下:绪论、第二章、第九章,谭笑风;第一章、第四章、第五章、第七章,魏雪寒;第三章、第六章、第八章,罗强。

  本书在编写过程中参阅了大量的文献研究资料,尽量明确标注,但难免挂一漏万,对未标注和列入参考文献的作者,表示真诚的歉意。由于时间仓促、能力有限,恐有纰漏及不当之处,敬请各位读者不吝赐教!

目录

绪论 ……………………………………………………………………… 1

第一章 聋人高等教育 支持体系概述 …………………………… 14
第一节 聋人高等教育的内涵 ……………………………………… 14
第二节 聋人高等教育支持体系 …………………………………… 21
第三节 聋人高等教育支持的理论基础 …………………………… 30

第二章 特殊高等教育发展的法规、政策及高校制度建设 ……… 39
第一节 我国残疾人高等教育法规政策支持体系构成及其相关内容
………………………………………………………………… 39
第二节 国际相关残疾人高等教育的重要文献与法规 …………… 46
第三节 学校推进聋人高等教育的相关政策举措 ………………… 49
第四节 聋人高等教育事业发展法律建设展望 …………………… 55

第三章 聋人高等教育 招生支持体系 …………………………… 59
第一节 构建完善招生宣传支持体系 ……………………………… 59
第二节 优化招生过程支持 ………………………………………… 62
第三节 入学前衔接支持 …………………………………………… 64

第四章 聋人高等教育 学习支持体系 …………………………… 68
第一节 教育形式 …………………………………………………… 69
第二节 专业体系 …………………………………………………… 76
第三节 课程体系 …………………………………………………… 85

第五章 聋人高等教育 师资支持体系 …………………………… 92
第一节 教师规模和质量 …………………………………………… 92
第二节 聋人教师队伍 ……………………………………………… 98
第三节 手语翻译团队 ……………………………………………… 104

第六章 聋人高等教育 生活支持体系 …………………………… 108
第一节 聋人大学生生活支持结构类型 …………………………… 108

第二节　聋人大学生校内生活支持场景 …………………… 113
　　第三节　聋人大学生社会生活场景支持 …………………… 122
第七章　聋人高等教育　环境支持体系 ……………………………… 133
　　第一节　无障碍物质环境建设 ……………………………… 133
　　第二节　无障碍信息环境建设 ……………………………… 136
　　第三节　无障碍心理环境建设 ……………………………… 145
第八章　聋人高等教育　就业创业支持体系 ………………………… 152
　　第一节　就业创业教育支持 ………………………………… 153
　　第二节　就业创业组织支持 ………………………………… 160
　　第三节　就业创业援助支持 ………………………………… 162
第九章　聋人高等教育　思想文化建设支持体系 …………………… 168
　　第一节　聋人大学生思想政治状况分析研究 ……………… 168
　　第二节　建立基于聋人大学生的思想政治育人新格局 …… 174
　　第三节　建立基于聋人大学生的文化建设新常态 ………… 181

绪 论

众所周知,教育学是研究人类教育历史及其内在规律的科学。从教育学研究角度出发认为,教育的基本要素是指"教育作为促进人类发展的社会实践活动,是一个相对独立的社会系统。教育的基本要素主要包括教育者、学习者、教育内容和教育手段"。① 这个规律是一般性的规律,具有教育研究普遍的意义,也包括针对微观而具体层面的高等教育教学支持体系。高等教育教学支持体系是指,高等教育机构内部、社会各方面力量为了保障高等教育教学活动顺利开展,完成教学任务,实现教育目标,培养出符合社会需要人才而提供的各项支持力量的总称,包括硬件支持体系、软件支持体系等内容。从教育部制定的评估指标体系考察内容来看,评估一级观测点主要包括:办学指导思想、师资队伍建设、教学条件与应用、教学建设与改革、教学管理、教学效果、学风、特色与创新项目等内容;二级观测点进一步细化为:办学定位,办学思路,师资队伍建设数量与结构、主讲教师情况,教学基本设施、教学经费,专业、课程、实践教学,管理队伍、质量控制,教师风范、学习风气,基本理论与基本技能、毕业论文或毕业设计、思想道德修养、体育、社会声誉、就业等内容。高职高专院校与普通本科院校的观测点也有一定差距。从某种意义上来讲,高等教育教学支持体系也即人才培养评估或者合格评估进行考核评估的内容,从上述层面来考察验证一个学校是否具备举办高等教育的要素,是否具有人才培养的能力,是否具有毕业证以及学位授予资质的基本条件,培养的学生是否符合经济社会发展的需要,等等。对教育教学支持体系的评价已经成为我国高等教育事业发展的不可或缺的重要组成部分,也形成了具有中国特色的评估考察验证体系。

一、高等教育教学评估体系建设及其历史发展

评估是一种导向、引领和规范,从高等教育教学评估的支持体系历史

---

① 向贤明.教育学原理[M].北京:高等教育出版社,2019:50.

演变来看,它是一个从无序到有序,从规范到提升,从偏重于硬件建设、相对统一,到尊重差异、鼓励特色,再到提升内涵质量的过程。

(一)基于高等教育支持体系教育教学评估的历史沿革

1990年,在总结"七五"期间我国教育评估理论研究成果和试点工作经验的基础上,原国家教委(现为教育部,下同)正式颁布了《普通高等学校教学评估暂行规定》,提出建立、健全包括"合格评估""办学水平评估"和"选优评估"在内的社会主义高等教育评估体系和评估制度。[①] 1993年《中国教育改革和发展纲要》《高等工业学校教学工作评估方案(讨论稿)》施行;1995年《中华人民共和国教育法》颁布;1998年《中华人民共和国高等教育法》《首批普通高等学校本科教学工作评估实施办法》《关于进一步做好普通高等学校本科教学工作评价的若干意见》颁布;2002年,教育部宣布将合格评估、选优评估和随机评估三种形式评估统一为普通高等学校本科教学工作水平评估;2006年4月18日,时任教育部部长周济在普通高等学校本科教学评估工作经验交流暨评估专家组组长工作研讨会上,做了题为"教学评估是提高教育质量的关键举措"的报告,提出"高教战线必须以科学发展观为指导,深入贯彻'巩固、深化、提高、发展'八字方针,巩固成果,深化改革,提高质量,持续发展,着力提高高等教育质量,培养全面发展的高素质人才"。针对高职高专、普通本科高校的评估随之全面展开。

(二)基于高等教育支持体系教育教学评估的法理与现实依据

开展教学评估或对教育支持体系评估,除要遵守上述有关法律法规以外,还要依据高等教育发展规律、我国国情民情、时代发展特点、国家发展需要,以及不同类别学校的办学定位、办学特点和目标任务等方面的因素来进行。既要坚持《高等教育法》所要求的根本任务、人才培养目标等共性问题,也要兼顾各类学校的历史沿革、地域区位、学科专业设置、服务面向定位、教育对象差异等要素。不同高校在历史形成发展过程中有着自己独具特色、风格鲜明的文化内涵和人才培养风格。"大学精神是反映大学历史传统、特征面貌的一种精神文化形态,是师生员工在长期的教与学、工作与生活实践中逐步形成和发展起来的,并为广大师生所认同的一种群体意识。它既体现学校的办学方向和办学理念,又体现师生员工的奋斗目标和价值追求,并且融一个民族的优秀文化传统与时代精神于一体,集一所

[①] 张彦通.高等教育评估与质量保证研究[M].北京:北京航空航天大学出版社,2011:45.

学校长期的文化积淀与当代追求于一身,具有鲜明的时代性和个性特征。大学精神一旦形成,就会不断地浸透大学文化的行为主体和各种文化载体中,以其特有的导向、凝聚、激励、塑造等功能在大学发展中发挥着重要的作用。"①因此,在评估过程中既要把握统一性也要兼顾差异性,既要考虑学科专业特点,也要考虑因材施教以及受教育者的特点与风格。就是要尊重各大学在历史中形成的文化精神和办学定位,这也就是特色项目设置存在的目的和意义所在。

同时,对教学评估和高等教育支持体系的考量还要考虑高等教育面临的新的时代特征。"人们对事物的价值判断,总是受一定思想观念指导和影响的,有时对同一件事物的评价,由于思想观念不同,结果就可能有差异,尤其是定性评估的结论更是如此,因此,评估者在开展教学工作评估时必须有统一的思想观念。"②同时,在工作评估过程中,既要有总体指导思想的把握和基本标准的存在,也要根据时代变迁、社会转型、科技发展、价值追求变化而因地制宜、因时制宜。21世纪以来,尤其党的十九大提出中国特色社会主义进入了新时代,我们面临着"百年未有之大变局",这个变局既有教育理念之变,要坚持党对高等教育事业的绝对领导,要培养"德智体美劳"全面发展的社会主义建设者和接班人的思想指导,也有"新工科、新医科、新农科、新文科"的价值引领,着力推进形成覆盖学科门类的中国特色、世界水平的一类学科集群,培养有"工匠精神"的新时代大学生;既要发挥好课堂教学主阵地,运用教师渊博传统的知识、技能等教育教学方法来教育、培养、引导学生,也要更新现代教育理念,运用新观点、新方法、新技能来教育培养学生,比如基于线上教学课程设计的慕课、翻转课程、线上线下混合式教学,精品课、在线资源课程等,基于互联网和客户端新技术的钉钉课堂、雨课堂、腾讯课堂、网易云课堂、百度传课、企业微信等教学平台模式。今后一个时期要"做强一流本科、建设一流专业、培养一流人才,全面振兴本科教育,提高高等教育人才培养能力,实现我省高等教育内涵式发展"。③因此,既要在变化中把握根本遵循,守住人才培养底线,也要在变化中寻找高等教育的发展机遇,抓住业态变化、科技进步、社会需求、国家需要、时代特点,不断深化改革,提升教育教学质量,培养创新人才。

---

① 谭笑风.大学精神要坚持统一性和发展多样性[J].中州大学学报,2007(1):77.
② 李洁.高校教学评估研究[D].福州:福建师范大学,2016:16.
③ 建设一流本科专业,未来河南要这么做[N].大河报,2019-07-12(15).

二、聋人高等教育事业发展及其支持体系特征

聋人高等教育支持体系是一个不断探索和发展的过程,它的发展尤其内在发展规律,是从早期评估、鉴定、干预、融合到学校教育、职业教育与终身教育的自身发展体系;是需要整合多种社会资源的公共社会服务体系;是涉及政策法规、财政拨款、师资培训和专业支持、教育信息平台建设等因素的支持保障体系。相比而言,特殊教育发展的支持保障体系是上述三个体系的重中之重,而政策法规则是构建和完善支持保障体系的关键所在,是保持特殊教育可持续发展的根本保障。

（一）聋人高等教育的历史由来及其发展

2007年第二次全国残疾人抽样调查结果显示(表1.1),我国目前听力残疾人数达2004万,其中,河南170.34万。党和政府一贯重视保障聋人的受教育的权利。1982年通过的第四部《宪法》第二章第四十五条规定,"国家和社会须帮助安排盲、聋、哑和其他有残疾的公民的劳动、生活与教育",这是我国第一次在国家的根本大法中对聋人的教育、生活和劳动问题所做出的明确规定。之后,国家相关法律法规对残疾人(聋人)高等教育发展不断给予明确和提升。

表1.1 第二次全国残疾人抽样调查结果

地区	残疾人口数（万人）	占总人口比例（%）	地区	残疾人口数（万人）	占总人口比例（%）
北京市	99.9	6.5	湖北省	379.4	6.6
天津市	57.0	5.5	湖南省	408.0	6.4
河北省	495.9	7.2	广东省	539.9	5.9
山西省	202.9	6.0	广西壮族自治区	337.5	7.2
内蒙古自治区	152.5	6.4	海南省	49.4	6.0
辽宁省	224.2	5.3	重庆市	169.4	6.1
吉林省	190.9	7.0	四川省	622.3	7.6
黑龙江省	218.9	5.7	贵州省	239.2	6.4
上海市	94.2	5.3	云南省	288.3	6.5
江苏省	479.3	6.4	西藏自治区	19.4	7.0
浙江省	311.8	6.4	陕西省	249.0	6.7
安徽省	358.6	5.9	甘肃省	187.1	7.2
福建省	221.1	6.3	青海省	30.0	5.5

续表1.1

地区	残疾人口数（万人）	占总人口比例(%)	地区	残疾人口数（万人）	占总人口比例(%)
江西省	276.1	6.4	宁夏回族自治区	40.8	6.8
山东省	569.5	6.2	新疆维吾尔自治区	106.9	5.3
河南省	676.3	7.2			

纵观我国近三十年特殊教育政策发展变迁的轨迹,其深受经济、政治与文化等深层结构因素影响,并呈现出制度变迁启动阶段(1978—1987年)、渐进性制度变迁阶段(1988—2009年)、断裂性变迁阶段(2010—2017年)三个特征鲜明的阶段。[①] 国务院办公厅转发了国家教委等部门《关于发展特殊教育的若干意见的通知》(国办发〔1989〕21号)文件,其中第一条第二款提出,发展特殊教育要贯彻普及与提高相结合,要逐步发展中等教育和高等教育。第一条第六款指出,高等院校、中等专业技术学校和技工学校要继续认真贯彻落实招收残疾学生的有关规定。有条件的省、自治区、直辖市,要选择一两所大专院校,试招盲、聋等残疾学生在适合的专业中学习。2007年发布的《关于"十五"期间进一步推进特殊教育改革和发展的意见》(征求意见稿)指出:改革开放以来,我国特殊教育事业的发展取得了显著成就,但是,我国特殊教育的发展整体上还落后于其他各类教育,不能满足残疾人日益增长的教育需求。下一步要积极创造条件,努力扩大残疾人接受高等教育的机会。继续办好现有的残疾人高等学校。有条件的地方可在高等学校举办特殊教育学院(系)或招收残疾人的专业(班),此类学校(系)和专业(班)要积极创造条件,扩大招生规模。并进一步针对特殊教育进行深化教学改革、全面推进素质教育、进一步提高特殊教育质量。2014年到2020年,国家制订了两期"特殊教育提升计划"(2014—2016年、2017—2020年),党的十八大以来,残疾人高等教育稳步发展,高等教育残疾人接受的渠道有效畅通,《残疾人参加普通高等学校招生全国统一考试管理规定》为残疾人参加高考提供合理便利和必要支持。2012年至2018年,全国共有6.22万残疾考生进入普通高等院校学习,特殊教育公共支出持续增长。2008年至2015年,国家实施两期特殊教育学校建设项目,财政投入71.42亿元,新建、改扩建中西部地区1182所特殊教育学校,支持61所残疾人高等院校、中等职业学校

---

① 冯元,张金福.近三十年我国特殊教育政策发展进程的理论阐释:基于历史制度主义的分析生命的价值得以充分肯定和彰显[J].教育发展研究,2017(11):21.

和特殊师范院校改善办学条件。①

改革开放以来,尤其是经过近十年来的深耕细作,特殊教育包括高等特殊教育得到了长足发展。总体来看,非义务教育阶段特殊教育得到了积极发展,特殊教育经费投入力度得到进一步加大,特殊教育基础能力建设得到进一步提升,特殊教育教师队伍建设得到进一步加强,特殊教育课程教学改革得到进一步深化,特殊教育学校教学设施建设标准得到进一步规范。教学用房设计规定要求:聋人学生由于听力障碍,诸多由耳获取的信息只得以眼代耳,以其他感官感受来弥补听力障碍带来的缺陷。如以不同灯泡颜色的亮、灭、有规律的闪烁,利用电视上的文字、图像传达信息,以手语及口形变化为媒介来相互交流,通过振动感受节拍的韵律等。

由于党和国家的重视,聋人的教育事业,包括高等教育事业有了一定程度的发展,但由于历史的原因和客观条件的限制,以及社会上存在着对聋人这一特殊群体的偏见与冷漠,聋人在公平享受高等教育权利上存在着诸多问题和困难。20世纪八九十年代,河南省许多优秀的聋人学子为了圆大学之梦,远赴当时仅有的招收聋人的长春大学和天津工学院求学深造,且全省被这两所高校录取的聋人学生总数年均不到3人。聋人要求接受高等教育的迫切愿望和现实情况形成强烈反差,严重影响他们对生活的信心以及个人发展。高等特殊教育严重滞后于聋人的需求和社会的发展。

近年来,聋人高等教育得到了突飞猛进地发展。为增加残障考生上大学机会,教育部批准同意22所高校面向残障考生采取单独考试、单列计划、单独录取,鼓励高校开设特殊教育专业。截至2018年6月,全国已有61所普通本科高校开设特殊教育专业,在校生1万余人。2018年,全国高职院校开设特殊教育专业点37个。从残障学生的身心特点来看,聋人学生因为自身具有生活、学习、交往方面的自为、自立性,在22所招收残障学生的高校中,聋人学生是其中的主角。

(二)普通高等教育支持体系与聋人高等教育支持体系比较

"建设教育强国是中华民族伟大复兴的基础工程,必须把教育事业放在优先位置,加快教育现代化,办好人民满意的教育……办好学前教育、特殊教育和网络教育,普及高中阶段教育,努力让每个孩子都能享有公平而有质量的教育。"②聋人高等教育是普通高等教育的重要组成部分,对普通本科、

---

① 中华人民共和国国务院新闻办公室.平等参与共享:新中国残疾人权益保障70年[EB/OL].[2019-07-25][2022-05-05].http://www.xinhuanet.com/politics/2019/07/25/c_1124797039.htm,2019.7.25.

② 习近平.十九大报告(全文)[N].人民日报,2017-10-19(003).

高职高专院校评估指标体系的要求,除特殊规定和要求之外,同样在一定程度上也适用于聋人学生,就是共性教育资源的存在也适用于聋人学生人才培养之教育教学、管理服务、教学计划、教学目标任务的需要。

按照教育部关于普通本科、高职高专院校合格办学条件的要求(表1.2),针对不同学校学科类别属性,在硕士生师生比、生均教学行政用房、生均教学科研仪器设备值、生均图书等方面的数据值要求,既是招收健全学生的指标体系的基本要求,也是招生聋人学生指标体系的基本要求。另外,在办学思路与领导作用方面,办学定位与规划、领导能力、教学中心地位、人才培养思路、产学研合作教育等方面,聋人学生与健全学生一样,需要在办学定位、发展目标方面明确清晰;在领导班子能力方面需要树立"办学以教师为本,教学以学生为本"办学理念;在培养目标、产学研合作方面要注重"育人为本、德育为先、能力为重、全面发展"导向,要注重与行业企业合作,共建教学资源、合格培养人才。另外,在实验实训、社会实践,学风建设、校园文化建设,思想政治教育、思想品德养成,质量要求等方面与健全学生相比也是基本一致的。

表1.2 《普通高等学校基本办学条件指标(试行)》(教发〔2004〕2号)

学校类别	生师比	具有研究生学位教师占专任教师的比例(%)	生均教学行政用房(平方米/生)	生均教学科研仪器设备值(元/生)	生均图书(册/生)
综合、师范、民族院校	18	30	14	5000	100
工科、农、林院校	18	30	16	5000	80
医学院校	16	30	16	5000	80
语言、财经、政法院校	18	30	9	3000	100
体育院校	11	30	22	4000	70
艺术院校	11	30	18	4000	80
综合、师范、民族院校	18	15	14	4000	80
工科、农、林院校	18	15	16	4000	60
医学院校	16	15	16	4000	60
语言、财经、政法院校	18	15	9	3000	80
体育院校	13	15	22	3000	50
艺术院校	13	15	18	3000	60

总的来说，聋人高等教育支持体系与健全学生高等教育支持体系，在办学指导思想、人才培养目标、基本教学条件等方面具有一致性，但是，由于残疾人在心理、生理结构上某种组织、功能的丧失或者不正常，无论从政治层面，还是从人文关怀层面，残疾人在法律法规方面得到国家的肯定、支持和关爱是党和国家的责任和义务。因此，残疾人在权益保障、健康与康复、就业与创业、基本生活与社会保障、无障碍环境建设与个人行动能力、人身自由与非歧视等方面，得到政府和社会"格外关心，格外关注"就有了法理依据和人文依据。"扶贫先抚智"，下大力气开展残疾人专门教育与融合教育工作在残疾人帮扶工作中具有不可替代的作用，抓好聋人高等教育事业的发展也是题中应有之意。因此，聋人高等教育事业除了高等教育体系共性的支持体系之外，还需要在融合教育支持体系、思想政治教育支持体系、心理健康支持体系、信息技术支持体系、手语服务支持体系、专业课程建设支持体系、教学改革支持体系、文化认同支持体系、教学、学生管理队伍支持体系、综合服务支持体系、合作交流支持体系等方面进行研究和建构，建立具有时代特征、富有中国特色、符合聋人身心特点的高等教育支持体系，以构建和完善现代大学治理体系和治理能力现代化，促进聋人高等教育事业良性发展。

（三）聋人高等教育的若干分支体系构成分析

从我国第一所聋人高等教育办学机构的诞生，迄今已有30多年历史。从学术理论研究、政府政策出台，到高校聋人教育的实践探索，聋人高等教育支持体系有其鲜明的特点。聋人高等教育由于教育教学对象的特殊性，其教学质量的保障需要一个更加完整的保障体系。根据聋人高等教育的特点，其支撑体系可以分为内部体系和外部体系两部分，从支持体系层次来看，也可分为宏观、中观、微观三个层次。

从宏观层面看：一是聋人高等教育的举办受到时代政治导向、经济发展程度诸因素的制约和影响。我国聋人高等教育发展大体可分为两个阶段，世纪之交的起步探索阶段和两期特殊教育学校建设项目、两期国家"特殊教育提升计划"（2014—2016年、2017—2020年）实施阶段。第一阶段除长春大学特殊教育学院（1987）举办较早之外，天津理工大学聋人工学院（1991）、北京联合大学特殊教育学院（2000）、郑州工程技术学院（原中州大学，2001）三所学校，包括2002年和2003年南京特殊教育师范学院和长沙职业技术学院均成立于世纪之交。1984年，以"弘扬人道，奉献爱心，全心全意为残疾人服务"为宗旨的中国残疾人福利基金会成立。针对家庭和学生反映接受高等教育难的问题，教育部和卫生部在1985年修改了体检标准，放宽了对残疾考生的限制。1988年，残疾人代表组织——中国残疾人联合会的成立，为我国高等特殊教育事业发展提供了组织、协调、服务机构保障,同时,残疾人高等教育的发展开始越来越多地受到各级政府、各级各类学校以及社会各界的广泛关注和支持,有关残疾人高等教育的各项法律和规定也随之逐步建立和完善。这一时期,中国经济得到了较好发展,社会保持持续稳定,国际合作与交流日趋加深,特殊教育(聋人高等教育)的发展既是残疾人家庭和个人的要求,也是社会发展、文明进步的发展和需要。第二个阶段是在2010—2020年。2008年至2015年,国家实施两期特殊教育学校建设项目,财政投入71.42亿元,新建、改扩建中西部地区1182所特殊教育学校,支持61所残疾人高等院校、中等职业学校和特殊师范院校改善办学条件。[①]"特殊教育提升计划"进一步细化和完善了聋人高等教育的支持内容并加大了国家对特殊高等教育的支持力度。二是聋人高等教育的举办受到价值理念、文化认同方面的影响。从历史制度主义认识论来看,对待残疾人的制度变迁受制于行政者的理性"算计"与文化认知。随着第一次工业革命、第二次工业革命的发展,生产关系得以重新整合,生产力得到极大释放,尤其是第三次工业革命,将人类从依靠体力劳动的制约中解放出来,人们重新考量人与自然、人与人、人与社会之间的关系以及个体存在性。20世纪中后期,随着肇始于西方的去机构化运动、残疾人社会运动和自立生活运动的兴起,促使人们对残疾人的生命价值认识进行改变。由此,在联合国《残疾权利宣言》《关于残疾人的世界行动纲领》等文件的倡议之下,"才促使各国逐步改变以往排斥和歧视态度,逐步转向包容和接纳残疾人的社会文化"。[②]随着我国改革开放的全面推进,基于残疾人的认知与发展与发达国家同向而行并形成了自己的特色。习近平总书记指出:"残疾人是社会大家庭的平等成员,也是人类文明发展的一支重要力量。"[③]对残疾人的生命价值关怀和残疾人事业发展通过纳入国家发展战略、健全权益保障法制、优先建设法律服务体系、健全残疾人服务工作机制、加大财政支出和组织领导等方式予以保障,送医送教上门、消除隔离增加融合、积极推进就业创业、"普惠加特惠"扶贫济困、康复理念康复政策的实施,确保残疾人作为社会主义现代化建设者的主体地位得到了前所未有的保障和激发,在经济发展、社会治理、文化交

---

① 平等参与共享:新中国残疾人权益保障70年.新华网:http://www.xinhuanet.com/politics/2019-07/25/c_1124797039.htm[EB/OL],2019.7.25.

② 王国羽,林昭吟,张恒豪.障碍研究理论与政策应用[M].台北:巨流图书公司,2012:113-114.

③ 习近平.更加勇敢地迎接生活挑战 更加坚强地为实现梦想努力[N].人民日报,2014-05-17(1).

融、国民素养整体性提高、社会稳定和谐发展等方面发挥了积极作用。① 从某种意义上来讲,高等特殊教育的发展是随着国家经济社会的发展而发展的,它不仅具有高等教育的属性、经济的属性,还具有政治的属性、文化的属性。换言之,高等教育的发展受到了经济发展、政治存在、文化认同、高等教育发展程度的制约。人的全面而自由的发展是社会主义制度发展的目标和落脚点,但也会受到经济等方面的影响,聋人高等教育的发展也需要上述积极措施的大力支持。

从中观层面看:一是聋人高等教育的举办受到地域分布和地方、高校领导办学理念的影响。先期举办聋人高等教育的几所学校,除北京、天津、南京等地区之外,多集中在东北和中西部地区,比如吉林、河南、陕西、湖南等地,这些地方人口较多、教育受重视程度较高、聋人追求接受高等教育愿望强烈。上述学校大多是新成立不久或者刚升格不久的地方高校,在夹缝中求生存必须办出特色,做到"别无我有、别有我优、别优我特"是这一时期地方高校的重点考虑的问题,这就需要学校领导班子开阔的办学眼界和智慧。在郑州工程技术学院等高校,特殊教育学院是校长所联系学院、特殊教育事业作为"校长工程"来抓,自举办聋人高等教育以来,连续5任校长均作为联系领导,亲力亲为抓特殊教育。可见,地方政府和学校领导对聋人高等教育的认识程度、支持程度直接影响着学校该项事业的发展程度。二是聋人高等教育的举办受到大学学科专业的影响。聋人信奉这样一句话:"除了听,我们什么都可以做。"陈少毅认为:"聋人头脑灵活、眼睛明亮、四肢安全、健步如飞,有做好任何事情的身体条件;聋人耳根清净、精神专注、执着专一,更有做好任何事情的心理条件。聋人不仅有条件,更有能力出类拔萃。"②但是,对于大部分聋人学生来说,由于生理缺陷,导致知识学习的深度和广度不够,对有些专业、课程知识技能学习相对比较困难。因材施教是特殊教育的根本。了解聋人学生的心理、生理特征是特殊教育的基础。"聋人表现了不显著的左视野—右脑优势,听力正常人表现了不显著的右视野—左脑优势"。③因此,在专业设置上必须把握聋人学生的这一特点,找准适合于聋人学习掌握的专业,在教学内容、教学方法、教学手段和教学目标上不能一味地只是健全学生教学特征的"迁移",而是找出适合聋人的教育教学方法方式。从某高校特殊教育学院20年专业发展演变来看,聋人高等教育的趋向性和凝聚性比较明显。

---

① 冯元,张金福.近三十年我国特殊教育政策发展进程的理论阐释:基于历史制度主义的分析生命的价值得以充分肯定和彰显[J].教育发展研究,2017(11):21.
② 陈少毅.从聋到龙:聋人生活必读[M].北京:华夏出版社,2009:330.
③ 张凤琴.聋人与听力正常人图形视认知的比较与大脑左右半球功能不对称性的关系[J].中国特殊教育,2000(1):18.

另外，从10所举办聋人高等教育较早的学校开设专业调查来看，多集中在艺术（艺术产品设计、视觉传播设计与制作、美术学、服装与服饰、动漫）、计算机（信息工程技术、计算机科学技术、网络工程等方面）两个专业领域，而且自办学以来专业设置变化不大，相对比较稳定。这也是多年来根据聋人身心特点总结出来的专业设置办学规律。但专业设置的局限性一定程度上影响了聋人的发展，郑州工程技术学院的"随专业就读"融合教育教学模式、天津理工大学"随班就读"融合教育教学模式等有益探索，在一定时期、一定程度上满足了聋人学生多学科、多专业选择的愿望，但在具体实施过程中也不可避免暴露出来一些问题，如特殊教育学院与专业所在学院之间的合作问题、人才培养方案设计问题、教学管理与学生管理问题、学习条件支持保障问题等，需要进行认真总结和反思。

从微观层面来讲，是指聋人高等教育形成、运转、发展过程中形成的，在针对聋人学生群体的思想政治教育、心理健康教育、现代信息技术教育支持、手语翻译支持、专业课程设计、教学改革探索、校园文化建设、学生管理建设、综合服务管理等方面，具体而微的实施举措，也有着其鲜明的特色。这也是本研究所主要涉及研究的内容，在此不做赘述。

三、聋人高等教育支持体系研究现状

聋人高等教育支持体系发展研究作为整个高等教育支持体系发展研究的组成部分，既受到高等教育整体支持体系和发展理念的影响，需要作为高等教育支持体系的一部分来进行研究和发展；同时也有着不同的特点和要求，需要进行专门的设定和研究。目前，国内关于聋人高等教育发展的研究较少，也没有形成较系统的研究成果，我们从高等特殊教育整体发展研究出发，以期对聋人高等教育的良性发展有所启发。

（一）特殊教育发展的政策研究

特殊教育法律法规的实施和政策制度的制定是我国特殊教育事业发展的宏观途径，我国就是通过制定系列特殊教育发展支持计划进行层层推进，进而起到有效贯彻落实我国特殊教育事业发展政策和法律的作用。比如，《特殊教育管理者眼中的全纳教育：中国随班就读政策的执行研究》（邓猛，2004）、《改革开放30年中国特殊教育的发展及政策建议》（赵小红，2008）等论文，对我国特殊教育政策执行情况进行了研究。《特殊教育政策：正义及其局限》（王培峰，2015）一书，对我国特殊教育政策进行了全面梳理，对我国特殊教育政策的内涵进行了全面总结，从政治哲学角度分析了我国的特殊教育政策的优势及不足，通过运用公共政策和普通教育研究的方法理论，提出了特殊教育政策价值分析、内容分析、伦理分析的框架，对我国特殊教育

政策总体结构体系、结构要素进行全面分析,总结了经验与不足。

另有研究指出,要首先准确地研判我国特殊教育发展面临的形势,揭示当前我国特殊教育总体的国内外发展环境、有利条件和机遇、主要问题和挑战。总体来说,当前我国特殊教育发展形势正面临向以"公平和质量"为主要特征的"普及—提高"并重的发展方向转型结构调整期。① 我国特殊教育要立足人本价值与民生意义的特殊教育发展战略价值定位,特殊教育发展战略的基本策略路径应按照综合改革逻辑,重点从特殊教育政策对象、目标以及特殊教育管理体制政策、经费政策、教师政策、课程与教学政策六大要素方面进行政策调整。"当前,我国特殊教育发展战略的主要任务是进行特殊教育权力结构调整、特殊教育支持保障体系建设与完善、重度障碍儿童教育、残疾儿童少年义务教育质量提升与均衡发展、残疾儿童学前教育等。"② 另外,丁勇立足未来五年的特殊教育支持保障体系建设规划,从政策与制度设计的角度,提出建立以公平为目标的发展导向机制、以政府为主导的统筹管理机制、运行机制、经费保障机制、督机制等建议。③

(二)特殊教育发展的区域发展研究

这方面的研究反映了区域发展特殊教育的独立思考和特色发展的价值取向。譬如,司福亭运用 SWOT 分析法,深入分析河南省高等特殊教育的优势、劣势、机会和威胁,将河南省高等特殊教育发展具有的优势、劣势和环境要素进行综合分析评价,进而确立促进河南省高等特殊教育发展的战略举措。④ 刘福泉从以人为本,全面落实科学发展观和建构社会主义和谐社会出发,以天津市作为环渤海经济圈的腹地与核心的重要地位,以及现代大都市的发展预期为背景,参照国内外特殊教育发展的现状与趋势,在分析特殊教育在天津发展丰硕成果的基础上,提出提升天津市特殊教育整体水平的发展战略,重点强调特殊教育门类的适度拓展,教师培养机制的合理建设,以及特殊教育科学研究实力的增强措施。⑤ 另外,冯滨鲁、王淑荣也立足让所有残疾儿童接受合适教育的目标,提出山东省优化特殊教育结构等措施。

---

① 王培峰.特殊教育政策:正义及其局限[M].南京:南京大学出版社,2015:12-14,236-237.
② 王培峰.特殊教育政策:正义及其局限[M].南京:南京大学出版社,2015:12-14,236-237.
③ 丁勇.关于健全特殊教育保障机制的思考[J].中国特殊教育,2016(2):10.
④ 司福亭.基于SWOT分析的河南省高等特殊教育发展战略研究[J].中州大学学报,2011(3):87.
⑤ 刘福泉.提升天津市特殊教育整体水平的发展战略[J].天津市教科院学报,2009(6):26.

(三)从特殊教育哲学研究看特殊教育价值认同研究

特殊教育哲学是对特殊教育、残疾人、残疾人观等方面具有更深层次的探究、认知和把握的科学。这个领域的研究是随着特殊教育事业的发展而发展的。2000年之前,相对研究匮乏,只有葛新斌的《人的基本特征与特殊教育的发展——哲学人类学对特殊教育的启示》一文,重要启示分为:哲学人类学有助于形成新的残疾人"缺陷观";哲学人类学有助于形成新的残疾人"补偿观";哲学人类学有助于形成新的残疾人"价值观";哲学人类学有助于形成特殊教育的"本质观";哲学人类学对特殊教育实践有直接的引导作用5个方面。进入新世纪以来,经济社会发展推动了人们对"人本主义"的审视,对特殊教育哲学问题的思考不断深刻、不断全面,蔚然成系统,凡近20余篇学术论文。特殊教育哲学化的关键在于:关注价值论应然研究,促使特殊教育研究植根于深厚的理论基础;重视概念逻辑方法,使特殊教育达到真正有深度的理论研究,进而对特殊教育支持体系做出本质的、逻辑的归纳和概括。

"特殊教育发展"是一门独立的二级学科,这个学科的设定对特殊教育学科的发展尤其对特殊教育支持体系的研究建设具有十分重要的意义。不仅体现了社会主义制度的优势,也体现了中国人文关怀、对基本生命权利和生命差异的尊重。每一个残疾人都应被视为一个独特的生命个体,都是人类多样化的一种表现。残疾学生的平等权利理应得到尊重和保障,得到平等公平的对待。正确认识残疾学生,认识残疾现象,形成正确的残疾人观和特殊教育观,是对特殊教育从教人员、管理人员以及研究人员的根本要求。从学科发展来看,正是对特殊教育价值的认识才为聋人高等教育支持体系研究和特殊教育学科发展赋予了灵魂。

(四)特殊教育管理暨聋人高等教育管理支持体系研究

特殊教育管理理论研究是聋人高等教育得以顺利实施的前提和保障,是一种理论指导和模式遵循。在20世纪八九十年代,我国关于特殊教育管理方面的研究已经有了一定探索。2006年,时任教育部主管特殊教育副司长李天顺发表了关于《坚持科学的发展观,进一步加强特殊教育学校建设和管理,促进特殊教育事业的新发展》文章。2007年,南京特殊教育职业技术学院出版了《特殊教育管理学》,对我国特殊教育管理问题进行了系统地研究。该书运用教育学原理,汇聚特殊教育管理研究的成果,界定了特殊教育管理的对象,揭示了特殊教育管理的规律,对特殊教育管理产生的背景、性质和方法进行了研究说明。从具体操作层面来讲,特殊教育管理分为特殊教育行政管理、学校管理、随班就读管理等;从行政管理的维度来看,特殊教育管理涉及教育、民政、劳动和社会保障、福利、医疗等机构;同时,此书还一并揭示了特殊教育管理存在的难度以及对特殊教育发展前景设计。

第一章

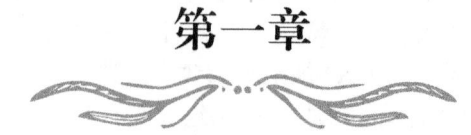

聋人高等教育支持体系概述

聋人大学生是一个特殊的群体,聋人高等教育以促进聋人大学生成长、成人、成才为目的,运用特殊的教育方式,利用聋人视觉敏感和色彩分辨力强的优点,设置专业,并有针对地开设课程。多采用直观形象的教学方式,教、学、做一体化,并利用多媒体设备、手语翻译等途径深化其对知识的理解。在管理上也针对聋人的特点采用特殊的方式方法,构成了聋人高等教育的整体。为促进聋人高等教育的发展,郑州工程技术学院围绕聋人大学生的教育教学开展探索,以心理学理论、教育学理论、社会学理论等为基础,促进聋人高等教育支持体系的完善。

第一节 聋人高等教育的内涵

一、教育的基本理论

教育是一种活动,自从有了人类,就有了教育活动,有了人们对教育活动的认识。人们对教育这种现象有各种不同的解释:如斯宾塞认为"教育要为生活做准备";杜威认为教育即生活、学校即社会;陶行知则提出"生活即教育,社会即学校、教学做合一"三大主张。潘懋元认为"教育是一种社会活动,区别于其他社会事物的本质属性就是人的培养"。本书参照美国分析教育哲学家谢弗勒《教育的语言》一书，从教育的概念、内涵和外延以及结构等分析教育。

（一）教育的概念

谢弗勒《教育的语言》一书中探讨了三种定义的方式，即"规定性定义""描述性定义"和"纲领性定义"。任何一个"教育"的定义往往同时具备"规定性定义""描述性定义"和"纲领性定义"，凸显了"教育"定义的复杂性、多样性和歧义性。

现代教育学界普遍认为教育有广义和狭义之分。从广义上说，教育是增进人们知识技能、影响人的身心发展为直接目标的社会活动。简单地说，教育是一种培养人的社会活动，也是教育的本质。① 狭义的教育是指学校教育（school education），是由专职人员和专门机构承担的有目的、有系统、有组织的，以影响学生的身心发展为直接目标的社会活动。学校教育是效率最高的教育活动。②

（二）教育的内涵和外延

在中外教育史上，尽管对于教育的解说各不相同，但存在着共同的基本点，即都把教育看作是一种有意识地培养人的活动。这是教育区别于其他现象的根本特征，是教育的质的规定性。

教育的外延，可以依据不同的标准进行不同分类。如依据教育的正规化程度，可以将教育分为正规教育（主要指学校教育）和非正规教育。依据教育的实施机构，可以把教育分为学校教育、家庭教育和社会教育。他们相互联系，相互促进，其中，家庭教育是基础，社会教育是保障，学校教育是核心。一方面，学校有责任加强和学生家长的联系；另一方面，家长应主动和孩子的学校、班主任加强联系。同时整个社会要为青少年的健康成长提供良好的教育环境和条件，这也是教育支持体系的组成部分。学校教育不仅包括全日制的学校教育，还包括半日制或业余的学校教育、函授教育、广播学校和电视学校的教育等。

（三）教育的结构

教育的结构包括内部结构和外部结构。教育的内部结构是指教育作为一种培养人的活动，其微观的结构构成，即教育活动的结构；教育的外部结构是宏观层面的，教育作为社会的一个子系统，其宏观的结构构成，也称教育系统的结构。

---

① 全国十二所重点师范大学联合编写.教育学基础[M].北京:教育科学出版社，2015:2.

② 李屏.教育学[M].武汉:华中科技大学出版社，2014:13.

1. 教育活动的结构

教育作为一种培养人的活动,是由教育者、受教育者和教育影响(也称为教育中介、教育措施)等基本要素构成,这些要素之间的相互作用构成教育活动的内部结构。教育内部结构的运行,是教育者借助教育手段、以教育内容作用于受教育者的过程,其结果是影响受教育者的身心发展。

2. 教育系统的结构

教育作为社会的一个子系统,与社会的政治、经济、科学技术、文化和人口等其他系统共同构成完整的社会结构。教育与其他社会系统间存在着相互影响、相互制约的关系,共同影响着社会的发展。

二、高等教育的基本理论

2018 年 5 月 2 日,习近平总书记在北京大学师生座谈会上指出,"教育兴则国家兴,教育强则国家强"。高等教育是一个国家发展水平和发展潜力的重要标志。党和国家事业发展对高等教育的需要,对科学知识和优秀人才的需要,比以往任何时候都更为迫切。

(一)高等教育的简介

从纵向施教机构来看,我国学制包括学前教育、初等教育、中等教育和高等教育四个层次。高等教育是在完成中等教育的基础上进行的专业教育和职业教育,是培养高级专门人才和职业人员的主要社会活动。高等教育是教育系统中互相关联的各个重要组成部分之一。通常包括以高层次的学习与培养、教学、研究和社会服务为其主要任务和活动的各类教育机构,既强调通识性又注重专业性的教育。高等教育按学历层次划分,一般可分为专科教育、本科教育和研究生教育三个层次。高等教育机构的教学组织主要有全日制的和业余的、面授的和非面授的、学校形式的和非学校形式的等多种形式。高等专科学校学生的修业年限为 2~3 年,大学和独立设置的学院学生的修业年限为 4~5 年。

(二)高等教育的特点

高等教育区别于普通教育,主要是在"智育"(或称"知能教育")方面,它是建立在普通中学知能教育基础上的高等专业教育,其特点就在于"高"与"专",性质不同于普通教育,程度上又高于中等专业教育,是建立在普通教育基础上的专业教育。①

---

① 潘懋元,刘丽建,魏晓艳. 潘懋元高等教育论述精要[M]. 福州:福建教育出版社,2015:4.

1. 培养目标和专业设置

基本实现教育现代化,是2020年全面建成小康社会的重要内容。现代经济发展对高等教育改革提出了新的要求,各国对人才的需求与日俱增,不仅需要高级技术人才和管理人才,而且需要大批中级技术人才。要求高等教育必须建立适应现代经济发展需要的合理的人才结构,改革传统高等教育象牙塔式的结构,实现教育结构类型的多样化。社会发展需要各种专门人才,为了满足这种需要,高等学校的教育"必须为国家建设服务,必须同生产劳动相结合"。高校需要结合根据教育目的和经济发展的需要,制订特殊有针对性的专业培养目标,增强专业范围的适应性,确保学习内容有一定的深度和广度。

2. 课程设置与教育教学

高等学校教学计划数以百计,课程、教材数以千计,在教学计划中,必须正确处理一般基础课、专业基础课、专业课、选修课的关系,教学、科学研究的关系,先修课程与后续课程的关系,课堂教育与实习事件、毕业设计、毕业论文等的关系。在教学大纲与教材中,必须正确处理理论与实践、当前需要与长远需要、基础理论与科学技术最新成就等关系,以及科学体系与学科系统性的关系、学科系统性与专业针对性的关系。高等学校课程门类多,教材多样,内容丰富又千差万别,教学形式多样化,注重培养学生的自觉性和探索研究的动机。

(三)高等教育的阶段

高等教育"大众化"是美国学者提出的衡量高等教育发展阶段和水平的一个概念。1970年和1971年,美国加州大学伯克利分校的马丁·特罗教授在《从大众向普及高等教育的转变》和《高等教育的扩张与转化》中提出了高等教育发展阶段划分的理论;当一个国家大学适龄青年接受高等教育者的比率在15%以下时,属于精英高等教育阶段;15%~50%为大众化高等教育阶段;50%以上为普及化高等教育阶段。根据《2021年全国教育事业发展统计公报》显示,各种形式的高等教育在学总规模4430万人,高等教育毛入学率57.8%,从数据上,我们高等教育已经迈入普及化阶段。

三、聋人高等教育简介

自从有人类社会就有残疾人,残疾永远与人类如影随形、相伴而生。据统计,世界上有六亿五千万残疾人,无论他们生活在世界上的哪个地方,生活和学习常常由于身体上或社会上的障碍而受到限制。残疾人是世界上最大的少数群体,其中80%生活在发展中国家。根据我国第七次全国人口普查总人口数及第二次全国残疾人抽样调查"我国残疾人占全国总人口的比例和各类残疾人占残疾人总人数的比例"推算,2010年末我国残疾人总人数8502万人,听力残疾2054万人,①占全国残疾人口总数的24%。一方面,在融合教育理念的影响下,教育家们认为平等受教育的权利必须包括接受高等教育的权利,将聋人的教育提升到一个新的高度,为聋人更好地融入社会,得到更全面充分的发展提供条件。另一方面,聋人们在各行各业取得的成绩,也证明自身具有进一步深造的资质。

(一)残疾人高等教育

残疾人高等教育是以生活质量为取向的支持性教育,支持的最终目的是提高残障大学生的生活质量。② 国外研究者将残疾人高等教育界定为:障碍个体在中等教育后继续接受的教育,包括进入高等院校接受的教育、建立在中等教育基础上的各类职业、技术教育(Sitlington,2003)。我国现阶段残疾人高等教育特指为视觉、听觉、肢体有残疾者举办的高等专门教育。③ 残疾人高等教育作为高等教育的组成部分,受高等教育一般规律的制约,但由于教育对象的生理、心理和认知等方面的显著特点,又有其各自的特殊性。④ 我国高等特殊教育起步较晚,高等特殊教育正式具有一定的规模和体系起始于20世纪80年代中期。发展残疾人高等教育是社会发展进步的体现,是社会文明进步与科技高速发展的结果,高等教育大众化趋势也使得残疾人接受高等教育理应得到社会的认可和支持。

我国残疾人高等教育自20世纪80年代起步以来,随着《残疾人教育条例》《中华人民共和国残疾人保障法》《中华人民共和国教育法》《中华人民共和国职业教育法》《中华人民共和国高等教育法》等法律法规的发布,逐步保障了残疾人接受高等教育的权利。我国残疾人的高等教育已初步形成了以特殊高等教育学校为骨干,以普通高校随班、随专业就读为主体的发展格局。实施高等教育的特殊教育机构主要有单独设置的特殊高等教育院校(如南京特殊教育师范学院)、普通高等院校的特殊教育院校或开设特殊教育系和专业(如长春大学特殊教育学院、郑州工程技术学院、郑州师范学院、

---

① 中国残疾人联合会.2010年末全国残疾人总数及各类、不同残疾等级人数[EB/OL][2012-06-26][2022-05-05]. http://www.cdpf.org.cn/sjzx/cjrgk/201206/t20120626_387581.shtml.

② 张健萍,卢培勇.首都残疾人高等教育院校学生事务支持体系的发展[J].出国与就业:就业版,2011(2):28.

③ 曲学利.建设和发展首都的应用型残疾人高等教育的探索[J].中国特殊教育,2005(6):55.

④ 刘金荣.残疾人高等教育学校支持体系研究[J].长春大学学报,2014,24(9):1271-1275.

长春大学)、普通高等学校招收残疾青年(南京师范大学)、成人高等教育的形式即国家认可的职工大学、自学考试函授等(如国家开放大学)。此外,还有更高层次的硕士(长春大学)、博士教育正在逐步地发展和完善。①

(二)聋人高等教育概况

聋人高等教育是我国特殊高等教育系统的重要组成部分,聋人高等教育的教育对象是在心理、生理及认知等方面具有显著特点的聋人大学生,其发展具有有别于普通高等教育的特殊性。② 许多学者提出了对聋人高等教育的不同看法,主要有以下三种观点:①聋人高等教育可简单概括为"为听觉残疾者举办的高等专门教育";③②聋人高等教育为"根据聋人身心的基本特征和需要,采用普通或特殊的教育教学方法,录取取得高等教育入学资格的适龄聋哑青年在普通高等教育院校或独立高等教育学院接受高级专门教育的活动";④③聋人高等教育是根据聋人身心特征和需要,在聋人学生完成中等教育的基础上,以高等院校为依托,通过多种形式对其进行的专业教育,其目标在于培养聋人学生成为对社会有用的高层次专门人才。⑤

综上所述,聋人高等教育可理解为针对符合国家残疾人入学标准的适龄听障青少年所实施的一种有计划、有目标,具有一定特殊性的高层次专门人才教育活动,主要有两个方面的内涵:一是聋人高等教育是一种专门教育,其教育计划的制订、教学环境的建设等都围绕受教育对象的特殊性展开;二是聋人高等教育是一种有别于普通高等教育的高层次教育。⑥ 是指有高等教育需求的聋人进入普通高校接受高等教育,并得到学校适当的安置、培养、服务与支持等,即聋人学生经过普通高考或经过独立招生考试后,被高校录取进入普通高校随班就读,或进入普通高校中的特殊教育学院(系或专业)进行学习,接受高等教育。聋人高等教育起步较晚,还处于发展初级阶段。最早招收聋人学生的高等教育机构为长春大学特殊教育学院,之后陆续有其他高校参与聋人学生的高等教育中。比较有影响力的聋人学生高等教育学校有:天津理工大学聋人学院、长春大学特殊教育学院、北京联合

---

① 张金福,范莉莉.残疾人事业概论[M].南京:南京大学出版社,2019:100.
② 王妍.以聋人学生需求为导向的聋人高等教育模式研究[D].天津:天津理工大学,2015:5.
③ 朴永馨.特殊教育词典[M].北京:华夏出版社,2006.
④ 方俊明.当代特殊教育导论[M].西安:陕西人民教育出版社,1998.
⑤ 汤盛钦.特殊教育概论[M].上海:上海教育出版社,1998.
⑥ 王妍.以聋人学生需求为导向的聋人高等教育模式研究[D].天津:天津理工大学,2015:5.

大学特殊教育学院、南京特殊教育师范学院、郑州师范学院、郑州工程技术学院等。①

目前,我国聋人高等学校招生主要采取单独命题、单独考试录取的形式。招生对象为高中毕业(或同等学力)的聋人未婚青年。一般要求年龄在25周岁以下,生活可以自理,无传染性疾病和影响学习的疾病。2021年,全国有14 559名残疾人被普通高等院校录取,2302名残疾人进入高等特殊教育学院学习②,据不完全统计,特殊教育学院中聋人占比在90%以上,入学总量稳中有升。在专业设置上,我国聋人高校注意兼顾聋人学生的生理特点和社会需求,针对聋人视觉观察能力敏锐、对具体形象事物感受力强的优点,为聋人开设的专业以美术专业为主,少数学校开设服装设计、园林设计和计算机等专业。并通过无障碍环境、课程调整、支持服务等保证聋人大学生享受到相应的权利,促进教育的培养质量。

(三)聋人高等教育存在的问题

聋人高等教育在取得发展成就的同时,也面临发展中的困境,机遇和挑战并存,也为未来发展指出新的方向。

1. 规模有限

在高等教育大众化的发展过程中,聋人在普通高等院校接受教育的比例仍远低于平均水平,只有少数优秀的聋人可通过努力争取到来之不易的入学机会。高等教育作为中等教育的延伸,中等教育的质量自然会直接影响高等教育的开展。目前,由于中高等教育衔接不够,已经直接影响高等教育的质量。首先,中等教育地域间的发展不平衡,造成生源素质参差不齐;其次,过度强调应试教育,轻视素质教育,导致学生基本素养不高,基本学习能力欠缺。③

2. 质量欠佳

高等教育入学阶段,平等入学权利未得到强有力保障。虽然我国相继出台了相关的法律条款,努力创造条件,积极招收符合录取标准的残疾考生,不得因其残疾而拒绝接收,仍会出现"拒招"的现象。且无障碍环境建设尚不完善、课程调整面临不足、支持服务体系尚不健全等,聋人大学生仍面

---

① 贺荟中.听觉障碍儿童的发展与教育[M].2版.北京:北京大学出版社,2018:152.

② 中国残疾人联合会.2021年残疾人事业发展统计公报[EB/OL].[2022-04-06][2022-05-05] https://www.cdpf.org.cn/zwgk/zccx/tjgb/0047d5911ba3455396faefcf268c4369.htm.

③ 王珍珍.中州大学聋人高等教育的现状、问题及对策[J].中州大学学报,2013(3):91-94.

临着就业难、升学难的问题。[①] 既造成了资源的浪费,同时又将影响其他聋人学生和家长对接受高等教育的信心。

3. 层次较低

当今社会,一个人社会价值和社会地位的高低很大程度上取决于他的培养质量和就业,所以对于残疾大学生来说高等教育的质量至关重要。当前我国高等教育体系以专科为主,少数专科、本科兼收,与普通高等教育中研究生教育的发展不成比例,且没有鼓励优秀聋人学生继续学习(或直通)的专科升本科乃至继续攻读研究生学位的政策和制度。入学招考制度还需要不断完善,且需要加强受教育过程中的各项保障。

第二节 聋人高等教育支持体系

残疾人高等教育是以生活质量为取向的支持性教育,支持的最终目的是提高残障大学生的生活质量。[②] 残疾人接受高等教育需要政府、学校、家庭、非政府组织、社区等社会各界的大力支持,建立和完善残疾人高等融合教育支持体系是我国残疾人高等教育发展的一项重要内容。[③] 聋人高等教育作为残疾人高等教育的重要组成部分,在30年来的发展历程中,初步形成了自己的办学模式,教育界正在积极探索能够满足聋人大学生学习需求的教育模式和支持体系。聋人的学习、生活与健听大学生一起,融入普通的大学文化之中,共同接受教育,为融入社会做好准备。对聋人的教育支持,不仅仅局限于物质性支持,还包括受教育权利、机会、精神等方面的支持,主体上也包括国家、社会、家庭等对残疾人接受高等教育所提供的帮助和扶持。

一、聋人高等教育支持体系的概念

(一)支持体系

聋人高等教育的发展需要得到多方面的大力支持,而如何定义"支持"

---

① 刘全礼等.中国特殊教育发展报告(2016年)[M].南京:南京师范大学出版社,2018:236-238.

② 张健萍,卢培勇.首都残疾人高等教育院校学生事务支持体系的发展[J].出国与就业:就业版,2011(2):28.

③ 马宇.我国残疾人高等融合教育支持体系研究[D].南京:南京师范大学,2014.

和"支持体系"显得非常重要。支持,简单地说就是扶持、帮助、救助、援助。社会支持研究认为支持是在环境中改善人类生存状况的力量或因素,由"社区、社区网络和亲密伙伴提供的工具性或表达性的资源",支持是通过机构组织或个体的行为活动体现出来的。① 很多情况下,支持是单向的,是对社会弱势群体提供的一种无偿救助和服务。正是因为支持的这种关注弱势群体的特点,支持观念被引入特殊教育领域。最早见于美国智力落后协会,其认为支持是一种资源和策略,是增进个体利益,并使其从整合的工作与生活环境中获得资源、信息和固有关系,进而促使其独立性、互存性、生产性、社区整合性与满足感都得到提高的过程。支持是一个整合资源、提供最大帮助的过程,所以在提供支持的同时,实际上需要整合动用各方面的资源。为了使这些资源得到最佳整合并形成体系,需要以支持系统的模式来提供支持服务。有研究者认为:支持体系是以个体(被支持者)为中心,个体及其周围与之有接触的人(支持者)以及个体与这些人之间的交往活动(支持性的活动)所构成的系统。② 人与人的支持活动可以独立提供,但各类支持服务的提供往往立于一定的组织体系基础上,如政府人员在提供支持时需要利用政府机构的资源,学校教师在提供支持时需要利用学校资源。即使父母在为子女提供支持时也需要利用家庭内部资源,所以个体的支持行为发生的同时,实际上已经动用了支持系统的资源。但相对单独以个体行为的形式提供支持而言,如果提前组织好各类资源,进行调配,合理分工,形成一个系统资源,有可能取得更好的支持效果。另外,环境因素以及人与环境的互动也是支持系统的重要组成部分,这些环境不仅仅指各类机构的硬件设备、实体建设,还包括人文环境。良好的环境提供可以增强支持服务的效果,在环境中,人和环境的互动也是支持系统所要关注的一个层面。③

(二)残疾人教育支持体系

根据联合国教科文组织全纳教育指南,即《全纳教育共享手册》中提及的对全纳教育的支持概念,"支持包含能够帮助学生学习的全部手段,尤其是那些能够对普通班主任已有的手段提供补充的资源"。④ 马宇认为,支持

---

① 黄建行,雷江华.特殊教育学校学生康复与训练[M].北京:北京大学出版社,2014.

② 谭静.高中生社会支持对心理健康影响的研究[D].广西师范大学,2004.

③ 谢明.孤独症儿童的教育康复[M].天津:天津教育出版社,2007:255.

④ 联合国教科文组织编全纳教育共享手册陈云英杨希洁、赫尔实译北京:华夏出版社,2004.

是指无论是国家、社会团体或机构、家庭、学校、社区,还是个体,向残疾学生提供有助于实现残障学生身心健康发展、完成自身职业发展、最终融入社会的各方面资源、信息和关系,使其在学习、生活、工作的环境中个体独立性和发展性得到提高。①

教育本身就是社会系统中的一个较为独立的子系统,涉及较多的影响要素,如教育者、学生、教育影响等,"支持体系"也就是指按照特定的教育需求,从国家、学校、家庭、非政府组织、社区等不同的层面建立相互作用又相互影响的支持系统,形成一个由政策、人员、资源、技术、设施等共同组成的有机整体,以提高高等教育的效果,促进高等教育的发展。

(三)残疾人高等教育支持体系

国务院办公厅2016年8月颁发的《"十三五"加快残疾人小康进程规划纲要》中强调,残疾人的教育是迫切需要保障与提升的任务之一,要"提高残疾人受教育水平",反复强调残疾人教育,残疾人高等教育事业的发展离不开各方面的支持体系的建立。张宁生认为:"残疾人接受高等教育的支持系统应从物质到精神,从政策到舆论,从行动到态度给予支持与帮助,将残疾人高等教育支持体系分为法律支持系统、社会支持系统和学校支持系统等三个方面。"②

马宇将我国残疾人高等融合教育支持体系界定为:新中国成立以来政府、学校、非政府组织、家庭以及社区等为残疾人高等融合教育的发展所提供的各项支持,所形成的一个相互支撑、相互联系的系统,构成促进我国残疾人高等教育发展的较为独特、相对完整的支持体系。③ 该界定从主体上将我国残疾人高等教育体系打通,勾画出一个以"残疾人高等融合教育"为中心的"多元双通路支持体系模式"。所谓"多元",是指能为残疾人接受高等融合教育提供支持的国家(政府、高等学校、家庭、残联或非政府组织等)以及社区等支持主体;"双通路",是指任何支持主体之间均为双向互动,而不是单一封闭地为残疾人提供的某种支持,双向互动产生相互影响,有利于残疾人高等融合教育的顺利实施。残疾人高等教育的发展趋向融合,融合教育的支持体系与残疾人高等教育支持体系具有一致性。

(四)聋人高等教育支持体系

聋人高等教育是残疾人高等教育和特殊教育中的重要一环,作为与聋

---

① 马宇.我国残疾人高等融合教育支持体系研究[D].南京:南京师范大学,2014.
② 张宁生.残疾人高等教育研究[M].沈阳:辽宁人民出版社,2000.
③ 马宇.我国残疾人高等融合教育支持体系研究[D].南京:南京师范大学,2014.

人学生接受教育息息相关的高校,不论是在传道授业上还是提供支持服务上都起着至关重要的作用。对在残疾学生中占比较高、数量较多的聋人学生提供支持服务是促进教育公平的需要,是国家促进残疾人高等教育的要求,更是高校义不容辞的责任所在。

高校应主动为聋人学生提供必要的支持服务,帮助他们更加充分、更加高质量地接受高等教育。高校能够提供的支持服务是多元化的,涉及聋人学生的学习、生活、交流及心理等各个方面。目前国内为聋人大学生提供的各项学校支持服务,主要涵盖学业支持、生活支持和无障碍环境支持等。聋人高校应主动加强软、硬件支持服务建设,以提升人文关怀,促进教育公平。[①] 王珍珍认为,聋人高等教育支持性体系是指运用政策和科技辅助工具为聋人大学生创设无障碍的学习环境,以改善聋人学生接受高等教育的条件。[②] 基于此,可将聋人高等教育支持体系界定为是在支持服务的基础上,形成的体系和机制,是高校为聋人学生提供必需的帮助或一系列最佳支持的总称。

加强聋人高等教育的发展,提高聋人学生的高等教育入学率,对我国高等特殊教育事业的发展将起到巨大的推动作用。完善聋人高等教育支持体系,聋人大学生的各项合法权益将得到更好的保障,有助于我国特殊教育的发展和整体教育质量的提高。

二、聋人高等教育支持体系的分类

关于聋人高等教育支持体系分类的研究,可以参照残疾人高等教育支持体系的分类,中外研究者对残疾人高等教育支持体系的分类有着不同的理解和阐述。

(一)国外分类体系

从国外学者的研究来看,均是从高校内部如何促进残疾人完成学业的层面对教育支持进行不同角度的分类研究。

美国学者Susan等人将残疾人高等教育支持与服务分为"常规支持、为残疾学生开设的专项调整与支持服务,以及专门设置为残疾学生提供广泛支持的团队"等三类,其中常规支持就是指任何学生,无论残疾与非残疾学

---

① 张靓媛,韩梅.我国聋人高校支持服务现状及优化策略探讨[J].绥化学院学报,2017(4):44-47.

② 王珍珍.中州大学聋人高等教育的现状、问题及对策[J].中州大学学报,2013(3):91-94.

生,均可获得的支持服务。① Arlie、Robert 等人将残疾人教育支持总体分为八大类,分别是常规支持、教育或个人策略教学支持、职业辅助与工作经验支持、辅助技术支持、行政管理支持、无障碍设施支持等,大类之下有更详细的小类。② 而英国伦敦城市大学的教育研究者 Ozcan 在《残疾学生高等教育评估》一文中指出,英国通过公共政策鼓励扩大残疾人高等教育,通过评估提高教育质量。他在文中从评估的角度将残疾人高等教育支持总结为:表达过程中的支持、应答过程中的支持、环境支持、时间以及日程安排上的支持等,重点强调评估过程中的支持,如评估材料、评估 指导、评估形式、辅助设备支持等。③

（二）国内分类体系

我国特殊教育界学者张宁生较为系统地对残疾人高等教育支持体系进行了分类,其指出残疾人接受高等教育的支持系统应从物质到精神,从政策到舆论,从行动到态度给予支持与帮助,将残疾人高等教育支持分为法律支持系统、社会支持系统和学校支持系统等几个方面。④ 方俊明从融合教育的层面对残疾人高等教育支持系统进行研究,认为,强有力的融合教育支持系统主要涉及政策性支持、设备支持、专业人员支持、家庭家长支持、社会性支持等五个方面。⑤ 钱丽霞认为,教育支持系统应该包括情感态度、资源和技术等方面。保障支持系统包含政策法规、必要的物质支持等要素;主干支持系统包含普通学校教师、班级助学伙伴、家长、资源教师及巡回教师等基本要素;辅助支持系统包含特殊教育学校、特殊教育资源中心、社区、医疗康复机构、大专院校等。⑥ 于素红等则认为,随班就读学生的教育支持系统从内容角度分为学习支持、心理支持、物理环境支持、相关服务支持;从支持场所

---

① VOGEL SUSAN,LEONARD FAITH,SCALES WILLIAM,et al. The national learning disabilities in postsecondary data bank:an overview[J]. Journal of Learning disabilities,1998(3):234-247.

② TAGAYUNA ARLIE, STODDEN ROBEA, CHANG CHUAN, et al. A two-year comparison of support provision for persons with disabilities in postsecondary education[J]. Journal of Vocational Rehabilitation,2005(22):13-21.

③ KONUR OZCAN. Assessment of disabled students in higher education:current public policy issues[J]. Assessment Evaluation in Higher education,2002(2):131-152.

④ 张宁生.残疾人高等教育研究[M].辽宁:辽宁人民出版社,2000:90-147,137-144.

⑤ 方俊明.融合教育与教师教育[J].华东师范大学学报(教育科学版),2006(3):37-42.

⑥ 钱丽霞.普通学校促进不同学习需要学生有效参与的策略:可持续发展教育视野下的全纳教育实践研究[M].北京:教育科学出版社,2008:160-161.

和人员角度分为学校教育支持、家庭教育支持、社区教育支持;而教育支持的保障体系作为开放系统,按内容分为输入保障(人力资源、物质资源等)、过程保障(制定与实施教育支持细则、过程监控等)以及输出保障(教育支持的成效,即随班就读学生的综合素质、发展情况、恰当的评价等)。①

以上残疾人教育支持体系的分类从各自不同的研究角度进行论述,难以做出一个较普遍被认可的统一的分类方法,但是这些研究已经为残疾人高等教育支持体系的分类确定了基本的框架,也为聋人高等教育支持体系的分类提供了理论指导,同时更为研究残疾人高等教育的支持体系提供了明确的分析视角。②

三、聋人高等教育支持体系的内容

国内学者对美国俄亥俄州立大学的支持项目研究归纳为:考试便利服务、媒介支持服务、手语翻译和抄写服务、残障辅助技术服务、咨询服务和员工辅助支持等,创造一个适宜残障学生正常生活的自由平等、参与广泛、没有排斥的校园环境,能够体现融合教育的宗旨。聋人在高等融合教育的课堂中并非是形式上的安置,高校应给予课堂的支持服务。③ 聋人高等教育支持体系的内容从主体上包括政府、学校、社会、非政府组织、家庭等;从内容上包括政策法律支持、招生支持、学业支持、师资支持、生活支持、环境支持、就业支持、综合服务支持等。

(一)支持保障体系的发展方向

支持保障体系是提升特殊教育质量的关键所在,也是社会文明进步的重要标志。聋人高等教育不能孤立进行,要尽快建立和完善聋人高等教育支持系统,关键从聋人终生,从整体进行宏观调控,使各个阶段聋人的教育、劳动就业和社会生活的协调发展,才能从根本上解决聋人的高等教育问题。此系统中,教育过程在纵向上是从中等教育自然过渡至高等教育并且最终指向就业及社会生活。一方面做好中等教育向高等教育衔接的支持服务工

---

① 于素红,朱媛媛.随班就读支持保障体系的建设[J].中国特殊教育,2012(8):3-7.

② 马宇.关于残疾人高等教育支持研究综述[J].现代特殊教育(高教版),2015(5):8-13.

③ LANG HARRY. Higher Education for Deaf Students: re-search priorities in the new millennium[J]. Journal of deaf Education, Oxford University Press, 2002(7):287-280.

作,另一方面,构建良好的就业安置支持服务体系。①

首先,要建立健全法律政策。鉴于我国当前特殊教育的迅速发展,制定专门的包括聋人在内的特殊教育法、及时更新修订相关的法律政策以及使法律政策具体化具有可操作性。其次,理顺管理体制。我国在政策执行效力、模式等方面易出现过于统一的情况,可适当简政放权,理顺管理体制,使相关的法律政策能够切实为聋人大学生服务。再次,适当进行高校调整。高校是聋人大学生活动的主要场所,调整高校的制度和设施设备使聋人学生能够直接受益。如师资方面,优化教师整体结构、提升教师专业素质、加强教师培训等。最后,建立高等学校转衔支持服务。由于身心发展障碍,聋人学生在面临新环境、新角色的时候大多不可避免地会遇到转衔困难。②

(二)聋人高等教育支持体系的内容

为了使聋人大学生更加公平、充分地享受高等教育,更好地促进残疾人高等教育的发展,必须重视高校的支持体系建设。聋人高等教育的特殊性,需要建立既符合自身规律又适合区域经济发展状况的、完善的支持体系,优化高校对聋人学生的学习支持、师资支持、环境支持、生活支持及综合服务支持等。

1.法律体系支持

法律是国家意志的表现,在残疾人法律保障、残疾人教育问题的法律规定方面,国家制定了大量有关残疾人教育的法规政策作为教育政策的一部分,在几十年的发展中,形成了从宪法到地方性法规一整套完整的法律体系。宪法的原则性表述从源头上保障了残疾人教育的发展。《高等教育法》明确指出:"公民依法享有接受高等教育的权利。国家采取措施,帮助少数民族学生和经济困难的学生接受高等教育。高等学校必须招收符合国家规定的录取标准的残疾学生入学,不得因其残疾而拒绝招收。"《中华人民共和国残疾人保障法》《残疾人教育条例》等对残疾人的教育问题做出了专门的法律规定条款,还需要加强残疾人高等教育的保护条款。

第一,在立法观念上,我们必须正确认识和接受残疾只是一种身体状态,对于聋人学生来说,身体上的残疾丝毫不会影响他们参与社会以及贡献社会的权利。同样,他们的合法权利应该得到严格的法律保障。在立法条款上,应随着社会的发展修订现有的特殊教育立法条款,增补相关条款,加

---

① 刘金荣.残疾人高等教育学校支持体系研究[J].长春大学学报,2014,24(9):1271-1275.

② 熊琪.融合教育理念下我国残疾人高等教育的发展历程、问题及建议[J].绥化学院学报,2016,36(3):9-10.

强对包括聋人在内的残疾人高等教育法律条款的建设和完善。

第二,加强执法体系的完善,当前我国法律规定的执法监督措施还不够完善,这也是我国特殊教育相关法律执行过程中存在有法不依、执法不严等情况出现的主要原因。必须加强执法监督措施,建立强有力的保障体系和惩罚机制。

第三,在司法体系上,要建立健全教育仲裁制度。相对于高等教育学校或各种教育机构而言,学生是弱势群体,当其合法权益受到侵害时,如果有健全的教育仲裁制度作为保障,他们就可以运用教育仲裁制度,使其权利得到迅捷、专业、权威的救助,以保障残疾人合法权益的实现,同时提高司法效率和司法水平。

2. 教学系统支持

教学是学校的核心任务,教学和科研是高校教师两个主体任务。教学系统是学生获得知识、成长自我的关键领域。教学系统包括教学技术、人才培养方案、课程设置、教室场所、师资建设等,是提高聋人高等教育质量的关键所在。教学系统支持包括三个方面:一是学习支持,包括教育形式、专业发展、课程设置、资源教室建设等,围绕学生学习,加强教育形式的多元化、专业发展的科学化、课程设置的合理化、资源教室建设的保障化。如郑州工程技术学院着力于提升课堂效率,配备手语翻译员与教师直接手语教学结合,并将多媒体教学与增加板书、印发讲义等有机结合。二是师资团队支持,构建年龄梯队合理、专业背景深厚且丰富、聋听结合的师资队伍,为聋人高等教育的发展提供强有力的人才支持。三是教学环境支持,物理无障碍环境,包括助听技术、助听设备等,手语翻译、字幕信息等信息环境,加强聋人文化认同、聋人活动宣传等心理环境,在硬件上保障各项设施齐全,有针对性地为聋人大学生提供更加专业化的能够实时将声音信息转换为文本的教学软件服务等。

3. 生活支持

由于聋人大学生生理的特殊性,对其生活支持也不同于普通大学生,需要针对聋人大学生的心理特点探求符合他们心理特征的支持。聋人大学生一般难以或者几乎不能通过声音语言接收外界的信息,而依靠视觉或者感官上的理解,容易产生认知偏差,对他人的不断误解在一定程度上影响良好心理状况的发展。预防和改变聋人学生消极的个性特点的关键之处,在于改变他们所处的环境。聋人学生在交往过程中易出现自卑、消极的心态,在以学生为中心、教师为主导的大环境下,一方面,教师要鼓励聋人学生与健听大学生的交流活动,扩大聋人学生的交际面,以良性积极的同伴交往促进聋人大学生的人格发展;另一方面,要多组织聋人学生参加社会实践活动,给聋人学生展现自己的舞台,增加自信心。此外,有必要多开展相应的心理健康讲座,防止聋人学生由于长时间的压力积累而产生不必要的心理问题。① 郑州工程技术学院为聋人大学生班级设有专职辅导员,全天候为聋人学生提供帮助,同时开展周记小活动,辅以谈心聊天等方式更加细致、及时地了解聋人学生近况;在生活中安排院系手语翻译专业学生与聋人学生混合住宿,相互帮助、共同进步等。

4. 就业体系支持

高等教育的教育质量,是从教育起点、教育过程、教育结果的角度进行衡量的。就业是聋人大学生的立身和发展之本,作为聋人中的佼佼者,聋人大学生往往受到更多来自社会和家庭的关注。但是受自身客观条件或者外部环境的限制,聋人大学生的就业形势并不乐观,政府、学校以及社会团体等应当给予相当的重视。

第一,招收聋人学生的高校做好就业指导工作。我国目前招收残疾人的高等教育学校就业方面的工作主要是由学校就业指导中心承担,为学生提供的就业支持服务包括组织大型校园招聘会、开展课外就业指导讲座、学校内部建立实习实践基地、为学生提供实践岗位等。高校应加强学生就业指导的针对性,针对每一个学生的特点进行细致的就业指导,同时将就业教育贯穿大学教育的始终,扩大学校与招聘企业的合作程度和范围,为更好地促进聋人大学生就业提供必要的支持和帮助。

第二,国家和政府发挥主导作用。政府一方面通过政策支持为聋人大学生的就业提供良好的就业环境,另一方面加大对高校聋人大学生就业指导的资源投入,例如为高校提供资金和设备支持,增加残联与高等特殊教育学校的合作力度等。在严峻的就业形势下,落实按比例安排残疾就业政策的同时,政府可以建立有力的奖励机制加强就业援助,不断开拓聋人大学生就业工作的新局面。

第三,社会方面消除对聋人的排斥,积极吸纳聋人大学生到社会工作中去,努力创造一个良好的社会氛围,社会团体和慈善机构加大支持力度,提供残疾人就业岗位、资金捐赠等。只有社会真正地容纳聋人大学生参与工作中去,他们所学的知识才能得以发挥,自身的价值才能得到应有的体现。② 郑州工程技术学院为聋人大学生就业提供转衔支持服务,既要帮助残疾学

---

① 张雪慧,韩梅.我国聋人高等教育支持体系现状及完善[J].绥化学院学报,2013(4):59-62.

② 张雪慧,韩梅.我国聋人高等教育支持体系现状及完善[J].绥化学院学报,2013(4):59-62.

生完成从高中到大学的过渡,又要建立就业转衔服务以帮助残疾学生完成从学校到工作的过渡、顺利步入社会,更好地适应社会生活和提高就业质量。

第三节
聋人高等教育支持的理论基础

聋人高等教育是一个复杂的、多层次的系统工程,与教育、心理、社会等领域都有着密不可分的关系。雷江华[1]认为残疾学生在普通高校接受教育主要有三大理论依据:即残疾人智力同样遵循的正态分布理论、培养和发掘残疾学生主体性的主体教育理论和让所有人都得到教育的教育理论。他还提出高校的接纳、残疾学生的努力、家庭的极力支持以及社会的关爱等均为残疾人接受高等教育提供可行性的证明。张悦[2]从人权思想、康复和社会适应理论、正常化、融合与全纳教育理念、缺陷补偿理论以及多元智能理论五个方面阐述残疾人高等教育发展的理论基础,说明残疾人接受高等教育的必然性和可行性的根本依据。[3] 作为聋人高等教育支持体系研究的理论,体现以人为本的哲学、尊重人权的政治学、创造人力的经济学、满足人性的心理学、追求公平的教育学、社会流动的社会学等理论基础。

一、哲学理论基础——人本理论

人本理论是以人为出发点和中心点的一种哲学理论,颂扬人的价值、尊严和力量,强调人的地位和作用。人本理论作为一种哲学思潮,有其深厚的理论渊源。中国有着悠久的历史,形成了丰富的人本哲学思想。[4] 从《尚书·泰誓》篇的"惟人,万物之灵"起,到管仲"霸王之所以始也,以人为本"(《管子·霸言》);[5]从儒家的"仁、德"思想、墨家的"兼爱"思想,到现代以人

---

[1] 雷江华.残疾人在普通高等学校接受教育的思考[J].中国特殊教育,2003(5):85-87.
[2] 张悦.我国残疾人高等教育发展问题与对策研究[D].南昌:江西师范大学,2010.
[3] 马宇.我国残疾人高等融合教育支持体系研究[D].南京:南京师范大学,2014.
[4] 黄建行,雷江华.智障学生职业教育模式[M].北京:北京大学出版社,2011:29.
[5] 朱永新.新教育之思[M].济南:山东友谊出版社,2007:12.

为本的科学发展观等,都是以人为本的具体体现。在西方,人本理论最早可以追溯到古希腊哲学家普罗泰格拉(Protagoras)的"人是万物尺度"的观点。而文艺复兴以来的人本主义,使希腊、罗马文化中的世俗性和现世幸福的观念回到了西欧社会。近代的人本主义表现为费尔巴哈(Ludwig Andreas Feuerbach)的人本学唯物主义,他提出,"人的本质只是包含在团体之中,包含在人与人的统一之中"①,这正是马克思所批评的地方:费尔巴哈的"类"不过是"一种内在的、无声的、把许多人纯粹自然地联系起来的共同性"。② 现代人本主义主要以存在主义为表现形式,主张人们应当从公众压力和社会习俗中挣脱出来,过自己想过的生活。

首先,以人为本的思想实质上树立了聋人学生高等教育的根本原则——尊重人,尤其是尊重残疾人,这一原则贯穿于聋人高等教育的始终。这一原则要求,高等教育服务的提供者、评价者以及管理者应当将聋人学生视为教育主体,充分尊重他们的主体地位,注重调动他们的积极性,从而实现残疾人从接受高等教育到实现就业、深造这一目标。人具有主观能动性,从高等教育的角度来看,高等教育的接受者并非被动地接受教育服务,而是以自己原有的思想认识为基础对高等教育者所提供的教育服务进行选择与评价,在他们的引导下,积极主动地实现高等教育目标。其次,以人为本,就是把人当作目的而非手段。聋人大学生高等教育工作就是在以人为本思想的指导下,强调把聋人学生的全面发展作为高等教育的出发点,为提升聋人的高等教育质量提供全方面的支持,以期帮助聋人学生实现就业和人生价值,从而实现他们平等参与社会、融入社会的目标。

二、政治学理论基础——人权理论

人权是指在一定的社会历史条件下每个人按其本质和尊严享有或应该享有的基本权利。"整个人类的历史不过是一部人要成其为人本身的历史。"③人权理论认为,人人生而平等,人人都有自己神圣的、不可剥夺的、不被侵犯的权利,如生存权、人身自由权等。人权是为实现人类的尊严与价值,承认人权、尊重人权、保护人权,已成为人类的共同信念。④ 人权理论源于西方。古希腊智者学派最早提出了公平正义的思想。在近代历史上,文艺复兴时期的先驱但丁(Dante Alighieri)指出,"人类的目的是要建立统一的

---

① 转引自:苗力田等.西方哲学史新编[M].北京:人民出版社,2005:662-689.
② 转引自:苗力田等.西方哲学史新编[M].北京:人民出版社,2005:662-689.
③ 齐延平.人权与法治[M].济南:山东人民出版社,2003:2.
④ 黄建行,雷江华.智障学生职业教育模式[M].北京:北京大学出版社,2011:30.

世界帝国来实现普天下的幸福,而'帝国的基石是人权'"。①在整个文艺复兴时期,"天赋人权""自由、平等、博爱"等思想充斥着传统的欧洲大陆。近现代人权理论则是以"天赋人权""主权在民"等作为其理论基石的。马克思以其敏锐的社会洞察力和莫大的理论勇气指出,在资本主义条件下劳动人民不可能实现真正意义上的自由、平等和人权,因为人的权利与人的生存和发展始终是不能分离的,而资本主义条件下显然不存在适宜真正民主和人权的土壤和根基。马克思在人权理论的基础上,提出的人的全面发展学说,为残疾人接受高等教育提供了理论基础。残疾人的潜能得以充分开发,人道主义精神以及人的平等权利观念促成残疾人接受高等教育的机会和事实,世界特殊教育的发展趋势为残疾人高等教育的发展提供良好的国际环境,并提出完善支持系统等满足学生特殊教育需要,顺应世界特殊教育"回归主流"的大趋势。综上所述,保障人权就是为了实现人类的尊严与价值,承认人权、尊重人权、保护人权,已成为人类的共同信念。立足人权理论,以聋人大学生的全面发展为根本,对聋人高等教育工作有着十分重要的现实意义。

首先,聋人学生高等教育面对的是聋人大学生这一相对弱势的群体。人权理论不仅在思想观念上维护了聋人学生的尊严,推动聋人的全面发展,而且能促使聋人对其自身所拥有的权利有一个自我觉醒和认知的过程,使他们在接受高等教育时,能自觉并有意识地维护自己的生存权、发展权等最基本的权利。其次,就聋人高等教育的提供者、评价者和管理者而言,他们可以在人权理论这一基本原则的引领下,从聋人学生最基本的生存权和发展权出发,最大限度地保障法律赋予残疾人的权利。最后,从更广的层面上看,聋人高等教育,并不仅仅与高等教育的接受者、提供者、评价者和管理者有关,它更是一项面向所有公民的长期的、系统的工程。重视和保障每个聋人学生的合法权利,普及相关法律法规,提高维权意识等对于有效开展聋人高等教育服务,促进社会主义和谐社会的建立,以及社会的繁荣稳定与长治久安也有着重大的意义。

三、经济学理论基础——人力资本理论

美国经济学家、1979年诺贝尔经济学奖得主舒尔茨(Theodore W. Schultz)是人力资本理论的创始人,被公认为"人力资本理论之父"。舒尔茨认为,完整的资本概念应当包括物力资本和人力资本两个方面。物力资本体现在物质产品上,人力资本体现在劳动者身上,指凝聚在劳动者身上的知识、技能及其表现出来的能力。而这种能力正是生产增长的主要因素之一。

---

① [意]但丁.论世界帝国[M].北京:商务印书馆,1985:76.

舒尔茨认为,人力资本的形成包括:教育、医疗与保健、在职人员训练以及个人或家庭为适应就业机会的变化而进行的各种迁移活动。①

舒尔茨的人力资本理论告诉我们:人们的生产知识和劳动技能(即人力资本)可以通过投资(投入时间、精力、金钱等)获得,而接受教育和培训将是获得人力资本或提高人力资本质量的一个重要方面。所以,发展教育和职业培训是人力资本开发的一个重要手段,也是人力资本开发的主要内容之一。而关于聋人人力资本的问题,首先需要确定的是聋人可以作为人力资本存在,其次确认他们有人力资本提升的空间。

根据人力资本的理论,个体成为人力资本需要付出代价,而这个代价就是花费时间和金钱进行知识和技能的学习。当然,并不是付出了代价就能够成为人力资本,掌握知识和技能的人力资源才是一切生产资源中最重要的资源。所以人们习得的知识和技能是资本的一种形态,也就是舒尔茨称之为的人力资本。聋人学生要成为人力资本,需要掌握一定的知识和技能应用于日后的工作,这也是他们成为人力资本的前提。通过教育和培训,聋人树立了成为人力资本的意识,并能够成为自立自强的社会主义劳动者和建设者。我国先后多次表彰"全国自强模范",他们的事迹充分说明了残疾人同样能够为社会创造物质财富和精神财富,②他们的事迹也印证了残疾人可以成为人力资本。为聋人创造接受高质量高等教育的支持体系,可以为企业和社会创造财富,增加收益,促进社会的经济增长和生产力的发展。

四、心理学理论基础——需要层次理论和多元智能理论

心理学是一门研究人类心理现象及其影响下的精神功能和行为活动的科学,兼顾突出的理论性和应用(实践)性。心理学包括基础心理学与应用心理学,其研究涉及知觉、认知、情绪、思维、人格、行为习惯、人际关系、社会关系、人工智能、IQ、性格等许多领域,也与日常生活的许多领域——家庭、教育、健康、社会等发生关联。心理学在长期的研究与发展过程中提出了很多理论,如行为学习理论、认知发展理论、人本理论、需要层次理论和多元智能理论等。其中人本主义需要层次理论与多元智能理论对聋人高等教育的发展及其支持体系的建设具有重要的理论指导价值。

(一)需要层次理论

需要层次理论是由美国著名的心理学家马斯洛(Abraham H. Maslow)提出的。他认为人有一系列复杂的需要,按其优先次序可以排成梯式的层次,

---

① 杜昭明.人才资源经济学[M].北京:蓝天出版社,2005:36.
② 李冬梅.论残疾人人力资源开发[J].中国特殊教育,2003(6):92.

一般来说,只有在较低层次的需求得到满足之后,较高层次的需求才会有足够的活力驱动行为,而且满足较高层次需求的途径多于满足较低层次需求的途径。

马斯洛把需求分成生理需求、安全需求、社会需求、尊重需求和自我实现需求这五个从低到高的层次。生理需求是人们最原始、最基本的需要,如吃饭、穿衣、住宅、医疗等,如果这些需要得不到满足,人类的生存就成了问题。安全需求是指保障自身安全、劳动安全、职业安全、生活稳定、免于灾难以及未来有保障等的需求。社会需求即情感上的需求,包括归属与爱的需要。爱的需要是指个体渴望得到家庭、团体、朋友、同事的关怀和理解,是对亲情、友情和爱情的需要;归属的需要是指个体能够产生一种归属于一个群体的感情,希望成为群体中的一员,并相互关心和照顾。尊重需求是指个体希望自己的能力和成就得到社会的承认,能够保有稳定的社会地位。最后是自我实现的需求,这是最高层次的需求,它是指实现个人理想、抱负,发挥个人的能力到最大程度,完成与自己能力相称的一切事情的需要,即做着自己喜欢并且能够胜任的工作,使自己感到最大的快乐。相对于生理需求和安全需求的温饱阶段,以及社会需求和尊重需求的小康阶段,自我实现需求的满足则是彻底实现了个体需求的富裕阶段,也是全人类为之奋斗的最高阶段。

聋人作为人类群体的一部分,或者说是相对弱势的一部分,也具有马斯洛所提到的五个需求,即生理需求、安全需求、社会需求、尊重需求以及自我实现的需求。如大多数人一样,能够达到需求金字塔顶端的聋人为数不多,多数聋人徘徊在温饱和小康阶段。一部分聋人由于自身残疾的限制以及自身能力发展的局限,还存在着严重的生存问题,经济收入低于社会平均水平,甚至徘徊在贫困线边缘,其生活质量令人堪忧。要实现最基本的生存需求,一方面需要社会保障部门提供的生活保障能够照顾到这类残疾人,另一方面需要聋人能够通过自己的不断努力,首先实现最基本的生存需求,进而过渡到高级阶段的需求。而教育作为残疾人服务中的重要内容之一,是聋人需求从温饱过渡到小康,进而迈向富裕阶段的,满足高层次需要的重要桥梁。

通过高等教育,聋人学生可以掌握一定的知识和技能,获得并保持适当的职业。好的职业也能够让聋人的住所有保障、工作有保障以及未来有保障,同样解决了聋人的安全需求。高等教育中的职业教育和专业教育涉及职业技能的训练和提升,能够帮助聋人学生更快更好地适应工作,发挥聋人学生的职业潜能,让聋人干得更好更出色。而一个人的能力大小与使他人喜欢程度的高低有密切关系,一般来说,在其他条件相当时,一个人越有能力就越受他人喜欢。① 因此,高等教育的过程实际上既是聋人能力提升的过程,也是聋人学生实现爱的需要的途径之一。而通过自己能力的提升,聋人学生个体的内部自尊得到满足,能够得心应手地应对工作。同样,高等教育能够帮助聋人学生获得更多教育和就业的机会,在接受高等教育过程中与同学之间的合作以及平等的接触,帮助聋人更好地融入主流社会,在学习和工作中获得同事的尊重,满足了聋人实现尊重的需求。很多聋人通过高等教育,在自己的专业领域开创出一片独特的天地,身心各方面的潜力获得了充分发展,成为社会的佼佼者,完成了自我实现需求。

(二) 多元智能理论

加德纳(Howard Gardner)1983年提出的多元智能理论认为每个人都具有包括逻辑数学智能、语言智能、音乐智能、身体运动智能、空间智能、人际关系智能、自我认识智能与自然观察智能等八种智能。每个人的智能是其中多种智能的组合,但每个人在多种智能的拥有上不尽相同,因此需要利用自身的智能优势,因势利导,扬长避短或扬长补短,发展成各具个性与特长的人。聋人学生尽管在听力上存在一定的弱势,但感官功能替代的规律使得聋人学生视觉观察能力敏锐、对具体形象事物感受力强,聋人高等教育院校应注意结合聋人学生的生理特点和社会需求开设专业、设置课程,为聋人高等教育的质量提升提供理论指导。

五、教育公平理论

教育公平不是现代社会教育才出现的一种关于人的教育权利、教育平等、公正的理念,而是一个从古到今、随着教育发展历史的进步而逐步发展变化的理论。直至今日,它仍然是社会公平公正理论中的一个主要组成部分。高等教育的发展所要追求的就是要实现具备伦理价值的教育公平这个发展目标。② 教育公平是指每个社会成员在享受公共教育资源时受到公正和平等的对待。教育公平包括教育权利公平、教育机会公平、教育过程公平和教育结果公平。③ 我国的教育公平理念可以看作是政治、经济领域的自由和平等权利的社会公平价值在教育领域的延伸和体现,它应包括教育权利

---

① 全国13所高等院校《社会心理学》编写组.社会心理学[M].天津:南开大学出版社,2003:216.

② 马宇.我国残疾人高等融合教育支持体系研究[D].南京:南京师范大学,2014:26.

③ 李廉水,吴力保.和谐社会视野下高等教育公平制度设计研究[M].北京:科学出版社,2010:24.

平等和教育机会均等。① 教育机会均等通常包括教育起点平等、过程平等和结果平等三个层面，也代表了效率优先的入学机会平等、参与教育的形式平等和学业成就的实质平等三个不同性质的价值观。因此，"教育的起点平等、教育过程平等和教育结果平等"的教育公平观已经成为中外教育公平理论与实践所追寻的目标。

教育公平理论的提出与实践，目的在于保护包括聋人在内的残疾人等处于不利地位的弱势群体的受教育权利，努力向他们提供平等的教育机会、教育过程以及相对平等的教育结果，希望能实现所有人均能获得公平的教育结果这一理想。我国的教育发展，尤其是高等教育的发展，取得了世界瞩目的成就，高等教育也已经进入了大众化阶段，如今已经不仅仅满足于教育权利和入学机会的平等，而是更进一步地追求高质量的教育公平，追求每个个体潜能的充分发掘与发展，从而实现个体高质量的人生，也包括推动残疾人高等教育的发展。残疾人高等教育的实施又进一步为教育公平理论的发展提供实践的检验。残疾人接受高等教育是法律赋予的平等权利，要实现个体的教育需求和高质量的高等教育，还需要公平公正的社会制度和教育制度以及众多的实际支持。残疾人高等教育需要建立完整的支持服务和保障体系，以确保我国教育公平理想目标的实现。

六、社会学理论基础——社会分层流动理论和社会支持理论

社会学是系统地研究社会行为与人类群体的学科，起源于19世纪三四十年代，是从社会哲学演化出来的一门现代学科。社会学是一门具有多重研究方式的学科，研究范围广泛，包括了由微观层级的社会行动或人际互动，至宏观层级的社会系统或结构。

（一）社会分层和流动理论

社会分层与社会流动是社会学领域中两个重要的概念。社会分层（social stratification）是指社会成员、社会群体因社会资源占有不同而产生的层化或差异现象，尤其指建立在法律、法规基础上的制度化的社会差异体系。社会分层是社会结构中普遍、客观、长期存在的现象。合理的社会分层有利于提高社会的整合度，有利于社会的和谐发展。② 社会流动（social mobility），指人们的地位、位置的变化，更准确地说，它包括个人或群体在社会分层结构中未知的变化和在地理空间结构中位置的变化两个方面。当

---

① 杨东平.对建国以来我国教育公平问题的回顾与反思[J].北京理工大学学报，2000:4.

② 黄建行,雷江华.智障学生职业教育模式[M].北京:北京大学出版社,2011:36.

然,社会学更注重研究前一个方面,即社会地位高低的变化。社会分层与社会流动是一个事物的两个方面,两者密切相关,一个讲的是社会分成高低不同的层次,另一个讲的是人们怎样进入这种层次。① 社会流动是社会分层系统的重要特征,良性的社会流动可以调整社会分层。

教育作为影响社会分层,促成社会流动的主要因素之一,已经越来越得到人们的共识。社会流动有一种显规则:教育给人获得好职位提供必需的文化资本,有了好职位就会有高收入,而高收入又是保证高质量生活的重要因素,也是进入富裕阶层的经济资本。② 文凭和学历不仅是人们未来社会地位的象征,也是个人收入的最重要的决定性因素。高等教育作为帮助聋人学生获得高层次教育的手段,同义务教育一样,在影响聋人社会分层和流动时发挥了重要作用,为聋人学生开发和提升人力资本奠定了坚实的基础。通过高等教育,聋人学生能够掌握更多的知识和技能,能够快速准确地应用这些技能解决各种问题,因而更多的用人单位愿意付出一定的或较高的成本购买这类人力资本。而高层次的职业以及高水平的回报反过来为聋人个体提供了社会网络资本,能够更多地获得各种机会、政策等资源,结交的社会关系的层次更好,为个人的发展提供更广阔的空间和机遇,有助于聋人群体的向上流动。

(二)社会支持理论

"社会支持"一词最早出现在20世纪70年代精神病学的文献中,而社会学与医学均使用定量评定方式研究社会支持与身心健康之间的关系。哈乌斯、兰蒂斯以及厄姆本森研究③指出,自我防御的心理系统可抵御和缓解精神病,个体所处社会关系的背景对精神病的治疗与防御有一定的积极作用。国内外众多学者基本上从两个方面来理解社会支持的含义,一是强调功能性的社会支持,就是通过个体社会关系获得的精神上和物质上的支持;二是强调操作性的社会支持,是个体拥有的社会关系的量化表征。④ 不同性质的社会关系提供不同的社会支持,也可通过量化方式区分社会支持。国内外学者较多关注对个体所给予的具体的情感、物质等支持,也强调社会网

---

① 詹姆斯·科尔曼.社会理论的基础[M].邓方,译.北京:社会科学文献出版社,1992.

② 钱民辉.教育社会学[M].北京:北京大学出版社,2004:140.

③ House JS, Landis KR, Umberson D. Social relation and health[J]. Science, 1988, 241:640-645.

④ 胡湘明.论中国青年心理健康的社会支持系统青年探索[[J].青年探索,1996(5):7-9.

络支持的积极作用；不仅突出社会有形的支持，也有无形的支持。总之，社会支持是以尊重个体或群体的需要为基本前提，开展具有实质性的、促进个体发展的不同类别的社会支持。①

从理论与实践上来讲，社会支持所形成的整体结构体系，既包含了社会支持的主体和客体，也包括了社会支持的内容和方式。主体主要指政府、组织机构（学校、企业、非政府组织等）、家庭、社区以及个人等，其中政府是主要责任主体，是主导性的支持力量，其基本的行政责任就是要解决弱势群体的生存权和发展权；客体主要指所有受助群体或个体（如残疾人等弱势群体）。选择性的社会脆弱群体和泛化的弱势群体作为社会支持的客体被学者广泛论述并得到认可。② 社会支持的内容和方式是多种多样的，是相互统一的，用什么样的支持方式取决于什么样的支持内容，通常来说，它们是连接主体与客体之间的社会支持的媒介。客体的受助支持可能会同时获得多元的主体支持，可以根据不同的受助需求，支持主体使用多元的支持方式，使受助者获得正常的生活、学习、工作，便于其获得自由发展。

残疾人教育的发展经历了从隔离、一体化到融合教育的过程，而残疾人高等教育是社会文明进步的产物。包括聋人在内的残疾人高等教育在我国乃至世界，与普通高等教育相比差距较大，尤其是残疾人的入学率远远低于健全人的入学率。究其原因，主要是社会支持不足造成的，聋人上大学的意愿在社会支持体系健全之下完全可以得到满足，聋人高等教育所需的学校、资源、经费、技术、人员等需要全社会各阶层的共同支持和帮助，做好聋人接受高等教育的各项服务工作，需要建立聋人社会支持系统。社会支持理论必然成为聋人高等教育支持体系的重要基础。聋人高等教育支持体系的建构，其目的就是要为聋人提供社会支持，无论是情感支持、经济支持，还是信息支持、沟通交往等，都需要从政府、学校、家庭、非政府组织、社区等不同层面获得。聋人大学生社会支持网络结构决定其能否获得充分的教育支持，最终决定其能否真正获得平等高等教育权利。因此，社会支持理论为聋人高等融合教育支持体系的建构提供了理论依据，社会学中的社会支持的实践也为聋人高等教育支持体系的建构提供了实践参考。

---

① 马宇.我国残疾人高等融合教育支持体系研究[D].南京：南京师范大学博士论文，2014：31.

② 李统等.弱势群体社会支持的理论整合与建构[J].中共四川省委党校学报，2004，4：90.

第二章

特殊高等教育发展的法规、政策及高校制度建设

聋人作为弱势群体,高等教育学习机会的获得要靠法律法规的确立和维护来保障,法律法规是聋人高等教育得以健康可持续发展的关键支持体系。我国的特殊高等教育,相对于健全人高等教育、部分发达国家和地区的残疾人高等教育来讲起步相对较晚,对于特殊高等教育(聋人)法律法规的制定还需要进一步完善。本章就结合国内外相关法律法规以及高校规章制度案例进行梳理分析,对聋人高等教育的更好发展提出健全完善的法律法规、规章制度的合理化建议。

第一节 我国残疾人高等教育法规政策支持体系构成及其相关内容

虽然我国针对残疾人高等教育的法律法规起步较晚,相对滞后,但是经过新中国成立 70 多年,尤其是改革开放 40 多年来的探索和发展,立足中国国情和历史,兼容并蓄,充分发挥国家政治制度优势,形成了具有中国特色的残疾人高等教育系列法律法规体系和内容,对残疾人高等教育事业的发展起到了很好的指导和激励作用。特殊教育事业在国家发展中有着独特的地位,它既有教育事业的一般共性,又有政治意志、社会公平正义以及残疾人身心发展对教育的特殊要求等鲜明特点。特殊教育改革发展历来由党中

央、国务院等权威决策主体直接决策部署。① 经过研究和实践,残疾人高等教育的法规法律体系基本建立,初步形成了以宪法为总遵循,残疾人(聋人)保障法作为核心内容,相关法律法规为基础,各地方性法规为补充的法律法规体系。

一、我国特殊高等教育法律法规的历史沿革及其发展

《中华人民共和国宪法》作为我国的根本大法,对其他一切法律具有指导意义,是其他一切法律的立法依据,是国家和地方制定各类教育法律、法规、条例、政策的根本遵循,具有普遍性的价值规律。宪法确立了公民受教育的权利,而特殊高等教育的发展,带有鲜明的政治性、经济性、文化性、需求导向性的特点,是随着我国经济社会的全面发展而产生和发展的,也即成规模、成体系、成建制、成系统的残疾人高等教育的产生和发展,是随着改革开放的发展而发展的。随着残疾人高等教育的产生和发展,对残疾人高等教育起相应支持和规范作用的国家法律、行政法规条例、地方法规条例、政策等也就产生了。

(一)残疾人教育法律体系构成

新中国成立以来,尤其是改革开放以来,残疾人教育法律体系构建基本完备,制度框架基本形成,为残疾人教育得到保障提供了基本法律要素,并形成了适应中国国情的残疾人教育惯例和内容,切实做到了有法可依、有法必依。残疾人教育法律保障体系的建立,必须明确法律的界面层次,并赋予每一法律界面层次以相应的实体内容,界面层次之间、法律条文内容之间必须相互支撑、有机衔接,这是残疾人法律保障体系完备的必然要素和必备框架。

首先,宪法层面。《中华人民共和国宪法》是根本大法,具有最高层次的指导意义。因此,其他相关法律应该以宪法为指引,建立残疾人在教育方面的基本保障责任。其次,一般法律层面。《中华人民共和国教育法》是面向全体公民的综合性教育专门法律保障,《中华人民共和国残疾人保障法》是具体指向残疾人群体的专属法律保障,《中华人民共和国高等教育法》是全体公民接受高等教育的法律保障。国家法律从不同角度、不同层次、不同内容对残疾人接受教育问题给予了法律保障,体现了对残疾人教育权利和教育实施的特别保障。再次,行政法规层面。《中华人民共和国残疾人教育条例》是残疾人的专属教育保障行政法规。最后,相关各地方性法规。经过发

---

① 王培峰.特殊教育政策:正义及其局限[M].南京:南京大学出版社,2015:12-14,236-237.

展,残疾人教育相关法律法规的构建在满足义务教育的基础上,已经形成了抓好中等职业教育,稳步发展高等教育的教育法律体系,形成了布局基本合理、统分有机结合、运转基本协调、支撑基本有力的实施现状。尤其是国家在残疾人接受教育需求方面,提出"重视发展残疾人高等教育""加快残疾人高等教育"等指导性意见和具体发展措施,为聋人高等教育的良好开展提供了法律遵循和制度保障。

(二)特殊高等教育政策形成模式的变化

我国特殊教育政策的形成模式经历了由"问题推动型"向"目标导向型"的转变。虽然新中国成立后不久我国就将特殊教育纳入了社会主义教育事业中,改变了新中国成立后前特殊教育从属社会教育的性质,但在很长一段时间,我国的特殊教育政策往往是当特殊教育在实践中出现了难以解决的问题时,国家才制定相关的政策来对其做出相关的指示。① 尤其是残疾人接受高等教育难的问题在很长时间内依然存在,成为广大残疾人和残疾家庭普遍关注和呼声很高的问题。

高等特殊教育滞后于高等教育的发展。以河南省为例,河南高等特殊教育的规模与高等教育的整体发展和残疾青年的需求相比较,还有很大的差距,特别是高等特殊教育起步较晚,承担高等特殊教育的院校办学历史短,经验不足。② 虽然《中华人民共和国宪法》《中华人民共和国教育法》《中华人民共和国高等教育法》等对残疾人接受高等教育方面给予了明文规定:"高等学校必须招收符合国家规定的录取标准的残疾学生入学,不得因其残疾而拒绝招收。"直到1990年通过,2008年修订施行的《中华人民共和国残疾人保障法》、1994年通过的《中华人民共和国残疾人教育条例》的出台,才将残疾人高等教育纳入全国高等教育的总体布局,形成系统规划体系,在院校招生、专业建设、师资队伍、资金保障等方面给出了较为详尽的明确要求。残疾人高等教育由社会需求、社会呼声,转变为主动思维、主动谋划、主动建设。党和国家历来重视特殊教育的发展,党的十七大报告就提出要"关心特殊教育",十八大报告提出要"支持特殊教育",十九大报告进一步提出要"办好特殊教育"。递进式的表述恰好说明了党和国家对特殊教育事业发展的日益重视和发展思路更加清晰,也说明了特殊教育事业的价值意义由政治性到社会性、实践性的过渡。2011年《国家中长期教育改革和发展规划纲

---

① 李佳颖.改革开放以来我国特殊教育政策的变迁与发展研究[D].沈阳:沈阳师范大学,2012:18.

② 司福亭.基于SWOT分析的河南省高等特殊教育发展战略研究[J].中州大学学报,2011(3):87.

要》中更将特殊教育作为八大教育任务之一,并指出要"关心和支持特殊教育",要求"完善特殊教育体系",要"健全特殊教育保障机制"。《国家经济和社会发展第十三个五年规划纲要》用一个专节,强调加强特殊教育的重要意义。系列重要精神和文件的出台,不但充分说明了党和国家对特殊教育政策的延续性,更彰显了党与国家对特殊教育事业的高度重视和大力支持,特殊教育事业已被纳入党和国家的教育发展大局。党和国家之所以如此重视特殊教育事业,是因为特殊教育的存在和发展具有十分重要的价值与意义,我国特殊教育既是社会建设的一个重要组成部分,也是社会建设的主要推动力,可以为我国的社会主义现代化建设提供积极、有效的支持作用。①

二、相关法规体系及其内容

从法律法规体系来看,分为宪法、国家法律、行政法规、部门规章、地方法规条例、政策等,关于特殊高等教育的规定,上述法律体系从不同角度都有描述。

(一)国家法律体系及其相关内容

宪法是治国安邦的总章程,是党和人民意志的集中体现,是中国特色社会主义法律体系的核心,对相关普通法、一般法、专门法具有指导意义。现行《中华人民共和国宪法》(以下简称《宪法》)1982年12月4日通过,历经1988年、1993年、1999年、2004年、2018年五次修订。

《宪法》第四十五条规定:"中华人民共和国公民在年老、疾病或者丧失劳动能力的情况下,有从国家和社会获得物质帮助的权利。国家发展为公民享受这些权利所需要的社会保险、社会救济和医疗卫生事业。国家和社会帮助安排盲、聋、哑和其他有残疾的公民的劳动、生活和教育。"第四十六条规定:"中华人民共和国公民有受教育的权利和义务。国家培养青年、少年、儿童在品德、智力、体质等方面全面发展。"

《中华人民共和国教育法》《中华人民共和国高等教育法》《中华人民共和国残疾人保障法》等相关普通法中对残疾人接受高等教育的权利等事宜也有相应规定。

2015年修订施行的《中华人民共和国教育法》第十条规定:"国家扶持和发展残疾人教育事业。"第三十八条规定:"国家、社会、学校及其他教育机构应当根据残疾人身心特性和需要实施教育,并为其提供帮助和便利。"

2016年修订施行的《中华人民共和国高等教育法》第九条规定:"公民

---

① 谭笑风.论特殊教育在中国特色社会主义现代化建设中的价值和意义[J].中州大学学报,2018(5):109.

依法享有接受高等教育的权利。高等学校必须招收符合国家规定的录取标准的残疾学生入学,不得因其残疾而拒绝招收。"

1990年通过,2008年修订施行的《中华人民共和国残疾人保障法》(以下简称《残疾人保障法》)第三章的内容为"教育",其中规定,国家保障残疾人享有平等接受教育的权利。各级人民政府应当将残疾人教育作为国家教育事业的组成部分,统一规划,加强领导,为残疾人接受教育创造条件。

《残疾人保障法》第二十二条规定:"残疾人教育,实行普及与提高相结合、以普及为重点的方针,保障义务教育,着重发展职业教育,积极开展学前教育,逐步发展高级中等以上教育。"第二十六条规定:"高级中等以上特殊教育机构、普通教育机构附设的特殊教育班和残疾人职业教育机构,对符合条件的残疾人实施高级中等以上文化教育、职业教育。提供特殊教育的机构应当具备适合残疾人学习、康复、生活特点的场所和设施。"

《残疾人保障法》在残疾人接受高等教育方面,从权利、职责、渠道、层次、师资、辅助手段等方面进行了明确规定。

(二)行政法规体系及其相关内容

行政法规作为规定性文件,对国家法律的有效性执行在有关事项方面做出具体规定,并对国家行政机关职权管理范围内的事项做出规范。在残疾人教育相关问题方面,国务院于1994年制定了《中华人民共和国残疾人教育条例》(以下简称《残疾人教育条例》),2017年国务院第161次常务会议进行了修订。《残疾人教育条例》作为我国第一部就教育问题为残疾人制定的专项法规,不仅是《宪法》所规定残疾人受教育权的具体化规定,更为残疾人教育事业的良性发展起到了一定的推动作用。《残疾人教育条例》共包括总则、学前教育、义务教育、职业教育、普通高级中等以上教育及成人教育、教师、物质条件保障、奖励与处罚、附则等九项内容,其中第五章规定了残疾人接受"普通高级中等以上教育及继续教育"相关事宜。

《残疾人教育条例》第三十四条规定:"普通高等学校应当招收符合国家规定的录取标准的残疾考生入学,不得因其残疾而拒绝招收。"第三十五条规定:"设区的市级以上地方人民政府可以根据实际情况举办实施高级中等以上教育的特殊教育学校,支持高等学校设置特殊教育学院或者相关专业,提高残疾人的受教育水平。"第三十六条规定:"县级以上人民政府教育行政部门以及其他有关部门、学校应当充分利用现代信息技术,以远程教育等方式为残疾人接受成人高等教育、高等教育自学考试等提供便利和帮助,根据实际情况开设适合残疾人学习的专业、课程,采取灵活开放的教学和管理模式,支持残疾人顺利完成学业。"

（三）地方性法规、自治条例、单行条例体系及其相关内容

自 2008 年修订了《残疾人保障法》以来，各省市自治区为了将残疾人（聋人）教育工作落到实处，分别制定了相应的地方性法规。

2012 年 7 月 27 日，河南省第十一届人民代表大会常务委员会第二十八次会议通过了《关于修改〈河南省残疾人保障法实施办法〉的决定》，并自公布之日起施行。其中第二十条规定："各类普通教育和特殊教育机构，应当严格按照《残疾人保障法》第二十五条、第二十六条的有关规定招收残疾人就学，不得拒绝。"（《残疾人保障法》第二十五条规定："高等学校，必须招收符合国家规定的录取要求的残疾考生入学，不得因其残疾而拒绝招收。"）

另外，分别于 2011 年、2013 年修订的北京、上海等地对残疾人接受高等教育进行了详细明文规定。

《北京市实施〈中华人民共和国残疾人保障法〉办法》第二十六条规定："普通高级中等学校、中等职业学校和高等院校应当按照国家和本市有关规定，允许符合条件的残疾人报考，对达到录取标准的，必须录取，不得拒收。"

《上海市实施〈中华人民共和国残疾人保障法〉办法》第二十七条规定："市人民政府及其教育部门应当采取措施，支持和鼓励普通高级中学、职业学校和高等学校创造条件，增加残疾学生的入学机会，扩大招收残疾学生的专业和规模。同时规定：普通高级中学、职业学校和高等学校应当根据残疾学生的身心特点，制定相应的教育计划和教学方案，开发残疾学生的潜能，提供相应服务，帮助残疾学生完成学业、适应社会。"第二十八条规定："鼓励残疾人接受成人高等教育、远程教育，参加高等教育自学考试。参加成人学历教育的残疾人，依照本市有关规定，享受相应的学费补贴。"

（四）重要政策体系及其相关内容

21 世纪以来，为了发展好新时期的特殊教育事业，国家出台了一系列重要政策，而这些政策大部分对残疾人接受高等教育以及残疾人高等教育发展提出了发展意见，并制定了相应的保证措施。其中《关于进一步加快特殊教育事业发展的意见》《国家中长期教育改革和发展规划纲要（2010—2020 年）》《特殊教育提升计划（2014—2016）》《特殊教育提升计划（2017—2020）》《"十四五"特殊教育发展提升行动计划》等具有一定的代表性。

《关于进一步加快特殊教育事业发展的意见》（以下简称《意见》）由教育部、发改委、民政部、财政部、人力资源社会保障部、卫生部、中央编办、中国残联八部委联合制定，国务院办公厅予以转发，对特殊教育事业发展提出了系列指导性意见。《意见》指出：要全面提高残疾儿童少年义务教育普及水平，不断完善残疾人教育体系。就残疾人高等教育招生、录取和专业建设、学习途径等方面强调：加快推进残疾人高等教育发展。进一步完善国家

招收残疾考生政策,普通高校应依据有关法律和政策招收符合录取标准的残疾考生,不得因其残疾而拒绝招收。高等特殊教育学院(专业)要在保证质量的基础上,扩大招生规模,拓宽专业设置,提高办学层次。各地要为残疾人接受成人高等学历教育、自学考试、远程教育等提供更多方便,满足残疾人接受高等教育的需求。

在高等特殊教育发展布局、专业设置、经费投入、发展研究等方面,《意见》指出:各地要统筹安排高等特殊教育专业的建设。做好高等教育阶段残疾学生资助工作。普通高校全日制本专科在校生中家庭经济困难的残疾学生和中等职业学校一、二年级在校生中残疾学生要全部享受国家助学金。《意见》提到要加强特殊教育的针对性,提高残疾学生的综合素质。比如根据残疾人身心特点和特殊需求,加强教育的针对性;全面推进随班就读,不断提高教育质量;加快特殊教育信息化进程;深入开展特殊教育研究,等等。这里应然包括特殊高等教育,尤其是特殊高等教育因起步时间较短,更应受到积极关注和支持。

《国家中长期教育改革和发展规划纲要(2010—2020年)》是10年时间内面对全领域、各层次国家教育改革和发展的纲领性文件,其中针对残疾人高等教育,该纲要指出:要完善特殊教育体系,重视发展残疾人高等教育。要健全特殊教育保障机制。

《特殊教育提升计划(2014—2016)》在重点任务中指出:加快残疾人高等教育,逐步提高非义务教育阶段残疾人接受教育的比例。在主要措施中指出:积极发展非义务教育阶段特殊教育,其中包括高等教育。《特殊教育提升计划(2017—2020)》在重点任务中提出:稳步发展残疾人高等教育。在主要措施中指出:普通高等学校积极招收符合录取标准的残疾考生,进行必要的无障碍环境改造,给予残疾学生学业、生活上的支持和帮助。修订普通高等学校招生体检指导意见。统筹残疾人高等教育资源的布局,支持高校增设适合残疾人学习的相关专业,增加招生总量。并提出:支持普通高校、开放大学、成人高校等面向残疾学生开展继续教育。

《"十四五"特殊教育发展提升行动计划》除明确了三大任务举措,指出要拓宽学段服务、推进融合教育之外,还着重指出要提升支撑能力,不断完善特殊教育保障机制。改善特殊教育办学条件,加强学校无障碍设施设备建设配备,大力推进特殊教育资源中心建设,巩固完善经费投入机制,到2025年将义务教育阶段特殊教育生均公用经费补助标准提高至每生每年7000元以上,加强特殊教育教师队伍建设,整体提高教师专业素养。

第二节
国际相关残疾人高等教育的重要文献与法规

国际文献和法规是就某一问题和现象,引导和约束世界各国和地区进行相应工作开展的指导性意见。教育公平思想的形成与发展对残疾人教育以及高等教育公平化的实施起到了理论依据和支撑。《萨拉曼卡宣言——关于特殊需要教育的原则、方针和实践》《特殊需要教育行动纲领》《残疾人权利公约》等文献和法规,就是各国和地区开展特殊高等教育的指导性文献,也是我国开展特殊高等教育的指导纲领。同时,一些特殊高等教育事业发展起步较早、发展比较靠前的发达国家的法规制度文献也对世界的特殊高等教育发展起到一定了借鉴支持作用。

一、教育公平思想的形成与发展

孔子用"有教无类"和"因材施教"来表达教育平等的思想。"有教无类"是指想学的都教,平等地对待每一位教育对象;"因材施教"是指对不同资质和能力的教育对象施以不同内容、不同方式的教育,不平等地对待。古希腊雅典的公民教育也蕴含了教育平等的思想。近代以来,诞生在西方的天赋人权、公民意识的增强也促进了教育公平的发展。卢梭把这比作是让跛子与常人同时起步赛跑,在公正的口实下听任常人把跛子越甩越远。因此,他主张先让跛子跑一段,然后常人再起步,让两人同时到达终点,以达到"结果平等",然后再让他们的后代在同一起跑线上同时赛跑。[①]

进入现代社会以来,瑞典教育家 T. 胡森的"平等"三含义思想成为现代教育公平思想的主要引领,主要包括:个体起点的平等、中介性阶段的平等、最后目标的平等。主要意思就是不以任何原因排除、歧视任何一个人接受教育的权利,要保证在教育过程中公平对待每一个人,要根据个体需要提供促使学生取得学业成就的机会平等。形成了"起点平等论""过程平等论"和"结果平等论"三种理论形态。[②] 第二次世界大战后,教育民主化或教育平等概念深入人心,被广泛使用,已形成国际共识,国际社会通过的一系列人权

---

① 齐梅.教育平等论述评[J].辽宁师范大学学报(社科版),1996,6:45.
② 许凤琴.论教育机会均等的理论结构及基本特征[J].教育科学,2000,1:16.

文件包括残疾人问题相关公约统一界定了教育平等的含义,确认了逐步达到教育平等的措施。最具影响力的是当数1960年联合国教科文组织通过的《取缔教育歧视公约》对教育平等所做的解释。该公约规定,教育平等包括消除教育歧视和消除不平等(教育机会和待遇的不平等)两个方面。根据《取消教育歧视公约》第一条规定,"歧视"是指:基于种族、肤色、性别、语言、宗教、政治或其他见解、国籍或社会出身、经济条件或出生的任何区别,排斥、限制或特惠,其目的或效果为消除或损坏教育上的待遇平等。① 主要表现为:"(甲)禁止任何人或一群人接受任何种类或任何级别的教育;(乙)限制任何人或任何一群人只能接受低标准的教育;(丙)对某些人或某群人设立或维持分开的教育制度或学校,但本公约第二条的规定不在此限;(丁)对任何人或任何一群人加以违反人类尊严的教育"。"不平等"是指,在某些地区之间和团体之间所存在的不是故意造成的,也不是因偏见形成的差别对待。②

二、特殊高等教育相关国际文献

联合国长期以来致力于世界弱势群体权利维护,通过以公约文件等文献形式招呼天下,呼吁各国,制定了一系列维护残疾人权益的文件。在《残疾人权利公约》颁布以前,就残疾预防、残疾人权利、残疾人支持、残疾人就业机会均等,以及智力残疾、精神残疾等个例权益进行文件倡导、规范和呼吁。如《智力迟钝者权利宣言》(1971)、《关于预防伤残和伤残复建的第1921号决议》(1975)和《残疾人权利宣言》(1975)、《残疾人世界行动计划》(1981)、《关于残疾人的世界行动纲领》(1982)、《残疾人职业康复和就业公约》(1983)、《关于残疾人人力资源开发的塔林行动纲要》(1989)、《保护精神病患者和改善精神保健的原则》(1991)、《残疾人机会均等标准规则》(1993)等,这些宣言或文件对残疾人政治权、经济权、文化权和社会生活权等方面提出倡议,赋予残疾人与健全人同等的人权保障呼吁,纳入全人类框架通盘权利问题。这些倡议文件的实施,为残疾人教育权利获得,提供了法理和道义上的支持和保障。《萨拉曼卡宣言——关于特殊需要教育的原则、方针和实践》(1994)、《特殊需要教育行动纲领》(1994)、《残疾人权利公约》(2006)等文件对残疾人的受教育权提出了进一步明确要求。文件认为:接受教育是公民的基本权利,残疾人也不例外,良好的教育可以弥补残疾人生理上的缺陷,发挥其潜能,使人尽其才。吕春苗认为,只有保障残疾人的受教育权,使其成为有知识、有文化的人,才能产生合理的权利意识,并利用所

---

① 王慧娟.论受教育权[D].长春:吉林大学,2005:22.
② 马和民,高旭平.教育社会学研究[M].上海:上海教育出版社,1998:86.

学知识和技能维护自己在政治、经济和文化生活中的权利。①王慧娟认为,根据受教育权产生和发展的顺序可以将受教育权划分为三个阶段的权利:开始阶段的受教育机会权、过程阶段的受教育条件权、结束阶段的受教育评价权。②《残疾人权利公约》中关于教育的条款主要集中在保护残疾人的受教育机会权和受教育条件权等方面。

关于残疾人接受高等教育的相关国际文献虽然没有对接受高等教育等相关问题做出独有的规范和阐释,但是教育公平三原则的嵌入,以及《取缔教育歧视公约》四原则的倡议已经被国际社会和各国广泛采用,并成为指导开办残疾人教育的主要准则,也为残疾人高等教育的开展与推进形成了国际共识和具体指南。

三、国外相关残疾人高等教育法规与政策

随着第二次世界大战结束,大批伤残军队人员涌现,接受再教育、再就业就成为伤残军人的一大诉求,各类职业教育、高等教育接受残疾人问题需要重新建设和重塑。到了20世纪中后期,随着肇始于西方的去机构化运动、残疾人社会运动和自立生活运动的兴起,促使人们对残疾人的既有生命价值认识进行改变,需要更多地从制度文化层面进一步提高残疾人诉求解决方式。在残疾人接受高等教育的法律法规建设方面,美国等发达国家无疑走在了前面,尤其是美国的残疾人高等教育政策更具有一定的代表性。

美国完备的法律体系为残障学生提供基本保障。国家制定完备的法律体系,保障残障学生拥有平等入学的机会。法律体系,是由一个国家的全部现行法律规范分类组合为不同的法律部门而形成的有机联系的统一整体。法律体系的形成是教育法制建设的首要工作,是依法治教的前提。③ 经过多年的发展和探索,美国在切实保障残障人免受社会歧视、平等地接受教育的方面,逐步制定并形成了一系列相关教育保护法律法规文件,比如:1973年《康复法案》颁布,其中涉及残疾人平等进入高等教育问题,规定高等教育机构不能在招生、入学或入学后的安置上歧视残疾人,必须为残疾学生在教学、设施、服务等方面做出适当调整;1975年《所有残疾儿童教育法》(*Education for All Handicapped Children Act*)颁布;1975年的《所有残疾儿童教育法》更名为《障碍者教育法》(*Individuals with Disabilities Education Act of 1990*),这种服务对象称谓上的改变体现了美国对于残障人士的观念上的转

---

① 吕春苗.联合国《残疾人权利公约》实施背景下中国特殊教育立法问题的研究[D].西安:陕西师范大学,2013:7.
② 王慧娟.论受教育权[D].长春:吉林大学,2005:22.
③ 陈蔚.美国残障者教育法律体系探析[J].教育学术月刊,2011(2):93-96.

变,即障碍只是人的某种特征,不应把人等同于障碍。① 该法案着重强调四个方面:一是免费而适当的公立教育;二是在最少限制的环境中接受教育;三是正当的法律程序;四是不受歧视的评估权利。所有这些均为残疾学生接受"零拒绝"的高等教育提供了准备条件。② 而 1990 年由美国国会通过的《美国残疾人法》(Americans with Disabilties Act of 1990)又对就业、交通、公共场所与服务以及电信等方面给出明确的无歧视要求,其中包括任何残疾人不得因残疾而被排斥参与或被拒绝使用公共机构的服务、项目或活动,或受到歧视。③ 美国通过出台各种法律法规使残障学生的相关权利得到充分的保障。比如在残障学生进行入学申请时,入学申请表格中不能体现出对残障学生与一般学生是有所区别的,否则违法,学校将受到严厉的惩罚,这些区别包括有无各种身心功能不全等。再比如,上课时如果残障学生遇到困难,其他师生都不能歧视,否则同样将受到处罚。教师如果区别对待残障学生,一旦受到举报查实,也将受到严厉的惩罚甚至会被解雇,严重者将被告上法庭,学校也将同时受到处罚。这些完整的法律体系就是对残障学生最基本的保障,使他们在入学申请、学习、生活等过程中享受到与其他人同等的待遇。④

第三节
学校推进聋人高等教育的相关政策举措

国家鼓励普通高等教育院校招收聋人大学生、有条件的院校实施随班就读或者随专业就读。因此,全国聋人高等教育机构由世纪之初的四所学校发展到现在的 23 个学校,这 23 所学校其中有两所为专门的特殊教育高等教育机构,另外 21 所普通高校下设二级学院,即特殊教育学院(系)形式存

---

① YELL MITCHELL L. ROGERS DAVID, ROGERS ELISABETH LODGE. The Legal History of Special Education: What a Long, Strange Trip It's Been!. [J]. Remedial & SpecialEducation,1998(4):219-228.

② 马宇.美国残疾人高等教育支持体系的特点及其启示[J].现代特殊教育,2012(6):60-62.

③ 郑俭.美国残疾人相关法规对辅助技术的要求[J].中国康复理论与实践,2013(11):82-86.

④ 何胜晓,单娟.美国高校的无障碍环境支持及启示[J].现代特殊教育(高等教育研究),2018(9):78.

在。这 23 所举办聋人高等教育院校在体制机制设计、规章制度建设等方面都有自己的特色,在此,我们选取了长春大学、北京联合大学、南京特殊教育师范学院、郑州工程技术学院等被中国残疾人联合会确定为"残疾人高等融合教育试点高校",以及相关具有特色的学校作为研究对象,探索在体制机制和政策举措方面的做法。

一、建立管理机制和服务体系制度保障

抓好融合教育,为聋人大学生创办一个良好的无障碍的学习生活环境,是办好聋人高等教育的前提。有关学校在融合教育等方面加强体制机制建设,提供制度保障环境。

(一)实施校长工程,全力推动特殊教育事业发展

由于聋人高等教育的后发性,一方面是不利因素:教育是一个积累的过程,十年树木,百年树人。教育理念、教育教学资源、师资队伍、校园文化、大学精神等都不是一朝一夕而成的,需要一个长期积累积淀的过程。从这个方面来说,对后发聋人高等教育是不利的。另一方面,作为后发教育又是有利的:先发成熟的教育资源、教育理念、办学学科专业、师资队伍等可以为开办聋人高等教育提供借鉴甚至融合发展,这就需要学校党委高度重视,举全校之力兴办聋人高等教育。自从举办聋人高等教育以来,郑州工程技术学院(中州大学)即实施校长工程全力推动特殊教育发展,并由校长亲自联系特殊教育学院指导特殊教育事业发展,提高学校领导联系学院制度。在学校探索聋人随专业就读、随班就读、实施中高等教育衔接等方面,没有校长工程全力推动,作为二级学院的特殊教育学院是很难推动的。拿随专业就读来说"随专业就读",是郑州工程技术学院为探索解决聋人高等教育招生规模小、可读专业少、就业渠道窄等共有现实难题而进行的积极尝试。在充分考虑聋人群体特殊性和聋人个体差异性的基础上,利用学校优势院系的成熟专业教学资源,在一些成熟专业中设立聋人班级,由设立聋人班级的专业和特殊教育学院共同制定人才培养目标、专业教学计划与开设课程。在具体教学中,特殊教育课程由特殊教育教师担任,专业课程由专业所在院校承担,特殊教育学院提供手语翻译及学生管理人员。办学过程中,学校先后分别在艺术设计、摄影摄像技术、计算机技术应用、机电一体化、食品加工技术、电子商务等学校优势专业内成功设立聋人班级。[①] "随专业就读"是拓宽聋人在专业选择、充分利用学校办学优

---

① 王珍珍.中州大学聋人高等教育的现状、问题及对策[J].中州大学学报,2013(3):91.

势资源方面的有益探索。

(二)建立服务平台和服务项目制度保障

联合国教科文组织于在1994年的《萨拉曼卡宣言》中提出"全纳教育"理念,其本质内涵就是"每个人均有受教育的权利,每个人均有其独特的个性、兴许、能力和学习的需要,学校要接纳所有学生,并满足他们的特殊需要"。这一理念迅速在世界范围内推广。这就要求学校关于"全人"教育观的实施,需要在理念、政策与服务等各个层面为需求接受高等教育的人们提供友好型的教育环境。在综合管理服务方面,需要充分发挥学校相关职能部门的联动机制,建立良好的管理机制和服务体系。比如,南京特殊教育师范学院为做好融合教育工作,建立了教育资源中心、教务处、图书馆、后勤处和二级学院等协同开展的融合教育工作网络,同时构建了高等融合教育支持服务体系:一是建立残疾大学生管理支持系统,提供心理咨询、就业指导、信息咨询等方面的支持与服务;二是建立残疾大学生学习支持系统,提供专业选择、学习评估、学习辅导、辅助技术、交流合作等方面的支持与服务;三是建立残疾人大学生就业支持体系,为残疾人大学生提供职业测评、就业指导、就业信息等方面的支持与服务

南京特殊教育师范学院以融合教育资源中心为中心点,以二级学院为网点,形成了融图书资料、教辅工具、康复器材、学习用具及辅助技术为一体的资源支持平台,为聋人学生提供咨询、评估、制订个性化支持计划。其中以需求评估和个别支持为工作核心,强化师生服务和营造人文环境。建立和完善无障碍设施,创设融合教育物理环境是建立服务平台的必然要求和必备条件。大多数聋人高等教育机构在物力设施保障方面进行了既有共性也有差异的积极探索。从教育公平的角度来说,对于听障学生,由于他们生活在无声世界里,无法用语言口头表达,那么校园内的教学楼、教室以及宿舍等各类场所需要设有指示灯以及震动装置等,为他们的学习和生活提供方便。无障碍环境的建设为融合教育的开展营造温馨舒适的人文氛围,让有特殊需求的学生时刻感受到学校的真心关爱。

二、积极探索招生就业政策,为聋人提供公平便捷的求学工作之路

从招生角度讲,各聋人高等教育机构均实施的是自主招生,高校之间关于考试的顺序、考试的时间等方面既有独立性也有合作性,形成了当下虽不尽合理但比较客观的考试招生范式。如何实施更加规范合理的招生机制,让招生考试更加方面公平,如何让聋人学生不仅方便就业更有利于创业,还需要进一步的探索。

（一）聋人单考单招考试体系设计问题

基本都是"三驾马车"运行单招考试。即教务、招办、二级学院各司其职、分工负责。一般设立聋人单招考试领导小组，校长任组长、主管教学副校长为副组长，各有关部分为成员单位。在各地招生办公室指导下，学校负责组织报名、命题、考试、录取工作。具体而言，录取名单经新生户籍所在省（自治区、直辖市）招生办公室审批并报国家教育部备案；考务、命题、阅卷工作由教务处具体实施；报名、录取备案工作由招生办公室负责。从报名条件来看，各高校均提出：遵守中华人民共和国宪法和法律，高中毕业生或具有同等学历的聋人，因触犯刑律已被有关部门采取强制措施和受过公安部门处分者，或正在服刑者不得报考等报名要求。这也是和国家高招录取条件要求相一致的。从报名程序来看：一般考生必须到户口所在省、市、县招生办公室参加全国普通高等学校招生考试统一报名，并将考生报名序号和准考证号报各学校招生办公室；考生到所报考大学报名参加文化课和专业课考试时，必须提供高中毕业证书、残疾证、身份证或户口本、体检表（县、市级以上医院原件和复印件）。从招生计划、专业设置来看：招生计划经学校研究后上报各地教育厅（教委）批准，根据市场需求、聋人特点和各地教育厅（教委）有关专业设置的要求，在每年的规定月份以前提出次年的招生专业设置。从命题、考试看，均提出按国家教育部和当地省（市）招生办公室有关规定进行试卷命题工作，试卷命题采取全封闭的办法，并由各校纪检部门监督，考场按标准考场（30人）安排，每考场2名监考人员（其中一名为手语翻译）。

（二）各高校关于聋人单招考试日期协同问题

聋人单招考试关系全国数千名考生、家庭，以及各地特殊教育学校、教师，同时也引起了国家教育部、中残联的高度重视。2020年突发的新冠肺炎疫情为各项工作都带来了挑战。对2020—2022残疾人单考单招产生了很大影响。如果继续按照往年的时间和方式组织考试，由于通常一位考生要参加多个学校的校考，每个残疾考生通常都由家长、老师带领，陪同参加考试，将造成一定范围的人员流动和聚集。这既对考生的身体健康和生命安全带来潜在的风险，也会影响全国疫情防控的大局。

根据中央疫情防控工作的有关部署，教育部于2020年3月31日印发《关于应对新冠肺炎疫情 稳妥做好2020年全国普通高校招生工作的通知》，对考试组织、考场防疫等各项工作进行了部署；2020年5月12日召开新闻发布会，介绍高校考试招生及毕业生就业有关情况。各高等特教院校（系、专业）可以通过教育部网站了解相关政策信息。

经与教育部学生司沟通,2020年残疾人单考单招本着以下原则开展:一是教育部要求各地各高校要把考生的生命安全和身体健康放在第一位,结合不同专业人才选拔的特点,本着注重科学、严守公平、切实可行、保证安全的原则,科学制定考试招生工作方案,稳妥组织实施。二是各高等特教院校(系、专业)按照属地管理的原则,制定考试招生工作方案,报经所属地省级教育行政部门疫情防控领导小组审核同意后,安排组织考试。

中国残联及时对接教育部,了解相关政策信息,及时传达给相关院校及残疾考生和他们的家长;并及时把各院校及残疾考生和他们的家长的困难和需求反映给教育部。

同时,为了便利聋人学生参加考试、节约成本、提高效率,在教育部、中残联协调推动下,采取了一系列具体有效措施。由于在2014年前的单考单招,各校为争夺优秀生源,竞相提前单考单招时间,对听障学生的正常复习和备考造成明显的不良影响。自2014年起,长春大学、天津理工大学、北京联合大学、山东滨州医学院、郑州师范学院五所残疾人招生院校,达成残疾人高等教育本科段单考单招协议,就残疾人高等教育本科段单考单招的考试时间、录取结果公布时间、考生确认选择学校及专业时间等事项达成共识,在一定程度上缓解了残疾人单考单招的混乱局面。① 从具体落实情况来看,聋人单招考试时间安排在一定程度上得到了解决。按照每隔一年从南到北、从北到南方式进行,避免了考生及家长的舟车劳顿。但是"考试时间过早"、考试时间不统一,以及成绩公布时间和招生录取时间不统一等问题还无法得到根本解决。

另外,考试大纲问题无法统一。2007年由中国教育学会特殊教育研究分会牵头天津理工大学、北京联合大学、长春大学做过数学、语文、英语等"考试说明试行稿",但是,因为"聋人单招"招生政策的现实,还无法实现真正意义上的全国统一。

关于考试形式,在单考单招的考试形式和文化课(以及艺术类考生的美术的专业考试)考核形式上各听障高校比较一致,在听障艺考生的文化课与专业课的比重上有些不同,另外,融合教育听障学生招生考试会增加面试环节。在访谈中,当问及"听障学生理想考试形式时,'高校单独测试、高考加高校单独测试、特殊高校联合考试加高校单独测试、考试机构考试加高校单独测试、不需任何测试,仅凭学生以前学习记录',哪个比较合适?"很多受访者认为"特殊高校联合考试加高校单独考试"比较好,一方面经过高校的联

---

① 韩同振.我国高等院校听障学生招生考试研究[D].天津:天津理工大学,2015:28-29.

合考试,作为一次筛选,确定少数目标高校,同时,联合考试与单独考试可被赋予不同比重作为总成绩,有效减小了一考定终生的概率。如果高考可以开辟特殊考场,为听障学生制定具有针对性的考试大纲、考试试卷及适当延长考试时间,特殊高考加高校单独考试的考试形式在规范性、实施上会更有科学性和操作性,也会营造听障学生和普通学生更加融合的氛围。同时,关于考试地点,出于对单考单招造成的各大城市来回奔波,受访者也不止一次表达不满,提出可以集中一个地方考,比如特殊高校在一个地点考或者每个省设立考点,"单独设立考点,方便各省的学生考试"。

(三)多措并举,有效供给毕业需求

在就业方面,各高校除在聋人教育方面优化专业课+职业能力课,提高聋人学生综合素质,融合师资+融合培养以外,还在提升融合教育的广度和深度,搭建就业创业孵化平台方面为聋人学生顺利就业"搭把手"。

以郑州工程技术学院为例,近年来,通过以融合教育项目开展为契机,加强以项目孵化为目标的校企合作模式,已达到聋人学生在实训中长技能、在孵化中学管理、在毕业后独当一面的校企合作目的。追求高质量就业,甚至实现创业梦想一直是聋人大学生最强烈的愿望。实现聋人大学生就业创业为目标的企业孵化模式,是行之有效的一种办法。如从目前为聋人开设的艺术类专业中,遴选出与工艺美术类行业企业相匹配的专业作为校企合作的目标,经过遴选适宜的创业项目、拓宽创业资金的来源、构建良好运营的长效机制等过程,成功组建了聋艺画廊,而且成功孵化出了复制型的企业。目前有聋艺画廊、全国聋人相亲节、残疾人技能培训服务中心、助聋创业慈善基金、聋健融合幼儿教育等5个孵化板块。累计接收了聋人大学实习生人数300余人,手语翻译50余人,提供聋人大学毕业生就业岗位累计100余人,对残疾人开展剪纸,彩绘,编制,绘画等近20种培训项目,培训人次近200人次。学生的专业能力和管理能力得到了明显的提高。2018年9月,郑州工程技术学院同校企合作单位郑州黄河金沙泥艺术研究所联合建设手工陶艺工作室,致力于打造"教、学、做"一体化的聋健融合——柒烝手工陶艺创新创业项目,经过近一年的项目孵化,初步以郑州特色园区电影小镇、艺茂仓等文化市场合作项目为依托,总体占地面积达到600多平方米,以聋人学生为主进行产品设计、制作、项目管理、运营的创新创业试点,打造聋人手工陶艺品牌。展品制作点主要由产品制作展示、销售、体验三大项目组成,年盈利达30余万元。学生的创作质量也有很大的提升,2018届动漫专业毕业生夏雪的作品《神兽香插》入选全国残疾大学生美术作品展,《陶瓷鸮尊香插》荣获河南省第六届博物馆文创比赛三等奖。2018届学生聂慧敏,2020届学生罗闯闯、张海洋等的作品也都在省市各类比赛中取得了优异成绩。

政府、社会、学校、企业等方面联动机制的建立也是促进聋人大学生就业的一项重要举措。就河南省而言，在每年的全国助残日来临之际，都要举行一次"河南省残疾人就业双选会"。双选会由省教育厅、省人力资源和社会保障厅、省财政厅、省残疾人联合会等部门主办，由郑州工程技术学院、省残疾人就业服务中心、省大中专学生就业服务中心承办，固定在郑州工程技术学院举行，2020年的残疾人就业双选会因为疫情举行了线上就业双选活动。从每年的招聘双选情况来看，每年都有上百家企业提供数千个就业岗位。以2020年为例，有192家企业参加招聘，提供残疾人就业岗位1227个，初步达成就业意向272人。

从双选会个案进行分析，体现了政府的主导作用、企业的积极参与作用、学校的积极配合作用，体现了校政企联动机制的建立残疾人就业中的作用发挥，体现了新媒体舆论宣传在残疾人就业方面的作用发挥，体现了学校课程改革和社会需求不断切合一致达成的效果，体现了在就业方面平台建设的重要意义。

提高聋人大学生的质与量并不是一件容易的事情，还需要政府、社会、家庭、学校、学生五位一体，齐抓共管，久久为功。从政府、社会层面来讲：要细化有优化相关法律法规，进一步落实残疾人就业保障措施；要完善教师资格证制度，赋予符合条件的聋人大学生以从教权利；要加强对聋人大学生的形象推介，转变大众的固有看法；要积极推广通用手语，为聋人大学生就业营造支持性环境；要落实相关优惠政策，鼓励企业积极接收聋人大学生；要转变培训模式，加强对聋人大学生的职业技能培训。从聋人高等教育办学机构来讲：要加强就业指导教育，树立正确的就业观；要以就业为根本目标，不断加强专业布局，优化人才培养方案；要创新教学方法，真正实现学做一体的工作室制教学改革；以融合教育为依托，不断加强师资队伍建设。

第四节
聋人高等教育事业发展法律建设展望

为了保障残疾人基本权益，国家不断加强顶层设计，出台一系列法规政策推动特殊教育改革，为残疾人高等教育奠定了法律基础。但是，由于我国残疾人高等教育起步晚、底子薄，一些法律条文规定趋于理想化，过于抽象，以至于各地在实施过程中只能"摸着石头过河"，操作性偏弱。① 在下一步的特殊教育事业发展法律法规制定方面，国家既要有宏观政策指引与规范，也要在具体操作上拿出可行性举措。进一步明确诸如招生标准、各级教育主管部门特殊教育具体归属的处室（聋人高等教育放在基教处管理是否合适）、根据实际情况开展聋人高等教育的标准、聋人大学生依法享有的平等权利、监督高校"不得因残疾而拒绝招收"的执行人及执行标准等方面内容。

一、充分认识新中国成立以来尤其是改革开放 40 多年以来，我国在特殊教育法律法规建设方面取得的伟大成就

总的来看，我国的残疾人法律法规体系完备，充分涵盖权利保障、教学安排、条件支持、资金供给、教师培训等方面，形成了宽松和务实的高等特殊教育政策环境。尤其在残疾人接受教育以及高等教育方面，我国历来比较重视，早将残疾人教育写进《中华人民共和国宪法》。此外，《中华人民共和国义务教育法》《中华人民共和国残疾人保障法》等对残疾人的教育都有专门的法律条款。这些有关残疾人教育的法律规范中涉及残疾人高等教育的保护条款有 4 条，即《中华人民共和国残疾人保障法》第二十二、二十三条，《中华人民共和国高等教育法》第九条和《残疾人教育条例》第二十九条。其核心内容是：高等院校、成人教育机构等必须招收符合国家规定的录取标准的残疾考生入学，不得因其残疾而拒绝招收。2009 年 5 月，国务院办公厅转发了教育部等部门签发的《关于进一步加快特殊教育事业发展的意见》，明确指出："加快推进残疾人高等教育发展，进一步完善国家招收残疾考生政策，普通高校应依据有关法律和政策招收符合录取标准的残疾考生，不得因其残疾而拒绝招收。高等特殊教育学院（专业）要在保证质量的基础上，扩大招生规模，拓宽专业设置，提高办学层次。各地要为残疾人接受成人高等学历教育、自学考试、远程教育等提供更多方便，满足残疾人接受高等教育的需求。"②

建立和完善由政策法规、财政支持、专业支持、社会支持的特殊教育支持保障体系是实现中国特殊教育现代化的必由之路。推行普特融合，将特殊教育的发展纳入普通教育的深化改革，形成普特共赢、并肩前进的局面，

---

① 陈琴霞.新中国 70 年残疾人高等教育：突破与挑战[J].现代特殊教育（高等教育研究）：2019(18)：22.

② 司福亭.基于 SWOT 分析的河南省高等特殊教育发展战略研究[J].中州大学学报，2011(3)：87.

巩固和推广实验区建设和第一、第二期提升计划的成果；通过加强顶层设计、公布新修订的《残疾人教育条例》执行细则，研制与颁布《特殊教育法》，增加普特同源的督导机制，将会大幅度地提高我国各项特殊教育政策的执行力，是完善我国特殊教育支持保障体系，增强我国特殊教育的保证能力，提高特殊教育质量的重要举措。

二、完善优化法律法规体系要认清现阶段存在的法律短板，建立兼容并蓄的中国特色社会主义特殊教育法律体系

办好新时代的特殊教育，不能满足于与自己的发展历史进行纵向比较，还应该敢于直面现实，采取问题导向，从横向比较中找差距，定目标，开拓创新。发达国家以及我国台湾、香港地区的特教专项立法，其拨款方式、信息通报系统和专业人员的培养等方面就有一些值得我们借鉴之处。如美国残疾人教育的突飞猛进，便是得益于1990年布什总统签署的《残障者教育法修正案》，将《全体残障儿童教育法案》改名为《残疾人教育法》(IDEA)。新修的《残疾人教育条例》是目前我国最详细的政策法规，但是也有一些不足，如配套的执行细则和案例参照还比较缺乏。办好特殊教育中面临的教育用地、经费投入、教师编制、教师待遇等一系列问题，以及实验区这种局面下经验的保持和推广，还需要国家层面进一步完善顶层法律规定和政策设计，通过专项立法和提供《残疾人教育条例》的系列执行细则，或第二期甚至第三期、第四期提升计划的执行细则明确规定相关部门责任，就诸如拨款来源与比率、师生的比例编制等问题，形成长效机制，全面提升聋人大学生以及其他类型残疾人随班就读的教育质量。

三、健全特殊教育法律体系，关键是完善和落实特殊教育政策，建立残疾人就业的法律维护体系

要不断完善健全残疾人教育法律法规。在保障残疾人接受教育的平等权利方面形成最少限制的环境的塑造，还要有健全的法律法规体系加以保障。以国家法律法规的形式，对聋人学生接受高等教育学习的权利、学习需要的支持性服务等方面进行明确规定和保障，将有效推动聋人高等教育教育的发展。中国聋人高等教育之所以存在巨大的区域差异，关键就在于残疾人教育投资、教学设施配置、教学实践基地、师资队伍培训、教材编著等方面法律保障薄弱，在最基本的教学设施等方面都无法保障在同一起跑线。特殊教育第一、二期提升计划的实施加快了特殊教育雏形的建立，而进一步的夯实、进一步加强内涵建设还需要国家政策的持续支持。

拓宽聋人高等教育投融资渠道。聋人所需的教育投资经费，按照教学、

管理师资配备,教学、生活环境建设等方面计算,至少是普通学生的3~5倍,充足的经费,是推动聋人高等教育等残疾人教育的经济保障。一方面,加大财政投入是经济来源稳定保障,也是保障聋人高等教育资源公平性的体现。另一方面,推动残疾人教育投资的多元化,以社会捐助、企业赞助、慈善拍卖或校企合作等多种形式募集残疾人高等教育资金,建立聋人高等教育发展基金,将聋人高等教育资金募集常态化、规范化,增加基金的造血功能,缓解财政投资不足的困境。通过多种形式的资金投入,完善和提升聋人高等教育基础设施建设和师资队伍能力的提升。

聋人高等教育政策的制定和实施,一方面要把残疾人高等教育事业的发展纳入国家特殊教育事业发展大局层面进行谋划和考虑,纳入地方的经济、社会、教育、民生等发展规划进行推进和落实。残疾人高等教育的实施是一个系统工程,这需要地方教育、计划、财政、人事、民政、劳动保障、卫生、税务、残联等部门和单位统筹协调、各司其职,共同推进残疾人接受高等教育的合法权益。另一方面,面对经济社会发展日新月异的局面,特殊教育法律法规呈现必须跟得上社会发展的需要,否则会出现法不配位情况。因此,为了满足残疾人高等教育普及化、社会化、法制化的需要,《残疾人教育条例》以及未来《残疾人教育法》或者《特殊教育法》的出现,将是社会发展的必然选择。

第三章

聋人高等教育
招生支持体系

招生工作是高校开展教育教学与育人活动的先导和基础,优质、足量的生源也是优秀人才培养的先决条件。在聋人高等教育支持体系中,招生工作居于优先地位,为实现"聚天下英才而育之",必须建立高质量的招生支持体系,为聋人高等教育培养优秀的特殊人才,进而实现高等教育公平、促进聋健顺利融合,为发挥特殊人才的社会及个人价值打下坚实的基础。

第一节
构建完善招生宣传支持体系

随着国家社会进步,教育公平成为社会共识。为了满足特殊群体对高等教育的需求,各地通过各种途径开办聋人高等院校。2001年以前,全国招收聋人大学生的高校仅有天津理工大学聋人工学院、北京联合大学特殊教育学院、长春大学特殊教育学院、郑州工程技术学院(原中州大学)特殊教育学院四所。据不完全统计,截至2020年9月全国开办聋人高等教育的院校(包括普通高校下设的特殊教育学院)已有近30所。

聋人高等教育院校的增多一方面为聋人大学生实现大学梦提供了更多的机会,有助于提高聋人群体的整体素养,培养出更多更优秀德智体美劳全面发展的社会主义特殊建设者接班人。另一方面,聋人高等教育院校的增多,使聋人高等教育的市场发生了巨大的变化,由聋人高等学校占主导地位的卖方市场进入由聋人学生占主导地位的买方市场,学生有了更多的选择权。这些变化对聋人高校的招生工作带来新的挑战,也提出新的要求。聋人高校不能再抱有"酒香不怕巷子深"的心态,要积极走出去,创新宣传方式方法,以更优质的服务、更丰富的资源,吸引更多优秀的聋人学子选择自己的学校。

一、建设专业权威招生宣传网站

网络招生宣传是一种信息技术条件下出现的新宣传模式,可以最大化地扩大学校的影响力与知名度。作为招生部门,首先要建设专业权威的招生宣传网站,通过数字媒体技术,将学校校园文化建设、学生规模、专业开设基本情况、就业方向与就业渠道、学校的办学成就等以文字、图片或者视频的形式公布于众,使聋校毕业生通过这些信息对学校有一定的了解,鼓励学生踊跃报名。在校园网站宣传中,要重视以下几个方面:

第一,内容真实性。文以载道,作为学校宣传窗口,在招生宣传中主要负责向潜在的用户推介学校的基本情况。但在宣传中要遵循实事求是的原则,对相关信息要如实宣传,不可以夸大其词,更不可以无中生有,使学生及家长对学校有一个正确、真实的认知。

第二,形式多样化。内容决定形式、形式服务于内容。网络宣传形式要贴合网络阅读以及浏览者的特点。由于聋人对于声音无法清晰准确感受的生理特点,在招生宣传中要想引起他们的关注,必须在形式上进行创新,增加文字在宣传中的比重。在相关介绍学校及专业等内容的视频中增加文字介绍,在文字介绍中加入图片宣传,图文结合、音像与文字相互说明,提高宣传的准确性。

第三,院校两级招生宣传窗口相互协调。不少聋人高等教育院校实行校院两级管理,两者由于工作重点不同,在网络宣传中的侧重点也有差异。学校招生办网站侧重于学校层面的情况介绍,就业创业整体情况。而学院网站则侧重于学院整体状况、师资力量、专业设置、教育教学质量、实习实训等方面。二者相互协调,互相补充,为学生及家长提供清晰全面的学校教育教学情况。

二、完善高素质的线下宣传队伍

相比网络这种足不出户的宣传,线下招生宣传要求实地宣传,与考生及家长面对面沟通交流,介绍学校的情况,解决学生的疑问。这种宣传虽然比较辛苦,但是由于直接面对面交流,增加互动环节,可以直观了解考生关注的焦点与疑惑、对学校的态度,进而可以有针对性地答疑解惑,效果更加明显。同时应当注意，这种人与人的直接接触宣传，更需要重视交流技巧，增强宣传的有效性。

第一，强化招生宣传者的个人素养培养。招生宣传员是考生及家长面对的第一人，其个人素养直接影响着考生的志愿选择，影响着学校的生源质量。因此，要重视招生宣传员的个人素养，要求他们熟练掌握沟通技巧，注意个人仪表形象以及良好的个人品德。通过优雅的谈吐、整洁得体的衣着，给聋人学生及家长好的印象。同时，在招生工作中严格按照规定程序操作，杜绝以权谋私、弄虚作假，影响招生工作的公平与公正。

第二，招生宣传者的业务素养提升。要解决聋人考生及家长的各种疑问，吸引考生踊跃报名，还需要招生宣传者具有较为熟练的业务素养，对学校有一个清晰的整体认知，熟悉招生工作与教育教学的整个流程，实习就业的途径与方向，并突出学校的特色与优势。使学生及家长对学校的教育教学，学生在校享有的各种待遇，毕业后的去向都有明确的认识，能够解答学生从考试报名到入学前可能会遇到的各种问题，并以亲切友好的工作态度展示学校的人文关怀，鼓励学生踊跃报名。

第三，加强与各地聋校的交流与合作。聋校是聋人高等教育的生源地，也是开展聋人高等教育的基础。为了吸纳更多更优秀的聋人学生，聋人高校要主动加强和各地聋校的交流与合作，通过设置优质生源基地、开展中高等特殊教育教育衔接研讨、帮助聋校制定优化教学大纲、编写教材、设立实习实训基地、开办夏令营等形式，加强双方的交流互动、增强了解，展示学校形象，提升聋人高校在聋校的影响力。

三、重视校友或在校生宣传队伍建设

现身说法远比苦口婆心的空洞说教有效得多。在招生宣传中，无论是线上还是线下的宣传都是聋人高校单方面的介绍，无法完全获取家长和考生的信任。而校友或者在校生不同，他们都是聋校的毕业生，是在校生的师兄师姐，可以获得学生的信任。同时，他们是聋人高校的毕业生，对高校的教育教学、生活学习都比较熟悉，而且毕业后相对成功的就业发展也可以提高说服力，可以通过他们的现身说法，获得学生的信任。

第一，重视校友会在招生工作中的作用。由于聋人高等教育面向全国招生，其毕业生也基本涵盖了全国大部分地区，在招生中可以积极发掘校友资源，建立稳固的校友联络队伍，聘请各地事业有成的聋人校友担任地方招生宣传员，鼓励他们为母校的发展提供更多支持，不断提升招生宣传效果。

第二，不断和校友会沟通，宣传学校的发展变化。社会发展日新月异，学生的就业市场、就业需求也在不断变化，而学校开设的专业也在根据社会

变化不断调整。对于这些变化,学校招生部门以及特殊教育院系也可以不定期与校友会进行沟通,传递相关信息,使校友们对学校的专业变化心中有数,在招生宣传中可以有的放矢,提高宣传效果。

第三,增强在校生对学校的荣誉感。在校生作为刚离开聋校不久的学生,与聋校的师生有着密切的联系。同时他们作为在校生,对聋人高校的情况比较熟悉,可以作为聋校学生与聋人高校的桥梁,帮助高校进行招生宣传工作。因此,聋人高校要积极开展校史、校风教育,提高在校生对学校的集体荣誉感与向心力,鼓励他们与学校荣辱与共,将学校的发展与个人发展结合起来。聋人高校招生部门或者教学部门可以在在校聋人大学生中挑选来自不同地区聋校、思想觉悟较高、在校表现比较优秀的聋人学生,给予相应的差旅费用和宣传费用,以及一定的奖励措施,激励他们对学校的招生工作进行宣传,发挥榜样带头作用,将聋校的优秀生源吸纳到学校中来。

第二节
优化招生过程支持

招生是一个系统工程,有着规范的流程。聋人高等教育在招生过程中要严格遵守招生流程,按照规定科学地实施招生工作。

一、科学研究上报招生计划

由于教育部对高校专业设置权限下放,各聋人高校有了办学自主权,可以根据自己的实际设置相关专业。在招生活动中首先学校招生部门要会同各聋人学院根据各专业的社会需求、第三方调查反馈意见以及相关专业就业前景制订下一学年计划开设的专业,各专业招生人数等基本情况,形成初步意见。然后由招生部门将拟开设专业、人数等数据上报学校,由学校研究决定。研究通过后,学校招办将招生申请上报省教育厅,由省教育厅进行审批。教育厅对聋人高校的招生计划进行批复,如果有问题会提出修改意见,学校会同特殊教育学院需要根据修改意见对招生工作进行改进,使招生更科学合理。

二、规范招生宣传工作

教育厅正式批复学校的招生计划后,学校就着手开展招生宣传工作。通过招生信息网络公布招生政策、制作招生简章,招生专业、人数等计划同时开通线上线下的招生宣传工作,向相关聋校以及各地校友告知学校本年度的招生情况,使他们在宣传招生工作中可以有的放矢。

三、完善便捷的报名系统

在招生工作开始之后,学校招生网站及时开通报名系统,公布报名流程、招生章程、报名办法、学费专业、考试科目、联系方式、考试大纲、专业介绍等,为有意向报名的考生及家长提供参考。

四、考试试卷难度与信度合理

由于聋人高考的特殊性,一般采用单招的形式进行,在考试之前各高校都会组织相关专家进行单独出题,为保证考试的公平性与安全性,会实行封闭式管理的出题模式。为了确保试卷的准确性与可信度,考试前一般要对试卷的难度与信值进行检测,并根据评估反馈情况对试卷进行优化调整,确保试题的难易程度适中。

五、人性化考试服务

为了保障聋人单招考试的顺利进行,为聋人考试提供一个安全舒适的考试环境,学校招生部门以及学院要提前做好准备、分工合作。一是学校层面成立聋人单独招生领导小组,由学校党委或行政负责人任组长,招生及教学、保卫、宣传、后勤等相关负责人任成员,统筹协调处理招生考试中遇到的问题。二是招生办负责具体的考试流程准备,相关展板、宣传手册等宣传物品的设置、家长及学生接待工作、各种预案处理。三是教务部门负责试卷的保密与运送工作、监考制度的制定与实施。四是教学学院负责做好考试监考人员,特别是手语翻译志愿者、专业教师的专业宣传以及监考老师选派工作。五是后勤服务集团对考生及家长的餐饮保障工作。保卫部门对学生及家长入校考试的安全保障以及秩序稳定工作。宣传部门负责对考试工作的氛围营造、过程宣传工作。

六、专业严谨的考试录取工作

考试结束后,学校招生及教务部门需要及时组织相关专业教师进行集中阅卷工作,并根据成绩及招生计划划定录取分数线。按照学校《招生章程》的有关规定,根据考生的成绩和专业志愿进行考生的预录取,如无异议,则结束录取,上报教育厅并联系拟录取学生确定意向。然后,根据成绩公布拟录取名单。对存在的错误信息进行核实纠正,确定无误后发放录取通知书并通过邮政专递送达考生。

第三节
入学前衔接支持

发放入学通知书后,学校就进入入学前阶段。这一时期,聋人中学生离开了聋校校园,但还没有进入聋人高校,进入学习空窗期,失去了学习的动力,对即将进入的大学生活既向往又焦虑,不知道如何应对。学校需要做好这一段的衔接工作,尽快使学生了解学校基本情况,熟悉入学流程,做好身份转换。

一、建立相应的学生帮扶队伍

聋人高等教育学校每年要招收数量众多的聋人学生,解决这么多的聋人学生可能遇到的问题单靠学校层面本身肯定无法有效满足。因此,要建立相应的学生帮扶队伍,并对其进行相关培训,使其了解特殊群体学生的入学流程、相关手续的办理、学校及学院情况、专业设置和就业前景等知识,为下一步工作积累经验。当落实符合录取条件的聋人学生有入学学习意愿后,实行结对帮扶。在寄发的录取通知书中加上帮扶学生的电话、微信号等,使他们建立帮扶联系。帮扶学生可以帮助新生在网上完成学费、住宿费缴纳及宿舍分配等工作,使学生在入学前就办好各种入学准备,开学后可以轻松入校。

二、帮助学生了解各种政策

为了鼓励聋人学生完成大学学业,国家出台了很多优惠政策,并引导学生熟悉这些政策。帮助学生顺利利用这些政策更好地学习生活,是学校在这个过渡期的重要任务。

(一)组建班级微信群、QQ 群便利师生沟通

确定录取名单后,学校就会组建新生 QQ 群及微信群,公布各专业的辅导员及志愿者姓名与联系方式,指导学生电子注册,前置班集体设置,便利学生沟通交流并及时指导、解答学生遇到的各种问题。

(二)介绍国家各种助学贷款政策

教育是实现社会发展的基础,教育公平也是社会公平的体现。完成高等教育更是聋人顺利融入主流社会,提升聋人社会地位与形象的重要力量。为了帮助家庭困难学生完成大学学业,不让任何一个学生因为经济问题失

学,国家通过各种途径支持聋人大学生完成学业。其中,以国家开发银行为主,其他相关银行积极参与的助学贷款体系成为支持聋人大学生顺利完成学业的重要力量。

第一,明确告知学生国家生源地贷款的意义、条件与负责贷款的单位。要让学生明白国家生源地信用助学贷款是指国家开发银行向符合条件的家庭经济困难的普通高校新生和在校生发放的,体现出国家对特殊群体的关爱、关心,希望他们能够珍惜这来之不易的机会,入校后认真学习。同时告诉他们新学的生源地贷款单位是学生入学前户籍所在县(市、区)的教育机构,以免影响办理。

第二,要学生清楚贷款的对象。考上全日制普通本科高校、专科学校的学生,只要是家庭经济困难的都可以申请贷款,生源地贷款为信用贷款,不需要抵押,但学生和法定监护人(比如家长)为共同借款人,要共同承担还款责任。

第三,清楚贷款额度与利息计算。全日制普通本专科学生(聋人学生也属于这一类)每生每年申请贷款额度不超过8000元,不低于1000元。贷款利息按年计收。学生在校期间的利息由财政全额贴息支付,学生不需要支付,毕业后的利息由学生和家长共同负担。毕业当年9月1日起开始按年度计算利息。学生毕业当年应承担的利息测算公式为"合同金额×天数×利率÷360"。

第四,贷款的期限。贷款不是捐款,到期后也需要按期还款。贷款期限原则上按全日制的学制加13年确定,最长还款年限:专科生为3+13,共计16年;本科生为4+13,共计17年。在这期间要将贷款还完。

第五,贷款的条件。生源地贷款作为对家庭贫困学生的资助形式,主要面对被高等学历教育的全日制普通本科高校和高等专科院校正式录取,取得真实、合法、有效的录取通知书的家庭经济困难,所能获得的收入不足以支付在校期间完成学业所需的学费、住宿费的学生。具体包括:因父母双方或一方失业以及因故丧失劳动能力的学生家庭;孤儿及残疾人家庭;遭受天灾人祸,造成重大损失,无力负担学生费用;老、少、边、贫及偏远农村牧区的贫困家庭;其他原因造成的特困户、低保户、建档立卡贫困户等。

第六,申请材料、网址和咨询电话。被特殊教育高校录取的聋人学生可以凭借大学录取通知书(入学以后续办可以使用学生证)、学生和共同借款人身份证、家庭户口簿、贷款系统导出的申请表等。

第七,办理的时间。每年新生入学前的8—9月份。

第八,认清违约的后果。首先遭受罚金。未按借款合同约定归还贷款本金和利息的,借款人需要根据逾期本金金额和逾期天数缴纳罚息。罚息利率为贷款利率的 1.3 倍。其次是个人信用受损。开发银行将按照《征信管理条例》(国务院令第 631 号)的有关规定,将借款学生的违约信息录入中国人民银行个人征信系统。

第九,还款的方式。需要还款时可以通过线上与线下两种形式进行。线上可以通过支付宝还款,线下可以通过银行柜员机、柜台或者 POS 机刷卡还款。

(三)家庭困难学生认定政策

国家对于困难聋人学生的资助可以帮助学生顺利完成学业,满足家庭困难聋人学生对于高等教育的需求。要很好贯彻下去,精准地发挥应有的作用,首先就要对家庭困难学生进行认定。为了准确识别贫困,进而有的放矢、精准扶贫,让助学资金真正用到需要的学生身上,学校随通知书寄发家庭经济困难学生认定政策与家庭情况调查表,让符合条件的学生根据自己的情况自愿申请,准备相关材料,到校后由学院统一评选认定。以河南为例,我们目前家庭困难学生认定的政策主要有《河南省人民政府关于建立健全普通本科高校、高等职业学校和中等职业学校家庭经济困难学生资助政策体系的实施意见》(豫政〔2007〕57 号)、《河南省财政厅 河南省教育厅关于印发〈河南省普通本科高校、高等职业学校国家助学金管理暂行办法〉的通知》(财教〔2007〕114 号)和《财政部 教育部关于印发〈普通本科高校、高等职业学校国家助学金管理暂行办法〉的通知》(财教〔2007〕92 号)。

三、优化入学过程手续办理支持

(一)指导学生熟悉入学注册流程

按国家招生规定录取的聋人新生,接到录取通知书,按学校印发的"新生报到须知"中有关要求和规定的期限到校办理入学手续。因故不能按期入学者,应当在学校招生领导小组办理请假手续。未请假、请假未获批准或者请假逾期者,除因不可抗力等正当事由以外,视为放弃入学资格。随着智能操作系统的广泛使用,电子注册得到广泛使用,使得学生注册前置,便利学校的管理工作。作为学校招生及管理部门,在入学衔接阶段要做好新生学籍电子注册的宣传、指导学生做好电子注册工作。

(二)便捷党团关系转接流程

团员是聋人学生政治表现的证明,不少聋人在聋校因为表现优秀而加入中国共产主义青年团,升学时,团组织关系同样要及时转接。随着网络技术的发展,共青团中央委员会顺应时代发展,创建了"网上共青团·智慧团建",便利了各地各机构之间的团组织关系转接。但对于这种新兴的工作方式,不少聋人学生并不能够熟练运用,因此,可以利用入校前的空档期,建立相关学院专业的团组织关系,指导学生如何网上注册、填报信息,以及团组织关系的转接。

(三)宿舍安置支持

随着智慧校园的建立,不少聋人高等教育学校后勤智能化基本形成,学生可以通过网络,进入学校后勤管理网站输入自己的相关信息,找到对应的宿舍选项,选择自己的宿舍与床位,入学后就可以直接入住,不用担心找不到宿舍与床铺。行李物品也可以提前寄到学校,报到时轻装出行,减轻负担。

第四章

聋人高等教育学习支持体系

著名教育家苏霍姆林斯基认为,教育的实质就是"培养全面和谐发展的人,社会进步的积极参与者"。学校是学生的精神寄托地,也是学生学习知识的沃土。聋人高等教育是一个长期且专业化的过程,学习是主要活动和任务,学习支持体系的构建对于聋人高等教育的完善具有重要的意义。学业支持是聋人高等教育支持体系中的重要一环,高校是培养人才的基地,是影响聋人大学生日后工作和生活质量的重要场所,完善聋人高等教育的学业支持体系,对提高聋人大学生就业力、提高聋人学生的培养质量都具有重大意义。① 聋人高等教育学习支持体系包括教育形式、专业发展、课程建设、资源教室等四方面的内容。高等教育专业及课程设置作为聋人高等教育的主要内容,关系聋人高等教育事业的健康发展;教育形式多元化为聋人高等教育提供合适的选择;专业建设人性化为聋人高等教育提供发展的能力保障;课程设置合理化为聋人高等教育的学习提供知识领域的支持;资源教室为聋人接受高质量的高等教育提供强有力的保障。

---

① 张雪慧,韩梅.我国聋人高等教育支持体系现状及完善[J].绥化学院学报,2013(4):59-62.

第一节 教育形式

目前,我国残疾人接受高等教育的主要形式为:通过参加全国普通高校入学考试,获得录取资格,进入普通高等院校接收普通高等教育,以肢体残疾学生为主,2000年以来,每年招生人数在4000人左右;通过"单考单招"形式接收残疾学生进入高等特殊教育学院(系、专业)接收特殊教育,以视力、听力残疾学生为主。另有成人高等教育的形式,能够培养的聋人人才比较有限。据《2021年残疾人事业发展统计公报》显示,全国有14 559名残疾人被普通高等院校录取,2302名残疾人进入高等特殊教育学院学习。另外还有部分残疾学生通过参加成人高考、自学考试以及远程教育的方式接受高等教育。聋人高等教育的教育形式与上述基本一致,从融合教育、特教学院就读等形式进行分析。

一、融合教育

融合教育(inclusive education)又称全纳教育,是由联合国教科文组织于1994年6月7日至10日在西班牙萨拉曼卡召开的世界特殊教育需要大会上通过的《萨拉曼卡宣言》和《特殊需要教育行动纲领》中提出的。[①] 一般认为融合是指教育应当满足所有儿童的需要,每一所普通学校有必须接收服务区域内的所有儿童入学,并为这些儿童都能受到自身所需要的教育提供条件。2017年我国公布了修订的《残疾人教育条例》,明确指出残疾人教育应当提高教育质量,积极推进融合教育,优先采取普通教育方式。融合教育是聋人接受高等教育的主要形式之一,分为随专业就读和随班就读等。2001年,郑州工程技术学院率先在我国中西部地区创办聋人高等教育,基于当时的办学条件,在聋人高等教育创办的开始,采用"专业教师加手语翻译"的模式进行教学。根据专业发展的需求,郑州工程技术学院又于2004年在国内高校首先开创手语翻译专业。

(一)"聋人学生随专业就读"模式下的"融合教育"

探索聋人"随专业就读",是郑州工程技术学院为探索解决聋人高等教

---

① 雷江华.融合教育导论[M].北京:北京大学出版社,2012:4-6.

育招生规模小、可读专业少、就业渠道窄等共有现实难题而进行的积极尝试。在充分考虑聋人群体特殊性和聋人个体差异性的基础上,利用学校优势院系的成熟专业教学资源,在一些成熟专业中设立聋人班级。由设立聋人班级的专业和特殊教育学院共同制定人才培养目标、专业教学计划与开设课程。2008年,特殊教育与信息工程技术学院合作为聋人学生开设了"计算机技术应用专业",与传媒学院合作开设了"摄影摄像技术"。由于与信息工程学院及传媒学院合作效益明显,之后,特殊教育学院又先后与化工食品学院合作开设了食品加工技术、与经贸学院合作开设了电子商务专业、与机电学院合作开设了机电一体化专业。合作初期,各学院及专业派出最好的师资为聋人学生上课,特殊教育学院负责为每一位专业教师配备手语翻译,并安排专职辅导员,负责学生日常管理,组织学生参与校内各种大型活动、学术讲座、政治学习、文艺体育活动、职业技能竞赛。

在具体教学中,特殊教育课程由特殊教育教师担任,专业课程由专业所在院校承担,特殊教育学院提供手语翻译及学生管理人员。经过几年的发展,郑州工程技术学院已经分别在艺术设计、摄影摄像技术、计算机技术应用、机电一体化、食品加工技术、电子商务等学校优势专业内成功设立聋人班级,既扩大了招生规模,增加了学习专业,又拓宽了就业渠道。随专业就读既有利于教育资源的共享,又能兼顾课程建设、教学内容、教学方法的科学性和针对性。同时,还促进了聋健融合,为聋人大学生提前适应社会奠定了基础。

2014年,第七届世界手语大会在郑州工程技术学院成功举办,600多名聋人学生在参会过程中的出色表现令世人惊讶,世界聋人联合会主席科林·艾伦满怀深情地说道:"如果不是这次会议,我真的不知道中州大学(现为郑州工程技术学院)竟然有这么多的聋人学生在这里幸福地学习生活着,透过他们的状态我们可以看到中州大学对聋人教育的重视,进而知道了中国政府对聋人教育的重视!"

(二)"聋人学生随班就读"模式下的"融合教育"

随班就读是我国开展融合教育的主要形式,起初目的是为提高入学率,具有实用主义的性质。随着我国特殊教育的深入开展以及政府的日益重视,近年来随班就读工作开始从"量"向"质"转变。

1. 聋人学生随班就读的实践

在成功探索随专业就读的基础上,进行聋人大学生"随班就读"的有益尝试。即根据学生个人意愿、学习基础、专业适应能力和群体适应能力等条件,由学校教务处协调特殊教育学院和就读专业学院达成合作意向,将其安置在普通班级中进行学习。随班就读不仅为聋人学生选择更多的专业提供了可能性和可借鉴的模式,而且有利于个人潜能的开发,有利于其社会适应能力和心理健康水平的提高。为了更大限度地开发基础较好的聋人学生的内在潜力,坚持因材施教原则,郑州工程技术学院曾经接受了在普通高中参加过数学竞赛并获奖,在单招考试中取得最佳考试成绩的聋人学生关雪松的申请,同意他到普通学生班级学习,并开始了为期三年的"随班就读"的实验。"随班就读"促进了关雪松的发展,2006年毕业时,获得了河南省优秀大学毕业生的荣誉,并通过和普通专科毕业生的平等竞争,被华东师范大学录取,继续本科学业的学习。之后,关雪松通过个人努力,到印度拉甘地大学攻读"手语语言学"本科专业,毕业后成为学校的在编教师。目前他在学校承担聋人专业的"聋人与社会"课程,同时担任手语翻译专业的"手语语言学""聋人文化"等课程,他幽默风趣、满怀激情的教学风格深受聋人学生群体的好评。

在学习内容和范围上,随班就读方式可以给聋人学生更多的选择机会。目前已有部分学校采用随班就读方式,将听力损失较小的聋人学生安排到健听学生班学习。如天津理工大学于2005年率先开始尝试随班就读方式,允许并鼓励学有余力的聋人学生进入管理学院辅修第二学位。①

2.教育教学方法

经过对几届聋人学生的观察研究,针对聋人学生课堂学习的优势和不足,聋人学生课堂教学具有和普通学生课堂不一样的特点,比如聋人学生对具体形象事物感受力强,但是对事物整体性把握能力稍弱;具有较强的形象思维能力,但归纳、分析、综合的思维能力较弱;有较强的模仿能力,但知识迁移能力相对较弱。根据以上这些特点,除了为聋人学生课堂教学安排手语翻译外,更应采用以项目教学为主的多样化的翻转课堂,将微课、慕课等教学资源和形式贯穿教学过程中,采取差异化教学,以突出学生中心的主体地位。

(三)"聋听学生深度融入"模式下的"融合教育"

残疾人和健全人共同学习,同时,残疾人学生有适当的集中。在专业统一的教育目标和计划要求下,考虑残疾人的身心特点和未来职业发展需要,实施个别化教育计划,考虑残疾人的身心特点和未来职业发展需要,实施个别化教育计划——"有分有合,有同有别"的模式。对学生来说,有利于残疾人融入社会、健康成长,有利于解决他们的特殊问题和个性化发展需要,有利于学生之间互相交流和学习;对学校而言,有利于培养自己的学风。依托

---

① 张靓媛,韩梅.我国聋人高校支持服务现状及优化策略探讨[J].绥化学院学报,2017(4):44-47.

普通高等学校发展残疾人高等教育的模式顺应了世界残疾人高等教育"一体化"和"回归主流"的发展趋势,适合我国高校办学条件的实际情况和社会文化特点,也是我国参加残疾人高等教育的主导模式。

充分利用聋人大学生置身于学校万余名普通大学生群体中这一得天独厚的资源条件,积极创新和提倡聋健群体"优势互补,共同提高"的"融合教育"。在聋人入学军训、专业学习、宿舍安排、集体活动等方面,将聋人学生和手语翻译专业的学生始终融合在一起。同时,聋人大学生与健听大学生共同举办摄影、广告设计、书法、藏书票、剪纸、木版画、陶艺及手工制作的展览等。融合教育活动的开展,不仅消除了聋人大学生封闭孤独、自卑多疑的心理,而且培养了他们公平参与竞争的能力,极大地增强了他们的自信心。聋人大学生在活动中的积极表现,也深深教育和感染了健听大学生,使他们进一步了解聋人大学生执着追求、积极进取、自强不息的奋斗精神。这种聋健"融合"一直贯穿大学生活。通过聋人大学生和健听大学生的互相交流、互相学习、互相关爱,达到了相得益彰,促进了两个群体的共同发展。融合教育既提高了聋人大学生对社会的认知水平,又促进了聋人大学生的社会化进程。

二、特殊教育学院教育形式

(一)独立的办学形式

普通高等院校设立特殊教育学院,通过单独命题、单独考试录取的形式,为聋人学生提供高等教育。特殊教育学院是聋人大学生教育安置的主要场所。教育安置,是指依据特殊儿童的障碍类型、程度与个别化需要而做出教育上的不同对待,或进入特殊学校,或进入特殊班级,或在普通班级同时提供补救的教学。[①] 特殊学院和特殊班级一般附设在普通学校内,专门招收特殊群体,由受过专业训练的教师承担他们的教育和教育任务,是教育安置中的特殊形式,源于"回归主流社会"思潮,要求改变特殊学生隔离式的教育模式。特殊教育学院是聋人学生接受高等教育的场所和教育形式之一,为聋人学生提供主要的师资支持和专业及课程,并通过教育教学方式的完善提高教育质量。

目前我国聋人高等教育办学形式大多采用依托一所普通大学成立独立的特殊教育二级学院,如北京联合大学特殊教育学院、天津理工大学聋人工学院等。特殊教育二级学院独立开设面向聋人学生的专业,使用单独的人

---

① 车文博.心理咨询大百科全书[M].杭州:浙江科学技术出版社,2001:324.

才培养计划,聋人学生单独编班上课,实行单独编班集中授课的形式,即与健听学生教育融合又相对独立的单一培养模式,特殊教育二级学院的组织、管理及教学运行都是相对独立的。这种大融合小隔离式的办学模式,其优势在于可以针对聋人学生的生理和心理特征制订人才培养计划,更好地保证教学效果和教育质量。但该模式不能满足聋人学生的各种需要,主要表现在独立二级学院专业有限,聋人学生专业选择性小,继续接受硕士、博士等更高层次的教育机会甚微,导致聋人学生未能享有与健听生完全均等的教育。

（二）强化教、学、做一体化

随着我国经济社会的发展,社会对人才的要求也发生了变化,从重学历到重能力、重职业道德和价值观,人才的规格、内涵不断变化,日益丰富。由于科技、经济、社会竞争的日益激烈,"解决问题"的实际能力和"创新创造"的实践能力成为人们价值实现的根本保障。对职业人才来说,以职业核心能力为主体的综合素质是在职业生涯中求职竞争、入职发展和晋职成功的重要因素。

对于聋人大学生,当前各高校的主要培养目标是对其进行职业教育,学生技能学习与就业是学校培养人才的目标,多强调以服务为宗旨,以就业为导向,以培养高技能的聋人专业人才为目标的职业。这决定了学校的发展必须以教学为重点,教学的重点必须以实训为基础。教学法上重自主、重交流、重实践、重创新的"教、学、做一体化"教学模式。

1. 教、学、做一体化模式

"教、学、做一体化"就是将教学场所直接设在实训室,师生双方边教边学边做,理论和实践交替进行,直观和抽象交错出现,理中有实,实中有理,突出学生动手能力和专业技能的培养,充分调动和激发学生学习兴趣的一种教学方法。学生真正变成了学习的主人,而老师只是一个引导者或答疑解惑者,可以培养学生的终生学习能力,对加强学生的动手操作能力和解决实际问题的能力有很大好处。

在聋人大学生中开展"教、学、做一体化"的教学模式是根据聋人大学生的生理特点进行的,聋人由于听觉的丧失,在视觉上形成很强的补偿优势,他们在言语理解与理性分析方面能力较弱,但在动手操作与视觉观察中的能力与健听大学生相比较为突出。根据他们这一优势,在聋人高等教育教学与实践中应突出以学生"做"为主,对他们提出一定的要求,用所学知识自己设计、自己制作,教师负责相应指导。

2. 以过程为导向

"教、学、做一体化"的教学模式在教学实施中注重把课堂教学转向工作情境,由教师为主转向以学生为中心,由老师讲解转向讲练结合。在教学中打破以往的按章节讲授的模式,将内容分为几个不同的模块,每一个模块又分成几个项目实施教学,这些项目的实施则又由几个基本操作去完成。教师讲解清楚课堂要完成的作品要求,并进行案例指导,学生分组在课堂参照案例,教师巡视并做个别指导,然后老师再演示讲解,学生再继续做,如此反复,按计划完成一个项目。"教、学、做一体化"的教学模式使学生能够在学习中发现问题并及时询问,为他们将来走上工作岗位奠定了坚实的基础。也是对学生的操作能力、团队精神和敬业精神等综合能力的有效锻炼。

3. 改革教学方法

鉴于聋人大学生的基础和接受能力的差别,在课堂教学设计时要安排灵活多样的教学方式。在教学中首先采用项目教学法贯穿始终,在授课中,采用教师讲解相关理论与要求→学生做、老师巡视指导→讲解示范→训练纠正→师生共评的、基于工作过程的项目方式教学,更有利于聋人学生在"做"中学,学习如何完成任务、与人合作、解决实际问题。

建立学习帮助小组,聋人大学生由于来自不同区域,专业基础及文化水平不一,对教育教学的开展有一定影响。因此,在教学过程中,对底子薄的同学多关注,留意他是否也能按时完成或遇到那些需要及时解决的问题,使大家顺利完成各项任务。在教学过程中也可以适当应用问题教学法,提高学生的学习兴趣,精讲多练,达到了"教、学、做一体化"满意的教学效果。

4. 多样化考核

"教、学、做一体化"这种教学方式以提高教学质量和教学效率为目标,在学生考核时应坚持结果与过程并重、平时表现结合期终考核综合考核的原则。一是平时表现:为了及时检查学生对所学知识的掌握情况,在日常教学中对学生进行随堂抽查,当场公布、并记录好每次的考核结果,学生明白自己的学习状况以及努力方向。二是期终考核:根据平时搜集上来的作品和期末交上来的作品综合,或者根据期末考试成绩进行评定。

目前均是依附于一所综合性大学而建立的独立二级学院,这种办学模式方便实现资源共享,有利于促进聋人学生与健听人之间的沟通与了解,有利于实现融入主流。此外,每年还有少量聋人学生通过全国普通高考进入大学,以融合教育的方式和健听学生一起上课。

三、聋人学生高等教育的教育形式选择应注意的问题

聋人学生高等教育形式应该多元化,以全日制普通教育为主,非全日制教育为辅。作为正规教育的补充,多元化的教育形式,如成人教育、远程教育等,对聋人群体实现高等教育,获得与健听人一样的终身教育具有现实意义。

采用创办特教学院和随班就读相结合的形式。一是普通高校力所能及地创办特教学院、特教系或班,集中招收聋人学生,实施特殊教育,培养具有专业技能的高层次人才。这种形式有利于因材施教,方便管理,并"有利于消除聋人的心理障碍,同时又不需要单独选址建院,比建立"隔离式"特教学院节省许多经费,而且可以利用高校现有的比较完善的教育资源。二是普通高校直接招收聋人学生随班就读。事实证明,聋人学生与健听学生共享相同的人文教育环境,促进了普通教育与特殊教育的融合,有助于消除聋人学生的封闭、孤独等不健康的心态,有利于学生的全面健康成长,同时也提高了他们融入社会的能力。[①]

(一)所选择的教育安置环境是最适合的[②]

教育形式的选择并不是最终目的,最终的目的是通过教育安置模式的选择使聋人学生接受最适合且高质量的教育。不同听力损伤程度的学生的教育需求各不相同,如全聋学生需要运用手语进行学习交流,可能更适合被安置到特殊教育学院;而佩戴了助听器或人工耳蜗的聋人学生,听力得到补偿,语音语言比较好,适合安置到普通班级中。

(二)教育形式是一个连续动态的过程

不同安置模式其根本目的都是通过教育使得聋人学生能够独立生活、适应社会。教育安置形式的划分只是为了更好地让学生进行选择,但这种选择并不是固定不变的,而是根据聋人学生的能力发展不断变化的。如某聋人学生在特殊教育学院学习,但其对体育或舞蹈的兴趣极大,对相关课程感兴趣,可以申请进行评估,随专业就读。不仅指从隔离式的环境转入融合教育环境,还包括从融合教育环境过渡到特殊教育环境。如当聋人学生所在的学院或学校无法提供手语翻译等相关服务,全校师生的接纳态度程度较低,无法享受相应的服务时,可以考虑进入特殊教育学院接受教育。

(三)教育形式的选择过程建立在专业评估基础上

聋人学生的评估一般由普通班级的教师、特殊教育教师和言语-语言病理学家、听力学家、心理咨询者、翻译员、家长、学生等组成,需要对聋人学生的语言发展状况、学业发展水平、社会交往能力、生活自理能力、运动能力等进行评估。只有根据评估结果所决定的教育安置和形式,才有可能是最合适的。

---

① 鹿彩玲.我国聋人高等教育结构研究[D].天津:天津理工大学,2010:26.
② 贺荟中.听觉障碍儿童的发展与教育[M].北京:北京大学出版社,2018:144-145.

（四）需有聋人学生家长或者聋人学生本人参与

一方面，参与聋人学生教育形式决策是家长和聋人学生的权利；另一方面，家长和学生本身就是丰富的信息来源。家长是聋人学生教育的直接参与者，他们能够清晰地描绘聋人学生能力发展状况，并了解其优势和劣势，这些信息有利于高校更好地做出教育安置决策。此外，家长参与教育安置决策能够了解自己的职责所在，为"家校合作"起到帮助作用。学生是最了解自己的人，也有权利参与自己教育的选择，他们的参与可为教育质量的切实提高提供支持。

第二节 专业体系

专业，是"高等和中等专业教育培养学生的各个专门领域"、高等学校和中等专业学校根据社会分工需要而划分的学业门类，是大中专院校为了满足社会分工的需要而进行的活动。如：戏曲、舞蹈、音乐、教育等专业。"专业"是高等学校进行教学组织的基本架构，也是对育人目标进行细分的分水岭，更是社会分工在高校人才培养过程中的相应反映。上述定义一定程度上揭示了专业的本质内涵，表明了专业的范围、对象和功能。从大中专教育的角度来看，专业是为学科承担人才培养职能而设置的；从社会的角度来看，专业是为了满足从事某类或某种社会职业的人才需求，而必须接受相应的训练需要而设置的。因此，从人才培养供给与人才培养需求上看，专业是人才培养供给与需求的一个结合点。[①] 专业设置上，我国聋人高校注意兼顾聋人学生的生理特点和社会需求两个方面，开设专业主要是艺术、计算机、机械等，且学历多为本科和大专。2018年长春大学成为国内第一所进行艺术学专业硕士单考单招的院校。

一、开设聋人学生高等教育专业的院校

不同类别的学校可以根据自己学校特殊的教学目标，设置符合自身发展的专业，实现专业育人的目的。在当前知识经济时代，社会分工更加细化，对专业的需求更加强烈，拥有扎实的专业基础是个人成功的前提。针对

---

① 夏征农.辞海[M].上海：上海辞书出版社，1999.

聋人大学生的生理特点,各招收聋人学生的高等院校当前在专业设置上主要为聋人开设对听力依赖性不强的专业。

自1987年长春大学特殊教育学院成立,在全国首次专门面向聋人招收美术本、专科专业学生,我国聋人高等教育拉开帷幕。1991年天津理工大学特教部成立,专门面向聋人开设机械设计与制造本科专业。北京联合大学于2000年成立特殊教育学院,开设计算机应用、园林等专科专业,面向全国招收聋人学生。随后,重庆师范大学特殊教育学院、郑州工程技术学院特殊教育学院、南京特殊教育师范学院(原南京特殊教育职业技术学院)、广州大学市政技术学院、郑州师范学院、绥化学院、滨州医学院等20多所高等特殊教育机构陆续向聋人学生敞开了大门。为聋人学生开设专业的高校包括综合性大学、师范类、工科类和医学类等院校。下文将以天津理工大学聋人工学院、长春大学特殊教育学院、郑州工程技术学院为例,分析我国聋人高等教育机构专业设置。

(一)天津理工大学

天津理工大学聋人工学院建立之初招生计划仅为6人。随着聋人高等教育的不断发展,尤其最近几年来聋人高等教育快速发展,专业设置涉及的领域越来越丰富。2005—2014年,天津理工大学聋人工学院在原有专业基础上增设了艺术设计专业的造型装饰方向,并在2008年招生突破100人,2012年在此方向基础上开设了产品设计专业,2013年开始招收全纳班,涉及机械电子工程、电子信息工程、自动化等五个专业,招生人数达到123人。专业种类的增加,在一定程度上拓宽了聋人学生的专业选择自由度,提高了聋人学生接受高等教育的积极性,提高了入学率。2020年,聋人工学院现有计算机科学与技术、网络工程、服装与服饰设计和产品设计4个本科专业,并开设机械电子工程专业、自动化专业、电子信息工程专业、工程造价专业、财务管理专业、环境设计专业等6个全纳教育本科专业。目前有来自全国20多个省、市、自治区的400多名聋人大学生在校学习。

(二)长春大学

长春大学特殊教育学院1987年成立之初设置专业是绘画,招生人数是6人,之后的数年开设专业包括绘画和艺术设计,使招生人数维持在40人,在2008年增设动画方向,突破100人达到125人,2013年增设视觉传达设计,招生人数达到132人。目前,开设绘画(听障)、视觉传达设计(听障)、动画(听障)3个高等特殊教育本科专业,1个全纳教育工商管理专业(听障)。2018年特殊教育学院获批教育部中医学学术硕士学位、艺术学专业硕士学位授予权,通过单考单招方式,面向全国招收残障人硕士研究生,是国内第一所进行艺术学专业硕士单考单招的院校,也是国内学科层次最高、研究生招生专业最多的高等特殊教育学院。现有在校研究生10名,其中2名听障研究生经国家汉办选派,作为特殊志愿者被派往美国圣克劳德州立大学孔子学院,在美国基础特殊教育学校传播中国传统文化及聋人文化。2020年6月10日,长春大学听障、视障单招硕士研究生复试工作顺利完成,21名听障学生(分别来自长春大学、天津理工大学、沈阳化工大学、大连工业大学)被录取成为学校2020级硕士研究生。

(三)郑州工程技术学院

郑州工程技术学院于2001年开始招收聋人学生,是我国中西部地区第一个创办聋人高等教育的院校。2002年特殊教育学院挂牌,2005年命名为聋人艺术设计学院,2009年特殊教育学院独立设置。郑州工程技术学院在我国中西部地区率先开办聋人高等教育,在"随专业就读"的模式下,通过手语翻译员的支持、专职辅导员的管理服务,充分利用大学优质专业教育资源,先后为聋人学生开设了装潢艺术设计、古建筑绘画、摄影、动漫艺术设计、计算机技术应用、机电一体化、电子商务、食品加工技术、特殊教育等9个专业。特殊教育学院又先后与化工食品学院合作开设了食品加工技术专业、与经贸学院合作开设了电子商务专业、与工程技术学院合作开设了机电一体化专业。合作初期,各学院及专业都派出最好的师资为聋人学生上课,特殊教育学院负责为每一位专业教师配备手语翻译、负责学生日常管理、开设特殊教育课程。目前郑州工程技术学院听障大学生的招生专业仅为电子信息工程、视觉传播设计与制作、摄影摄像技术、艺术设计,与以往最多的9个专业相比,存在窄化现象,主要集中在艺术类及工学类等专业,不仅与健听学生的专业设置存在较大的差距,且与天津理工大学涵盖艺术学、管理学、工学等学科门类的9个专业相比,也有很大差距。2020年聋人招生,在继续办好"电子信息工程"专业外,增设了"产品设计"本科专业,不仅给予听障学生更多的入学机会与选择,更实现了学校及特殊教育学院的内涵发展。另外,为了满足学生的个性化需求,将择机开展聋人学生校内转专业工作。

二、聋人学生高等教育专业介绍

2003年《普通高等学校招生体检工作指导意见》对聋人学生报考的专业给出了指导性意见,两耳听力均在3米以内,或一耳听力在5米另一耳全聋的,不宜就读法学各专业、外国语言文学各专业以及外交学、新闻学、侦察学、学前教育、音乐学、录音艺术、土木工程、交通运输、动物科学、动物医学各专业、医学各专业。

2020年2月21日,教育部发布《普通高等学校本科专业目录(2020年版)》,包括哲学、经济学、法学、教育学、历史学、理学、工学、农学、医学、管理学、艺术学等12个学科门类。我国聋人高等教育发展之初，招生规模普遍较小，专业设置极为简单，从1987年聋人高等教育建立开始至2000年，全国招收聋人学生的高等院校为聋人学生设置的专业很少，主要有机械设计与制造、计算机、艺术设计、绘画等，招生规模相应也非常小。

2008年至今这一阶段的我国聋人高等教育设置专业不断增加，招生规模也不断扩大，在校人数逐年增加，并且开设专业门类与招生人数成正比。从10所举办聋人高等教育较早的学校开设专业来看，国内各高等特殊教育院校面向聋人学生在不同程度层次上开设的主专业为25个。例如：艺术设计、绘画、动漫、计算机科学与技术、视觉传达艺术设计（平面设计）、园林技术、文化事业管理（社区管理）、摄影摄像技术等，多集中在艺术（艺术产品设计、视觉传播设计与制作、美术学、服装与服饰、动漫（艺术与工科结合）等）、工科类的电子信息类和计算机类（信息工程技术、计算机科学技术、网络工程等方面）、农学科类中的园艺专业等专业领域，而且自办学以来专业设置变化不大，相对比较稳定（表4.1）。这也是多年来根据聋人形象思维能力和动手操作能力强的认知特点，总结出来的专业设置办学规律。

表4.1 我国聋人高等教育开设专业

学科类别	专业
艺术类	产品设计、环境设计、园林技术、绘画、视觉传达、美术学、装潢艺术设计、艺术设计、摄影摄像技术、动漫设计与制作
电子信息技术类	计算机科学与技术、网络工程专业、电子信息工程
食品加工类	食品加工技术
师范类	特殊教育
工程技术类	工程造价、自动化、机电一体化、汽车运用技术
服饰加工类	服装与服饰设计、服装设计与工程方
商业贸易类	财务管理、工商管理
音乐舞蹈类	音乐表演、音乐学

（一）艺术学类专业

艺术学门类下设5类专业，包括艺术学理论类、音乐与舞蹈学类、戏剧与影视学类、美术学类、设计学类。为聋人开设的专业主要为美术学类和设计学类。

美术学类包括美术学、绘画、雕塑、摄影、中国画（特设专业）、书法学（特设专业）；设计学类包括视觉传达设计、环境设计、产品设计、服装与服饰设计、数字媒体艺术、公共艺术、工艺美术、艺术设计学、艺术与科技(特设专业)。

1. 美术学

美术学专业主要是指美术教育、美术研究、文博艺术管理等专业,主要学习美术史论、美术教育等基本理论,还有美术基础知识、美术基础技能等学科。美术学专业毕业的学生可以从事美术教育、美术研究、新闻出版等方面的工作。聋人学生主要学习绘画方向,郑州工程技术学院的美术方向面向中国古建筑绘画制作领域,培养具有较强的绘画能力,掌握中国传统艺术的绘画理论和技法,熟悉古物的维修技术,熟练使用维修的新工艺材料工具,懂得相关法律法规及专业理论知识的高级应用型人才。

2. 艺术设计

艺术设计包括视觉传达和动漫设计、摄影摄像等。视觉传达专业要求学生具备扎实的视觉传达设计的基础理论知识和较强的专业技能,还要懂艺术、懂经济、懂市场、懂管理、能创造、会设计。主要面向广告公司、中小型企业宣传、艺术设计事务所等部门培养具有一定文化水平与职业素质,有良好职业道德和创新精神,掌握本专业基本知识、技术,具备相应实践技能以及较强的实际工作能力,能够进行平面设计与制作的一线人才。

动漫设计与制作专业培养德、智、体、美全面发展,具有与本专业领域方向相适应的文化水平与素质,良好的职业道德和创新精神,掌握本专业领域方向的技术知识,具备相应实践技能以及较强的实际工作能力,本专业领域制作一线的高素质高技能的应用型专门人才。就业范围涵盖动漫制作公司、计算机网络公司、艺术设计行业工作室等,其业务范围是影视动画,网络动画等前期,包括角色设计、场景设计、设计稿、动画等;插画创作(出版发行公司或自由职业);漫画:单幅漫画,绘本;多媒体:电子杂志。

摄影摄像专业领域方向主要面向淘宝摄影、影楼后期、企业网络宣传等部门,培养具有一定文化水平与职业素质,有良好职业道德和创新精神,掌握本专业基本知识、技术,具备相应实践技能以及较强的实际工作能力,能够进行图像产品生产、加工技术的一线应用型人才。就业方向包括商业类摄影图片的拍摄服务工作;为各类机构提供数码图片的后期处理工作;为广告公司、婚庆公司、商业影楼提供数码影像作品后期编辑、制作服务;为商业影楼、婚庆公司等提供助理性摄影服务。

3. 音乐舞蹈

音乐学(舞蹈表演聋人方向)培养德、智、体、美全面发展的,具备舞蹈学学科基本理论、基本知识和基本技能,能在艺术团体、社会文化部门从事舞蹈表演、舞蹈创编以及舞蹈研究等工作的专门人才。主要学习芭蕾舞基训、中国古典舞基训、中国民族民间舞和中国古典舞身韵等课程的基本训练,掌握舞蹈历史文化知识和舞蹈的基本理论、技能,学习有关舞蹈教学、表演、创编及舞蹈理论研究等方面的知识,培养学生具备较强的审美修养能力。

(二)电子信息类专业

电子信息类专业包括电子信息工程(注:可授工学或理学学士学位)、电子科学与技术(注:可授工学或理学学士学位)、通信工程、信息工程、电子信息科学与技术等。郑州工程技术学院于2018年开设电子信息工程本科专业,面向电子信息类行业一线,具有良好道德品质、勇于创新精神和高度社会责任感,理论功底扎实、实践能力突出、拥有就业创业能力、具备继续学习能力的电子信息类行业高素质技术技能型人才。毕业生面向:电子信息相关领域的科研院所和高等学校从事研究和科研教学工作;电子信息相关企事业单位从事电子信息产品相关软、硬件开发;从事电子信息行业管理与营销等;也可继续深造研究生。

(三)计算机类专业

计算机类专业包括计算机科学与技术、软件工程、数字媒体技术、智能科学与技术(注:可授工学或理学或管理学学士学位)、空间信息与数字技术、电子与计算机工程等。郑州师范学院开设计算机科学与技术(计算机应用聋人方向),培养德、智、体、美全面发展的,具备计算机应用技术的基础理论知识与较强应用能力,具备计算机及相关设备的维护与维修、应用软件开发、平面图像处理、广告设计制作、动画制作等应用能力和操作能力的高等技术应用性人才。系统掌握计算机科学的基础知识,具备计算机硬件和计算机软件系统的操作、管理、维护能力;掌握计算机应用系统的初步设计和使用能力,具备熟练的应用能力;具有利用所学的语言编写一般应用程序的能力;具有网络的基本应用能力;具备图形、图像等多媒体处理技能;能够掌握在计算机管理和使用工作中涉及的法律法规,并进行应用。

(四)特殊教育专业

特殊教育专业学生主要学习普通教育和特殊教育方面的基本理论与技能,通过学习掌握特殊教育教学的基本知识与技能,受到系统的、规范的特殊教育教师职业技能训练,具有较强的特殊教育教学能力和基本的从事特殊教育科研能力。重庆师范大学有特殊教育、信息与资源两个方向,其中信息与资源是西部首个面向全国招收聋人大学生的高等教育专业方向,以计算机技术、信息科学、艺术设计等课程为专业基础,以培养聋人师资与残疾人辅助技术人才为主要任务。该专业为聋人大学生开设的主要课程分为以下三类:第一类是提升基本人文素养的课程;第二类是提升特殊教育教师专业素养的课程;第三类是提升为残疾人服务的辅助技术相关课程。[①]

三、聋人学生高等教育专业发展存在的问题及原因

(一)存在问题

1. 专业设置相对狭窄

我国聋人高等教育的专业设置受聋人学生自身身体条件及客观教学资源的限制,开设的类别十分有限,在所列举的目前我国 11 所规模较大的招收聋人学生的高等教育院校中,其办学层次虽分为本科与专科,但可供聋人学生选择的专业十分有限,主要集中在计算机与艺术两个领域内。而聋人学生的兴趣是多样化的,据童欣等(2008)调查:目前为聋人开设的专业是聋人学院提供的计算机、服装等专业,而聋人大学生需求的专业却达 37 个之多。专业设置的局限将使有些聋人学生真正的潜能得不到开发与利用。随着"融合教育"这一教学模式的探索,让部分聋人学生选择自己喜欢的专业与健听学生一同学习,虽然拓宽了聋人学生可选择的专业范围,但由于对聋人学生的条件要求较多,使其只能受益于极少部分聋人学生,专业设置狭窄依然是聋人高等教育发展中的一个主要问题。[②] 就目前国内聋人高等教育的现状来看,虽然给聋人学生选择学校和专业权利,但相对缺乏专业选择的条件,实质只是选择学校。

2. 专业发展相对滞后

虽然在数量上我国聋人高等教育专业有了较大的提高,但有些专业已经不适于社会的发展需要,还有更多的适合聋人这个"除了听,我们什么都能做"群体发展的专业没有得到合理开发。天津理工大学聋人工学院曾在全体聋人在校生中做了一个问卷调查,结果发现聋人学生希望学习的专业达 37 个之多,而目前各高校设置的可供聋人学生选择的专业远不能满足其需求。当前在美国、日本等发达国家,有许多聋人选择学习语言、法律、心理咨询等专业,而这些专业在我们的传统观念里,是基本不能为聋人所选择的。在日本,聋人能够选择的专业包括家政、缝纫、农业、园艺、产业工艺、机械、金属工业、印刷、染色、美容、理发、美术设计、齿科工艺等。他们的专业设置与取得的成绩为我们进一步开发聋人大学生的专业课程,促进聋人群体的全面自由发展提供了借鉴。

---

① 刘雪娇.新时代背景下聋人高等融合教育对策浅析[J].绥化学院学报,2020,40(1):53.

② 王妍.以聋人学生需求为导向的聋人高等教育模式研究[D].天津:天津理工大学,2015:18-19.

(二)原因分析

专业设置在聋人教育过程中受到限制,除有聋人学生本身的主观原因外,还受到一些客观因素的影响,主要包括以下几点:①

1. 生源质量

高等教育作为中等教育的延伸,中等教育的质量自然会影响开设专业门类以及融合教育的有效实施,最终影响聋人高等教育的健康发展。我国聋人高等教育的生源主要来自普通高中随班入读的聋人毕业生、聋人高中毕业生、聋人职业高中毕业生。由于聋人中等教育和聋人高等教育衔接不到位,各聋人高等教育机构单考单招自主招生,一方面造成高中阶段聋人学生没有统一的课程标准,另一方面导致聋人学生不断奔波的参加自主招生考试,影响到了教学质量、学习质量。另外不同地区的生源质量参差不齐,发达地区的生源质量较好;由于对应试教育的过度强调,学生欠缺基本素养和学习能力;聋人学院的宣传不够,知名度不高,使优秀聋人学生错失入学机会。② 此外,由于聋人学生接收信息的主要通道之一——听力受到了损害,理解能力、抽象和逻辑思维能力受到一定的限制,使其能学习的内容和报考的专业受到影响,较难顺利完成所学知识。

2. 教育限制

由于聋人接受教育的过程要通过特殊的教学方法、教学设备和教学组织形式乃至特别设计的课程来达到特殊的教学目的和培养目标,所以为聋人开设的专业受到一些教学条件和教学手段的限制。聋人高等教育是基于聋校的9年制义务教育,即多数聋人学生从聋校初中毕业就来上大学,他们的中学基础知识不足,尤其是数学和物理知识很差,再加上大学不提供预科教育,限制了为聋人学生开设专业的广泛性。

目前培养聋人的高等院校中,均采用的是背靠一所大学办高等特殊教育的办学模式。虽然该办学模式的优势是合理解决教学设施和师资队伍问题,节省资金,避免重复建设,实现聋人学生与普通大学生的资源共享,但同时也受到学校内专业设置的限制。

3. 师资欠缺

目前我国从事聋人高等教育的教师,大部分是校内的专业教师,很少接受过正规特殊教育的专业培训,所以欠缺既懂专业又受过特殊教育培训的

---

① 童欣,曹宏阁,康顺利等.聋人高等教育中的几个问题的思考[J].现代特殊教育,2008(5):13.

② 韩同振,韩梅,武红军.中外聋人高等教育专业及课程设置的比较借鉴[J].绥化学院学报,2015,35(4):37.

师资,影响专业的设置和课程的开展,"无师可教"也是专业设置的重要考虑因素。

4. 就业难度

聋人就业难度大,就业比较紧张,就业对口性不强,专业设置是与社会需求密切相关的,就业难度大影响专业设置,就业前景不乐观影响专业发展。基于就业原因,绝大多数大学在开设专业前,先做就业市场调查,分析就业需求,根据就业市场的需要为聋人学生开设相关专业。

四、聋人学生高等教育专业发展的趋势

《第二期特殊教育提升计划(2017—2020 年)》中提出:"统筹残疾人高等教育资源的布局,支持高校增设适合残疾人学习的相关专业,增加招生总量。"结合聋人特点和社会需求合理设置专业,专业多样化和弹性化,针对聋人开设辅修专业是未来高等特殊教育发展的必然趋势。

(一)专业多样化

高等教育可在设计艺术的基础上增设具有适合聋人特点的聋人文学、表演艺术(包括舞蹈、小品、滑稽剧表演、服装表演艺术等)、聋人影视制作、计算机网络等专业。除美术和电脑专业外,增加专业使其多样化,不是每个聋人学生都擅长美术和电脑。① 创造条件让有能力的聋人学生去普通大学随班就读,自然就为聋人学生扩大了专业选择的机会;② 将在各行各业有成就的聋人树立为典范,提高大学教师、学生、家长、中学教师和用人单位对聋人能力的认识,在意识上为扩大聋人学生专业选择做准备工作;③ 继续通过各种有效途径让社会了解中国及世界聋人的能力和成功事例,树立社会对聋人的信心。① 需要注意的是,在增加新专业时,在专业内容选择上要符合经济、社会发展的需要,而且要随着社会需求的变化进行不断更新。促进专业设置的进一步优化,扩大适合聋人学生学习的招生专业类别,提升聋人学生培养的层次,争取专科专业提升为本科专业,增设数字媒体艺术、产品设计等本科专业。

(二)开放现有专业

高校除了要为聋人学生专设某些专业外,还应尽可能将更多专业向聋人学生开放。我国高校在对残疾学生开放的专业选择上有很大的限制,尤其是聋人学生对融合教育专业的选择限制性更强,最关键的原因是各高校

---

① MUDGETT-DECARO P A,DECARO,刘玉芳. 中国聋人高等教育:现状、需求和建议[J]. 中国特殊教育,2007(8):12-17.

对高等融合教育的准备不足。先从辅修做起,即允许聋人学生选择某专业,高校可采取辅修第二专业的模式,聋人学生在学有余力的情况下,可以根据自己的兴趣爱好参加由大部分健听人组成的第二专业的辅修。但是不严格计入学分,也符合社会对复合型人才的需求。如美国加劳德特大学是设有本科、硕士和博士学位的大学,听力残疾学生在科学学院、艺术学院、交流学院、教育与人文学院、管理学院的多个本科专业以及研究生课程中学习;罗切斯特国立聋人理工学院的聋人学生可以与其他学院学生一起上课,共同学习,教师不因学生残疾而区别对待,课堂教学同等对待,学生是完全平等的。残疾学生经过在学院注册即可到其他学院攻读硕士学位等;同样,其他高校的特殊教育学院学生也可以与其他学院学生一同上课。对于我国高校中尝试残疾人高等融合教育的长春大学、天津理工大学聋人工学院等,虽有开放的融合教育专业,但数量不足,更不用说其他开展残疾人高等教育的本专科高校。所以各高校必须积极探索残疾人高等融合教育的实践,不断扩大适合残疾人的专业范围,让更多的残疾学生接受更广泛的高等融合教育。

弹性化专业设置。俄罗斯鲍曼技术大学的所有专业对聋人学生开放,在俄罗斯教育部的推动下,学校充分利用办学与研究优势,设立了材料、信息及控制、机械技术及自动化等专业。可见,专业构建和课程设置也是随社会需求的变化而变化,具有较大的灵活性和现实性。

(三)规范化专业

当前聋人高等教育在专业设置上缺乏统一的规范,同一个专业会出现不同的名称,造成误解。同时,在专业设置中有些已经不再适应社会需求的专业仍在继续招生,造成就业困难。因此,国家教育行政部门应制定统一规范的专业名称。其次,还应当不间断对聋人大学生就业质量进行跟踪调查,对明显落后社会需求的专业进行警示,促进各高校在专业设置上慎重调研,紧跟社会需求开设专业。对于聋人高校来说,应根据社会需求及时更新专业设置,合并相似专业、淘汰落后专业,开设新的专业。

第三节
课程体系

课程是指学校学生所应学习的学科总和及其进程与安排。广义的课程是指学校为实现培养目标而选择的教育内容及其进程的总和,它包括学校老师所教授的各门学科和有目的、有计划的教育活动。狭义的课程是指某一门学科。而课程体系是指课程与课程的组合,或一个专业所设置的课程相互间的分工和配合。课程体系是实现人才培养方案的核心内容,课程体系是否科学、合理,对学校能否实现高质量的人才培养目标具有决定性意义。① 课程设置是教育活动的重要环节,关系聋人学生人才培养目标及其实现途径,完善的课程体系是聋人高等教育发展的载体。郑州工程技术学院在课程建设上,突出聋人学习需求,以应用型人才培养课程设置为基础,设置以技术—技能为核心的职业能力系统化课程,强调职业需求对课程的重要性,以职业描述为课程设计的特点。

一、聋人高等教育课程设置模式

聋人高等教育课程设置模式一般是"发展 + 补救"模式。"发展"是指聋人高等教育课程参照健全人的发展过程、学习内容和顺序安排,给予聋人大学生和普通大学生同等学习平台,充分挖掘聋人学生潜能,为他们未来在社会上立足生存提供保障。"补救"是指聋人课程编制的着眼点放在聋人学生行为缺陷的补救上,扬长避短,弥补聋人学生的行为缺陷,为其毕业后适应社会环境打下基础。这种以"发展为主,补救为辅"的课程编制模式,一方面参照了普通大学生发展的一般进程,另一方面考虑聋人学生"身心"发展的实际状况。实践证明,以"发展+补救"相结合的编制模式所开设的服装设计与工程、电脑艺术设计等专业课程在一定程度上体现了以人为本的教育思路,推动了聋人高等教育课程编制的科学化。②

然而必须看到,课程编制以"发展为主,补救为辅"的模式,使得我国聋人高等教育课程设置缺乏足够的特殊性和现实性。在强调以"发展"为主题时,忽略了聋人大学生不同于普通大学生的实际需求;在以"补救"的编制模式来面对这样一个特殊群体的同时,又会降低以职业为导向编制课程的重要性。③ 如,聋人高等教育专业所涉及的计算机与艺术设计两个领域,其中艺术类专业大多是参照同层次健听学生的课程设置,常常忽略聋人学生认知发展及接受知识的规律,以与健听学生相同时间内完成相同课程为目标,

---

① 黄建行,雷江华.智障学生职业教育模式[M].北京:北京大学出版社,2011(11):82.

② 李京龙.残疾人高等职业教育课程设置原则和模式研究[J].高职教育,2010(2):140.

③ 韩梅,王妍,张雪慧.美国国家聋人工学院课程设置的研究与借鉴[J].比较教育,2014(8):94-95.

三至四年的学习时间内开设几十门课程,导致聋人学生面临门门学、门门学不精的困境;而计算机类专业的课程建设由于考虑到聋人学生的基础薄弱及听力缺陷等原因,往往降低了课程的难度,缩小了课程的范围。这种做法无疑拉大了聋人学生与健听学生的专业差距,是聋人学生就业能力不高的一个重要原因。同时,我国聋人高等教育专、本层次教育固化,衔接不灵活。解决这些问题,应当从特殊高等教育课程改革入手,丰富聋人高等教育课程建设,逐步将"以人为本"思想融入聋人高等教育课程建设中来,提高聋人高等教育专业课程针对性和灵活性。[①]

二、聋人高等教育课程体系的内容

不同专业下,课程体系的设置有一定的差异,但一般涉及通识教育课程、专业课程、实践性课程等。既有与普通高校专业课程体系的公共通识课,也有强调补充的补充性课程和替代性课程。如重庆师范大学在特殊教育专业下为听障大学生设置的两个方向:聋人教师教育与残疾人辅助技术,以计算机技术、信息科学、艺术设计等课程为专业基础,以培养聋人师资与残疾人辅助技术人才为主要任务。该专业为聋人大学生开设的主要课程分为以下三类:第一类是提升基本人文素养的课程;第二类是提升特殊教育教师专业素养的课程;第三类是提升为残疾人服务的辅助技术相关课程。再如郑州工程技术学院在尊重聋人学生需求的基础上,注重聋人学生能力和人文素养等培养的课程体系。

(一)职业能力课程

郑州工程技术学院针对聋人大学生书面语言薄弱,学生来自全国各地,手语方言过多,影响教学信息接收和交流的实际,在聋人艺术教育各专业中开设特色课程,提高聋人大学生文字表达和交谈、交流的能力。郑州工程技术学院专门为聋人大学生开设了三门特色课程:一是聋人与社会课程,教育聋人学生认识自我、认识社会,学会交流与沟通,理解就业与创业对聋人的意义,不断提高聋人大学生的自信心和生存竞争能力。二是针对聋人大学生书面语言薄弱的实际,在聋人艺术教育各专业中开设符合聋人学生特点的聋人阅读与写作课,提高聋人大学生文字表达和交谈、交流的能力。还针对聋人学生来自全国各地,手语方言过多,影响教学信息接收和交流的实际,为聋人学生开设了手语与沟通课程,该课程以提高聋人学生的社会沟通能力为目标。三是中国手语课程,为来自全国各地的聋人学生提供了交流

---

① 韩同振,韩梅,武红军.中外聋人高等教育专业及课程设置的比较借鉴[J].绥化学院学报,2015,35(4):36.

与沟通的桥梁,也在一定程度上规范和统一了手语表达标准。这些课程的开设大大提高了聋人学生的整体素质,更重要的是提高了其社会适应能力和群体适应能力,为毕业后顺利就业、融入社会奠定了良好基础。

(二)专业课程体系

与普通高校相近专业的课程设置相比,特殊教育高校不仅要突显应用型特色,更要考虑聋人的学习基础及学习能力。特殊教育高校针对各专业可能的就业岗位及工种,制定了不同的岗位要求、工作任务和典型工作任务,采取适当削减理论课课时,加强实践教学环节来确保聋人学生的专业和职业能力。

1. 摄影摄像技术应用专业课程

主干课程包括:摄影技术与技巧,培养学生运用摄影知识和技术的能力;摄影用光,培养学生商业摄影用光的基本素质;摄影构图,让学生掌握美的规律,具有过硬的摄影构图能力;广告摄影,旨在培养学生商业广告摄影的基本技术及专业素质;人像摄影,旨在培养学生商业人像摄影的基本技术及专业素质;图片数码处理技术,旨在培养学生运用多种高科技手段对摄影图片进行处理的能力。选择具有代表性的工作岗位,通过对岗位工作人员的工作过程、工作对象、所用工具、工作方法等方面进行访谈和问卷调查,分析出胜任岗位工作应具备的理论知识和基本技能,即核心职业能力。然后针对本专业的核心职业能力,按照工作过程系统化的设计思路来确定核心课程,并设计了在校外实习基地进行专业采风、专业实习、顶岗实习3个层次的实践教学层次,获得相应的岗位基本能力、专业能力和专业综合能力。

2. 视觉传播设计与制作专业课程

主干课程包括:设计素描与色彩,让学生掌握构成规律、透视方法及用线条表达物体造型的方法;形式构成,培养学生平面造型能力,树立理性思辨意识;PHOTOSHOP 基础,训练学生能够熟练操作 Photoshop,能将 Photoshop 的各项功能灵活运用到设计当中;CORELDRAW 基础,培养学生图形绘制及处理能力,文字图形化设计制作能力;CORELDRAW/PHOTOSHOP 高级应用,丰富和完善学生的计算机设计表现能力,各软件、硬件设备协作的综合能力;创意设计与思维,培养学生基本的视觉思维与视觉形式表达技巧,能够根据客户需要设计符合要求的作品;标志设计,培养学生视觉传达基本要素设计能力;VI 设计,让学生参与真实的设计项目,促进其人际沟通能力,并在设计创作实践中加深对知识的理解。通过课程培养学生专业素质(美学基础)、专业技能(设计基础)、专业设计(实践)能力(设计实践)等。

3. 艺术设计专业课程

主干课程包括素描、色彩、建筑史、中国传统图案、线描、中国装饰绘画、仿古与修复、壁画与雕塑、建筑结构、书画装裱、岩彩画、陶艺、中国园林、民间工艺、高仿模型制作等。培养学生系统了解中国传统艺术,及时消化吸收民族艺术精华,具备实际动手能力和各种传统绘画技法,能独立承担本行业各类任务,并能熟练地制作完成。

4. 电子信息工程专业课程

主干课程包括电路分析基础、模拟电子技术、数字电子技术、高频电子线路、单片机原理及应用、电子设计自动化(EDA)、传感器与测试技术、数字信号处理、通信原理、微机原理与接口技术、信号与系统等。培养学生系统掌握电子信息领域技术基础理论;具有较强专业实验能力,计算机辅助设计与测试能力和工程实践能力;了解本专业领域的理论前沿和发展动态;掌握文献检索、资料查询的基本方法,具有一定的科学研究和实际工作能力。

(三)专业课程优化

课程的开设和教学执行是将人才培养方案、培养模式以及课程体系落地、实现的最关键环节,结合全面学分制的实施和融合教育试点的推行,着重进行了课程的优化与整合,将部分不适应社会需求、不适合教育发展的课程删除,添加部分社会急需、学生需要的课程,并着力加大选修课的开设力度,为学生自主选择课程提供更多的选择空间,也为学生的全面发展和素质提升提供更多的机会。

三、聋人高等教育课程体系的发展

课程体系需要根据时代的发展和学生的需求不断调整,主要从课程体系网络的搭建、通识课程的扩展、心理课程等相关课程的增加、订单式课程的发展等方面进行。

(一)课程网络的搭建

在纵向上,要建立一个能够支撑该专业的知识网,并使每个课程之间紧密相连,课程内容层层递进,使学生真正掌握一个专业领域内的知识结构;在横向上,要对设置的每门课程的价值予以评估,明确学生需要掌握该门课程知识的程度,并在此基础上采用理论与实践相融合的教授方式,让学生在不断实践和反复练习中,逐步了解进而掌握所学的知识技能。重视实践课程是聋人高等教育的目标决定的,即提升和发展聋人学生职业能力,不仅包括专业素质,也包括职业素质。残疾人高等教育课程设置的过程既要有系统性的结构规划,又受到残疾大学生特殊性的影响和制约,要协调好这两个方面的关系,把课程设置的价值取向与相应的操作方式相融合,将理论与实践相贯通,才能形成适应残疾大学生未来发展的课程。通过增加在学校和企业中的实践,帮助聋人学生提高与人互动能力,在实践中发展自我、认识自我,提高职业素养。需要聋人高等教育机构加强与企业用人单位的合作,为聋人学生提供丰富的实践机会。①

(二)提高通识课程比例

改变单一的课程结构,推行通识教育改革。我国聋人高等教育的课程结构过于单一,专业课占的比重太大,选修课和辅修课占的比重太小。这种强调专业教育和适应性的教育模式限制了聋人大学生的发展,不利于聋人大学生综合素质的提高。我国普通高等教育也经历了由专业教育到通识教育与专业教育相结合的发展阶段,通识教育现在成为我国高等教育改革的新走向。然而,聋人高等教育具有其特殊性,聋人大学生存在听力障碍,大部分学生必须借助手语才能理解课堂学习的内容,而大部分健听人没有掌握手语,仍然采取讲授法为主的授课方式,给聋人通识教育的推行带来了很大的困难。

中国教育学会原会长顾明远主编的《教育大辞典》提出,在高等教育阶段,通识教育是指大学生均应接受的有关共同内容的教育,这一教育通常分属若干学科领域,内容宽泛,与专门教育有别。通识教育关注人的生活、道德、情感、理智的和谐发展,将通识教育纳入聋人大学生的专业教育,可以增强聋人大学生的社会责任感,鼓励聋人大学生参与社会活动,从而为其专业技能的学习打下良好的基础。在教学中向聋人大学生导入通识教育理念,并且举行竞赛活动,充分利用校内资源,鼓励聋人大学生积极参与竞赛。聋人大学生通过赛前训练活动提升自身技能,既可以让聋人大学生查缺补漏,又可以激发聋人大学生的学习兴趣。学校还可以开设通识教育兴趣班,为聋人大学生的专业交叉学习提供保证,丰富聋人大学生的学习内容,促进聋人大学生的全面发展。

(三)增设心理健康相关课程

学习过程中各种意想不到的困难,很容易让聋人大学生内心焦躁,影响其心理健康。学校开展读书角之类的校园活动,让有共同兴趣的聋人大学生聚集一堂,彼此交流,既可以培养聋人大学生的合作意识,又能让聋人大学生找到归属感。教师要及时了解聋人大学生的心理状态,为聋人大学生解答疑惑,减轻聋人大学生的心理压力。学校为聋人大学生开设专业的心理健康课程,为聋人大学生提供专业的心理教师,有助于聋人大学生在面临巨大的学习和就业压力时保持正确的心态,丰富聋人高等教育的课程体系。

---

① 韩同振,韩梅,武红军.中外聋人高等教育专业及课程设置的比较借鉴[J].绥化学院学报,2015,35(4):38.

(四)开设与企业结合的"订单式"培养的特色课程

与企业开展校企合作,开展订单式培养的技能性质课程,根据企业需要和社会需求,将通识教育与技能教育相结合,使教学内容符合企业的要求,不但可以保证课程内容的多元化,而且可以根据不同的企业岗位制定不同的教学内容,在节省教学资源的基础上,引导聋人大学生发现适合自己的就业方向。[①]

---

① 孙威.基于就业能力培养的聋人高等教育教学策略研究[J].教育探索,2018(2):87-89.

第五章

聋人高等教育师资支持体系

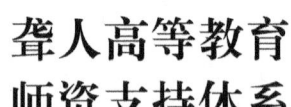

百年大计,教育为本。教育大计,教师为本,师资是决定教育质量的关键。一流的教学质量源于一流的教师队伍,普通高等教育如此,聋人高等教育更需要一支数量充足、素质精良、结构合理、教学水平高、科研能力强的教师队伍作为强有力的支撑。当前,我国的残疾人高等教育主要以专科和本科教育为主,培养高素质、技能型、应用型人才。这类人才的培养,要求教师既有较宽广的理论知识功底,又掌握本专业领域较丰富的实践知识和技能,还要通晓聋人教育的基本原理,具备与聋人学生沟通的能力。同时,在课堂教学时,手语翻译是师生沟通的桥梁,师生间的知识与信息传递主要靠手语翻译的传递。因此,手语翻译工作者的专业知识水平对聋人高等教育的发展也有重要的作用。郑州工程技术学院拥有一支包括聋人教师、手语翻译在内的优良师资团队,为聋人高等教育的发展提供有力支持。本章以郑州工程技术学院为例,就聋人高等教育师资支持体系展开论述。

第一节 教师规模和质量

教师是学生知识的传递者、行为的引导者、学习活动的支持者,其在教学活动中运用相应的手段,通过将知识转化为学生能力,实现教育目的。在我国当前的聋人高等教育教学活动中,师资队伍主要由专业教师与手语翻译组成。专业教师主要在课堂上为学生提供专业知识教育,其中聋人教师作为重要的支撑,手语翻译则负责将专业教师的讲授内容转化为适合聋人接受的语言——手语,促进学生理解。随着聋人高等特殊教育的发展,师资队伍不断扩大,质量逐渐提高。

一、师资规模

(一)师资数量

教师整体规模是教育发展的数量基础,影响着教师的质量提升和结构优化。郑州工程技术特殊教育学院拥有一支结构合理的教师队伍,根据聋人学生特点,学院将教师队伍分为管理团队、专业教师团队、聋人教师团队、手语翻译团队、特殊教育团队和专职辅导员团队开展工作。现有教职工64名,其中教授、副教授7人,讲师16人,特聘教授4名。由于聋人教育专业是依托郑州工程技术学院已有专业开办起来的,所以专业教师队伍中多是健听教师。这些教师学历高,整体素质较好,但从事聋人教育教学对他们来说是一个新的课题。聋人教师因听力障碍存在着交流的不便,但在与聋人沟通的过程中具有明显的优势,两个教师群体存在着明显的差异。

为了做到健听教师和聋人教师优势互补、共同提高,打造一支师德高尚、业务精良的高等特殊教育师资队伍,全面提高聋人教育质量,在学校特殊政策支持下,特殊教育学院从企事业单位和省内外高校引进高学历、高职称的专业技术人才和高校毕业生23人,其中博士、硕士研究生18人,副教授3人,极大地优化了师资队伍结构;学校还从社会相关单位聘请了8名聋人教师,其中包括河南省聋人协会主席李景明和郑州市聋人协会副主席周晓宁等人。聋人教师与健听教师优势互补,确保了聋人学生教学质量的持续提高。

(二)流动性

教师流动性是指特殊教育学院教师流入人数与流出人数的变化情况,是衡量特殊教育师资队伍稳定性的重要指标。一般而言,学生规模扩大,教师流入人数将会高于流出人数。相反,规模缩小,数量减少时,流出人数会高于流入人数。当教师流入和流出的人数基本均等时,说明在现有办学标准下,教师资源的配置基本达到均衡状态。特殊教育专业的增加和研究生毕业数量的提高为聋人高等教育的发展提供了一定的人才,聋人学生数量处在相对稳定的状态。特殊教育学院近几年持续人才引进,共引进各类人才23人,教师的数量有所增加,流入百分比持续高于流出百分比,更好地满足了现实教学需要。

(三)师资结构

按照教师在学院的具体职能将教师分为两类,分别是专任教师和行政、教辅、工勤人员等。专任教师即教学人员,指的是具有教师资格、专门从事教学工作的在编在岗人员;行政、教辅及工勤人员即非教学人员,指从事行政工作、教学辅助性工作和后勤服务的在编在岗人员。不同类型占教师总数的比例及变化反映出特殊教育教师资源配置是否合理、专任教师是否短缺、学校行政化程度高低等内容。郑州工程技术学院从事聋人高等教育的专任教师为48人,为聋人高等教育服务的行政人员为26人。专任教师是学校教具教学的主力军,其所占比例高低对教学教育质量会产生一定的影响。特殊教育教师中专任教师的所占比例低于普通高校,直接反映出特殊教育教师队伍中专任教师相对缺乏。近几年在相关政策的鼓励和要求下,高等融合教育的开展,也相对缺乏各种类型的教职人员,需要更多的教辅人员、康复训练人员等非教学人员的参与,从某一方面说明特殊教育学校教职工编制标准不能完全等同于普通学校。

二、师资质量

聋人高等教育教师质量是教育质量的重要保证,只有不断提升教师的素质水平、质量水平,才能促使聋人高等教育不断向前发展。《第二期特殊教育提升计划(2017—2020年)》明确提出要加强专业化特殊教育教师队伍建设,具体措施包括建立特殊教育教师专业证书制定、制定从业标准、职称评聘向特殊教育教师倾斜、加大特殊教育师资培训力度等。从理论上看,教师质量水平的高低可以通过多个方面体现出来,如教师的教学能力、班级管理能力、科研能力、沟通能力、合作能力及对职业的热爱程度等。这些指标不属于《中国教育统计年鉴》和《中国教育经费统计年鉴》等宏观指标的检测范畴,主要围绕教师的学历水平、职称水平以及接受专业培训的情况来衡量。

(一)学历水平

教师学历是衡量教师队伍整体质量和保证教育质量的重要指标。随着我国聋人高等教育不断向前发展,对教师的学历要求也不断提高,聋人高等教育师资水平需达到本科及以上水平。郑州工程技术学院特殊教育学院现有教师全部达到本科以上学历,聋人高等教育专任教师,研究生学历达到90%以上,行政教师全部达到本科以上学历,基本满足聋人高等教育的需要,促进聋人高等教育的发展。

(二)职称状况

与学历相同,职称同样是衡量教师队伍质量的重要指标。高等教育教师职称主要为教授、副教授、讲师、助教等,郑州工程技术学院特殊教育学院现有聋人教育师资队伍95%为中级以上职称,其中副教授8位。虽然聋人高等教育与普通教育存在一定的弹性和空间,但我国特殊教育专任教师职称评定目前仍与普通教师采用相同的体系和内容,但聋人高等教育的工作内容和普通高等教育存在较大的差异,需要制定专门的体系,增强聋人高等教育师资专业化。

(三)专业培训

聋人教师接受特殊教育专业培训的数量和比例直接影响特殊教育教师专业化的水平,尤其是目前我国特殊教育教师专业化水平较低,大量特教教师在职前阶段并没有接受过特殊教育的专业训练,更加凸显出职后特教专业培训的重要性。[①] 残疾人高等教育师资培训是我国特殊教育中的薄弱环节,成为特殊教育改革和发展的制约因素。特殊学院着重聋人高等教育师资的继续教育,开展多元化的师资培训。

第一,如张宁生教授在《残疾人高等教育研究》一书中提及:在全国建立高校特殊师资培训中心,并形成一定的规模,作为高校特殊教育的师资培训基地。在原有高校师资培训基地基础上,增设培训特殊教育师资的计划与方案,拓展原有基地的培训功能。对特殊教育师资培训应该注重其对辅助教学设施的使用,实践能力的强化。加强培训的针对性、层次性、实用性;进修培训与人事制度配套,形成推动教师在职进修的有效机制;增加培训经费,保证培训工作的开展;加强师资培训的管理,保证培训的质量。

加强残疾人高等教育师资岗前培训。通过岗位培训,及时充实聋人高等教育师资队伍,是缓解聋人高等教育师资队伍短缺的有效途径和办法。高校应建立专门培训机构,编写培训大纲和相关教材,制订完备的培训计划和考核标准,建立岗前培训资格证书制度,使那些真正具备高等特殊教育基本条件,取得相应任职资格的人,进入聋人高等教育教学和研究领域。

第二,培训资源可以全国共享。全国各个高校特殊教育师资培训中心之间保持经常性联系,沟通信息,逐渐形成全国性的高校特殊教育师资培训网络,是在高等特殊教育师资培训中实现资源共享的有效措施。建立常规性的联合办班、学者互访、共同进行某一专题的调研、互通信息资料等。通过教育资源的合理分配与有效利用,提高各个高校特殊教育培训机构的培训效益与效率。郑州工程技术学院与其他开设聋人高等教育的院校合作,互相进行参观学习,提高师资质量。

---

① 黄晶梅,王爱国.我国残疾人高等教育发展问题的探析[J].中国特殊教育,2008,(12):73-77.

第三,高等特殊教育师范解决部分特教师资的培养。目前我国又有一些省市正在筹建特殊教育学院,或将原中等师范学院升格为高等特教学院。随着我国社会的进步和特殊教育的发展,我国对高等特殊教育师资人才培养重视程度的不断提高,特教学校对教师的学历和教学水平要求越来越高,随着在不久的将来将会有越来越多的优秀特教师资人才充实到高校特教教师队伍中去。

鼓励聋人高等教育教师在职提高。随着社会经济的发展,新技术、新思想、新观念、新方法不断涌现,要求从事聋人高等教育的教师不断充实自己、提高自己、完善自己,把最新的理论成果和知识传授给学生。要鼓励教师通过攻读学位、短期培训、访问讲学等方式,不断实现自我学习和提高。要支持教师积极从事高等特殊教育的教学研究,"最好的研究者才是最优良的教师。只有这样的研究者才能带领人们接触真正的求知过程,乃至于科学的精神";"只有自己从事研究的人才有东西教别人,而一般教书匠只能传授僵硬的东西"。[①] 从事聋人高等教育的教师还应当加强自己所从事专业的科研工作,用最新的、科学前沿的知识和信息充实教学内容,使接受教育的残疾人获得先进思想文化的熏陶和教育。

三、科研能力

为了不断地探索聋人高等融合教育发展规律,提高聋人高等教育质量和办学效益,学校始终重视科研工作,努力实现"以科研促进专业建设,提高办学质量""以科研促进聋人大学生更好地发展""以科研促进聋人大学生就业"的目标,取得了较为显著的成效。

第一,认真开展聋人教育试验和聋人教育课题的调研工作。近年来,围绕聋人大学生就业和手语翻译问题,在河南省17个地、市和全国6省40多个地区分别进行了"聋人大学生就业现状调查及对策研究""手语翻译现状调查"以及"河南省残疾人大学生就业状况调查及对策研究",调查的结果和对策建议,不但直接推动了专业建设,还引起中残联及省、市有关部门的重视。

第二,发表科研学术论文,编写专业教材。近年来,从事聋人教育和手语翻译的教师潜心钻研,以创新的精神深入探讨聋人艺术教育、手语翻译教育的规律,发表了许多高质量的学术论文,编写了聋人高等教育手语翻译专业急需的教材,有力地推动了专业建设的健康发展。在国家核心期刊发表

---

① (德国)雅斯贝尔斯著.什么是教育[M].北京:生活·读书·新知三联书店出版,1991:152.

论文近百余篇;《手语翻译概论》已被批准为国家"十一五"规划教材,《聋人文化》《聋人与社会》及《手语语言学》也都获得了很好的社会评价。聋人老师在教科研方面也取得了优异成绩,近年来参与编写《中国与世界各国地名手语大全》《手语基础教程》《手语翻译实训指导》《国家通用手语常用词表》《国家通用手语词典》等著作;参与国家语委重大项目"国家通用手语标准研制"、国家社会科学基金项目"中国手语分类方法及释义分析研究"、中残联研究课题"中华人民共和国国歌"手语翻译研究等。

四、发展建议

目前在我国招收聋人学生的高校院系中,师资队伍建设面临的主要问题是师资力量的薄弱,具体体现在:首先,授课教师缺乏专业的手语训练,在一定程度上影响了授课的质量。在教学过程中,由于部分教师手语翻译能力有限,需要辅助黑板及多媒体进行教学,使得聋人学生的注意力不能完全集中在老师的讲授上,在一定程度上降低了聋人学生的学习效率。其次,授课教师的教学技能有待完善。聋人高等教育不仅是一种专业教育,更是一种特殊教育,多数从事聋人高等教育的教师并没有经历过特殊教育的职前培训,当面对聋人学生的特殊需求时往往觉得无从下手。最后,缺乏专业授课之外的辅导教师。聋人学生因为自身生理与心理的特殊需求,常常需要课堂之外的辅导教师进行疏导与辅助,但是大多数高校并没有从事课外辅导的专业化老师,而是由授课老师兼任这方面的工作,在一定程度上分散了授课老师的精力,需要加强教师聋人教育相关技能。

(一)加强专业技能培训

教师是聋人大学生专业技能的主要指导者,教师的教育教学技能直接影响学生的知识掌握水平,在教学过程中,需要教师具有扎实的专业技能,同时要借助相关的手段来使教学活动顺利进行。其中,作为聋人的第一语言,中国手语的掌握尤为重要,需要每一个聋人教育工作者都去学习、运用。在高等教育阶段,聋人学生接受信息的方式都是以手语为主,毋庸置疑地再次说明手语在实践教学环节当中的重要性。但从整体上,发达国家残疾人高等教育教师除接受师资培训外,还会接受额外的特殊教育专业支持。而我国残疾人高等教育教师,大多未受过特殊教育专业培训,不能满足残疾学生的特殊教育需要。完全有必要通过手语培训,使聋人高等教育工作者实现掌握常用的手语,达到与聋人学生顺畅沟通的目的。此外,鼓励教师通过专业机构组织的活动、培训等途径,系统地更新教师专业知识,扩充、提高专业知识水平。还要积极鼓励、帮助教师提高在聋人文化方面的知识,包括由聋人讲授聋人文化方面课程,使老师认识到聋人的相关文化知识与文化特征,在教学时可以有的放矢,因材施教。同时,基于聋人之间沟通的便利性与信息传递的准确性,聋人高等院校在聘用合格师资方面给予大学更多自主权。制定相应政策,将更多优秀的聋人吸收进高校教师队伍中去,并提供辅助设施,改善教师交流技能,为他们的教育和发展提供机会,使他们能够发挥自身优势,培育出大量合格的聋人大学毕业生。

(二)强化聋人身心特征学习

聋人大学生的身心特点与同龄的健听大学生有明显的不同,聋人高等教育教师在教育教学过程中,必须加强学习,熟悉聋人的身心特点,有针对性地实施教育,提高教学效率。

第一,特教理论学习。通过各种书籍材料,了解聋人大学生的身心特点,从宏观上对其群体心理有一个正确的认识。

第二,向手语翻译员学习。手语翻译员是专门为聋人学生学习设置的辅助教师,他们和聋人接触最多,了解聋人的语言习惯、思维特征以及各种需求。专业教师可以通过手语翻译员了解聋人大学生的特点,对个别问题可以借助手语翻译员的帮助迎刃而解。

第三,向聋人学生学习。教学相长,聋人虽然是教育的对象,但他们同样有自己的优点,聋人教育者应当利用这一群活生生的群体,全面感性地了解聋人大学生的身心特点,通过反复试验,找到适合于聋人大学生的教育教学方式。

第二节
聋人教师队伍

聋人做教师不仅对于聋校教学的意义重大,也为优秀聋人的就业提供了一定的保障,既有利于实现聋人的人生价值,也是其平等争取社会权利的一种体现,使聋人和学校实现了双赢,对于两者来说都是大有裨益的。[①] 聋人高等教育教师队伍专业化是未来发展的必然趋势,不仅包括师资力量的壮大和质量的提高,还包括师资队伍综合水平的提升,逐渐扩大聋人教师的

---

① 冯弋洋,葛琛.近20年我国聋人教师发展研究综述[J].绥化学院学报,2019,39(04):35-38.

比例就是其中的重要内容。① 郑州工程技术学院现有 8 名聋人教师,参与聋人大学生的课堂教学和专业发展。

一、聋人教师的作用和意义

(一)对于聋人群体的意义

聋人是手语娴熟的使用者和传播者,从事聋校教师这一职业最能发挥聋人的优势,同时也有利于聋人文化的传承。聋人做教师是聋人在社会上获得尊严的象征,不仅有助于改变聋人的社会形象,也有利于实现聋人作为社会平等一员的人生价值。②

(二)对于聋人学生的意义

加劳德特大学第四任校长爱德华·梅里尔说:"聋童应有更多的机会面对有成就的聋人,因为他们可以更好地了解这些聋人,引导他们像正常儿童一样的理想。"因为有着相同的生理障碍和相似的生活处境,聋人教师在教育实践中往往对聋人教育有着更切合聋人学生需求的经验和体会,这对聋人学生的学业发展和人格发展都有积极的影响,③④聋人教师对聋人大学生群体有着感同身受的体会,清楚聋人学生的需求以及其与健听人和主流社会的差距,怀着极大的热情希望帮助聋人学生解决困难,积极认真地为聋人学生着想,有利于即时了解聋人学生内心不易察觉的问题,并加以引导,进行心理、生活辅导,增强聋人学生信心。同时,聋人教师具备专业的手语翻译技能,交流畅通,是继承和传播规范化手语的重要力量。从手语语言学的角度来看,聋人教师的自然手语在类标记和语序两个方面以及手语表达方式上都和健听教师的手势汉语有所不同。⑤ 在课堂上聋人教师更多地使用自然手语,学生对其课堂教学用语的理解度较强,有效的课堂沟通使得聋人

---

① 贾林,韩梅,张雪慧.对扩大我国聋人高等教育聋人教师比例的探讨[J].绥化学院报,2012,32(04):19-21.

② 张宁生.让聋人教师走进特教学校[J].中国残疾人,2007(6):36.

③ 陈少毅.发挥聋人教师在聋教育中的作用[J].中国残疾人,2003(12):43-44.

④ 沈玉林.聋校语言教育的公平、民主与科学问题[J].中国特殊教育,2005(10):82-87.

⑤ 吴铃,方红,李磊.聋人教师手语的个案研究[J].中国特殊教育,2011(1):42-46.

教师能更好地完成教学任务、促进聋人学生心理健康发展。①② 更为重要的是,聋人教师对聋人学生的榜样作用也不可忽视,他们对聋人学生的健康成长有重要的示范作用,因此,他们对聋人学生的教育作用也会收到更好的效果。聋人教师可以给聋人学生一种对自己未来身份的确认,是榜样的存在。③

（三）对于健听教师的意义

听障群体有着他们特有的聋人文化,这为健听教师了解聋人学生造成了障碍,健听教师不懂聋人文化便无法真正走进聋人学生的内心。而聋人教师了解聋人学生的文化及需求,这便促成了聋人教师成为健听教师与聋人学生之间的桥梁纽带。基于聋人学生的文化和特征,聋人教师可以帮助健听教师更好地管理课堂与讲解知识点。④

（四）对聋人高等教育的意义

适当扩大聋人高等教育中聋人教师的比例,是建设专业化聋人高等教育教师队伍、提高教学质量的必然要求。当前我国聋人高等教育发展还不完善,师资力量不足、经费短缺等都是现实存在的主要问题,随着各项条件的成熟,逐渐扩大聋人教师的比例、提高聋人高等教育整体水平是推动聋人高等教育高质量发展的必然趋势。

（五）对社会发展的意义

除了在学校教学中发挥手语的优势,聋人教师在课后还可为学校的技术人员、儿童的父母及其他家庭成员开展手语培训。⑤ 总之,聋人教师始终在社会中承担着必要的任务和责任。聋人从事教师职业不仅体现出聋人教育事业"育残成才"的作用,也体现了聋人平等参与社会生活的权利,是社会进步与发展的标志。⑥

---

① 黄丽娇,徐子淇.基于聋童语言习得规律的聋校教学思考[J].现代特殊教育,2017(3):23.

② 张杨,代梦蝶.特殊教育教师手语课堂教学用语使用现状与思考[J].绥化学院学报,2018(4):130-131.

③ 张天放.双语沟通法对小学聋人学生学业自我概念的影响研究[D].大连:辽宁师范大学,2011.

④ 曾凡娇,万力维.基于聋人文化及聋人学生特征的聋人教师探讨[J].绥化学院学报,2016(10):124-126.

⑤ 银春铭.聋人"双语教学"基本观点综述[J].现代特殊教育教育,2017(11):71-72.

⑥ 梅次开.从聋人教工现象谈起[J].现代特殊教育,2003(5):12.

二、扩大聋人高等教育中聋人教师比例的优势性因素分析

由于聋人教育专业是依托郑州工程技术学院已有专业开办起来的,所以专业教师队伍多是健听教师。这些教师学历高,整体素质较好,但从事聋人教育教学对他们来说是一个新的课题。聋人教师因听力障碍存在着交流的不便,但在与聋人沟通的过程中,具有明显的优势,两个教师群体存在着明显的差异,扩大聋人教师比例,促进聋人教师和健听教师相互融合,优势互补可有效保障聋人教育质量的持续提高。

（一）政府力量的支持

目前我国逐渐开始重视对聋人师资的培训及培养,比如国家教育部于2006年和中残联、北京师范大学等单位团体联合举办了首届全国聋人教师培训班,对聋人教师的综合素质的提高有很大帮助,不断增强聋人教师参与聋人教育的优势,进而会极大地促进聋人教师队伍的专业化和规范化建设发展。此外,在部分省、市,聋人教师已经取得了教师资格证书,这不仅填补了聋人教师任教资格评定的空白,而且体现了国家逐渐开始重视聋人教师的重要性,在政策实践上大力支持聋人高等教育事业的发展。

（二）聋人高等院校的努力

从高等学校方面来看,已经从最初的意识到聋人教师的重要性,到开始付诸行动聘用聋人教师参与高等教育教师队伍。我国聋人高等教育师资已经开始进入了专业化建设的进程,这也是聋人高等教育发展的一个进步的表现。就当前的情况而言,众多聋人高等院校都在努力创设条件,包括推广手语学习、建立专门针对聋人教师的管理沟通机制、增加对聋人教师的培训支持等举措,逐步开始聘用并重视聋人教师,逐步提高聋人高等教育质量。

（三）聋人教师自身条件的优势

就聋人高等教育而言,聋人教师比健听教师具有许多特殊的优势条件,一是他们自身与聋人学生有强烈的身份认同感,包括他们对聋人文化的了解,对聋性思维的体会和克服,对聋人学生需求的准确了解,对聋人学生内心的有效倾听和理解,与聋人学生沟通交流的无障碍,等等,这都是聋人教师成功开展教学活动、获得独特的教学效果的基础;二是聋人教师工作成功的经历对聋人学生产生示范榜样作用,成为聋人学生了解社会的窗口和适应社会的桥梁;三是聋人教师作为聋人中具备较高综合素质的群体,对提升聋人群体的整体素质和推广传播规范手语有着重要作用,间接上帮助促进聋人高等教育的发展和进步。

（四）大学教育环境对聋人的影响

近年来,随着我国聋人高等教育的发展和完善,聋人接受高等教育的机

会增加,受过高等教育的聋人的综合素质得到了普遍提高,主要包括专业素质能力、社会实践能力、人际交往能力和心理成熟度等。聋人参与适应社会的根本理想是融入社会、回归主流,而聋人高等教育给予了聋人融合的熏陶环境,大学教育的影响帮助聋人逐渐缩短了与主流社会的差距,是顺利成功地参与社会的基础。

(五)聋人师资培训机构的设立

2003年,首届"全国聋人教师培训班"由南京爱德基金会和辽宁师范大学特殊教育系共同举办,不仅是开聋人教师集中接受教育培训之先河,同时也是我国聋人社会高水平的一次面对面交流。此后,联合国儿童基金会与辽宁师范大学开展双语双文化聋人教师培训活动,2006年到2007年间,教育部基础教育司与中国残联国际部,救助儿童会中国项目联合委托北京师范大学教育学院承办了两期全国聋人教师研修班。2017年至2019年,参加教育部语委与北京师范大学联合承办的"国家通用手语培训"。通过此类的教师培训班的不断开展和举办,聋人教师的整体素质水平得到了提高,视野也变得开阔,得到了聋人教师群体的赞赏。

三、聋人教师的发展

即使已经踏入教育事业的大门,在校的聋人教师还是面临着诸多限制其发展的问题。首先,聋人教师没有受到学校重视。沈玉林通过聋人教师在学校一般不教授主课,在教育教学中的地位受到听力和语言的限制没有得到应有的重视等现象,揭示了聋校语言教育中对待聋人教师态度上的不民主问题。[①] 其次,聋人教师缺乏正规的师范专业培训,较难在教学中充分发挥自己的优势。最后,教师资格认证困难,导致聋人教师难以进入编制工作。没有编制的教师身份会影响聋人教师工作的积极性和热情,限制他们的发展。针对当前我国聋人教师发展面临的多重困境,但瑰丽等人提出应通过转变聋人教育观念、改革特殊教育师资培养模式、实施聋人教师资格认证、鼓励学校招聘聋人教师和搭建聋健教师共存平台等途径解决聋人教师的发展问题。[②]

(一)政府层面

一是应该给予聋人高等院校更多的自主权,倾听大学的建议和呼吁,并

---

① 沈玉林.聋校语言教育的公平、民主与科学问题[J].中国特殊教育,2005(10):82-87.

② 但瑰丽,雷江华.聋人教师发展的困境与出路[J].现代特殊教育(高教),2016(4):43-47.

提供资金支持,增加经费投入,增强聋人高等院校办学的实力,真正落实政府责任,对聋人教师予以更多的关注和保障,解除学校招聘人才的后顾之忧;二是需要统一聋人教师聘用标准,一方面设立相应培训机构,加强对聋人教师的培训力度,保证聋人教师的师资水平,另一方面要建立相关培训制度,①完善资格评定制度,为聋人教师资格认证提供相应政策支持。

(二)高校层面

需要根据现实情况借鉴国外成功经验,一是逐步拓宽聋人高等教育的专业领域,面向聋人学生增加开设特殊教育专业,大力培养聋人师资;二是要合理制定沟通方面的规则,完善校园辅助设施和支持服务,建立健全校园聋健交流机制,创设校园手语交流氛围,保障聋人教师与健听群体交流的畅通;三是在聋人学生师资培养上,要努力创设培养生活能力和社交能力的环境,促进学生的全面发展,适应未来工作环境,回归主流社会。

(三)聋人自身层面

有研究指出,生理的缺陷使聋人不能正确对待自己的社会地位,产生自卑。② 这固然是现实存在的问题,不能回避,因此,聋人在接受大学教育的熏陶和培养过程中,要勇于面对自己特殊的心理特点,并努力克服自身心理、性格的不足,积极学习和参与社交活动,努力融入社会,不仅要提高自身的专业知识能力,更要提升综合素质水平,包括人际交往、处事方式、服从管理等方面,使自身增强从业能力。

(四)社会支持层面

从社会角度来说,社会团体和机构要积极关怀聋人教师这一特殊群体,例如聋人协会可为聋人教师积极争取应享有的权利,社会力量增加开设培训聋人教师的培训班等,可适当扩大聋人教育培训机构的数量,帮助聋人进修特殊教育课程,提高师范水平,提升综合素质,努力达到资格认证水平。同时,媒体也要充分发挥舆论导向的作用,多报道宣传有关聋人的正面信息和榜样实例,不仅帮助聋人树立自强自信的信念,同时也有利于转变社会观念和思维定式,增加社会对聋人教师的理解和认可。

聋人教师参与聋人高等教育是社会文明进步的重要体现,建设一支健听教师和聋人教师比例合理、共同合作的专业化师资队伍是聋人高等教育建设的目标之一,不断提高聋人教师的地位,发挥聋人教师的特殊作用,不仅帮助解决聋人就业问题,更有利于聋人高等教育整体高水平发展。国务

---

① 甘开鹏,郑秀娟.论特殊教育教师专业化发展[J].教育与教学研究,2009(11):3.
② 李强,鲍国东.聋人自卑心理寻源与对策[J].中国残疾人,2007(2):53.

院常务会议在2017年1月修订通过的《残疾人教育条例》中明确提出了如残疾人参加国家考试可申请必要支持条件和合理便利等有利于聋人教师准入的政策法规。目前,《国家通用手语常用词表》已经公布,通用手语水平等级标准也正在制定中,这些都为聋人以手语替代普通话测试提供了条件,也为更多聋人取得教师资格证创造了机会。社会开始逐步重视聋人教师的优势和地位,相信在未来将会有更多的优秀聋人加入聋人教育教师队伍中,在聋人教育领域充分发挥他们的作用和优势。

第三节 手语翻译团队

手语翻译是聋人无障碍信息沟通的重要环节,是连接健听人教育与聋人大学生课堂教学和沟通交流的桥梁,促进聋人学生与教师同学的交流,使聋人学生完成高等教育成为可能。手语翻译者的职责并不固化,他们可能承担聋人学生的辅导任务,也可能辅助普通教师教学,还能对普通教师、健听学生做手语培训,郑州工程技术学院最多时为手语翻译设置27个岗位,保障聋人高等教育的教育质量。

一、手语翻译的重要性

手语翻译在我国作为一门正式的职业,已有一段历史,随着"以人为本"人文精神的大力提倡,以建立服务型政府为宗旨的方针之确立,手语翻译的重要性已越来越为社会所认可。[①]

(一)为聋人学生营造无障碍环境

无障碍环境对不同类型的残障者而言其含义是不同的,对聋人来说主要是沟通无障碍。手语翻译是在聋人与健听人之间、不同语种的聋人之间架起的一座"桥梁"。通过手语翻译,一方面聋人可以更多、更深刻地了解健听人社会里发生的事;另一方面健听人社会也可以更全面、更准确地了解聋人的意见和要求,使双方的沟通更顺畅、更有效。手语翻译的社会职责体现了社会对弱势群体的关怀,是其他工作无法替代的。出于社会责任感,很多聋人呼吁大学设立手语翻译专业,培养专业手语翻译人才。

---

① 张宁生,任海滨.手语翻译概论[M].郑州:郑州大学出版社,2015:3-4.

(二)让听障者拥有安全感

人在任何环境中,对周围发生的一切变化都有获知的需要,"知情"是他与外界沟通的前提,而顺畅地沟通是他感到处境安全的条件之一。一位听障者即使会使用口语,也有助听器的帮助,但大多数时候,他处于口语环境时,也还是会感受到压力,毕竟存在听说不自如的现实。在与健听人聚会的场合,或是开会,或是一起开展活动,手语翻译员的在场,会给听障者带来极大的安全感。

(三)为构建和谐社会做贡献

聋人群体由于存在沟通障碍,总与健听人群体有一定的距离,两个群体虽共处一个社会,但少有往来。能用听觉语言打通之间的壁障固然理想,但却难以实现。聋人中的问题常处于隐蔽状态,如聋人犯罪,影响到和谐社会的构建。有研究表明,产生诸多反面问题的一个很重要的原因是聋人社会缺乏与外界的沟通,使聋人获取的社会信息不足,从而延缓了聋人社会化的进程,且听觉障碍不一定会导致社会和人格方面的困难,但它能造成一种容易产生这类困难的环境。手语翻译会使这种状况逐渐得到改善,聋健间的融合会由此走进一个新的阶段。

二、手语翻译团队的现状

聋人高等教育作为高等教育的一部分,同样需要有教学经验丰富的教师提供教育指导,这是聋人高等教育教学目标实现的必要条件。聋人高等教育中课堂教学质量的高低直接影响着聋人学生的学习兴趣、知识水平与专业素质,进而影响到聋人大学生的培养质量。由于教学对象的特殊性,需要从事聋人高等教育的教师不仅要有丰富的专业知识,同样也需要掌握聋人生理、心理等方面的知识和沟通能力,以及聋人在学习过程中的特殊性,在教学上才能够有的放矢,具有针对性。同时,在课堂教学时,手语翻译是师生沟通的桥梁,师生间的知识与信息传递主要靠手语翻译的传递。因此,手语翻译工作者的专业知识水平对聋人高等教育的发展也有重要的作用。

在全国开设聋人教育专业的高等院校当中,高等院校通常会招收手语翻译专业的毕业生做课堂翻译辅助课堂教学,目前各聋人高校大约有80%以上配备手语翻译员完成聋人学生的教学任务。手语的好坏和专业是否符合聋人学生的兴趣也同样影响着教学效果。即使专业有趣、丰富,手语翻译无法声情并茂地把信息传递出去,结果不言而喻。同时,手语翻译员根据所担任翻译课程的不同,要求要有相关专业知识背景,以及对聋人语言思维方式的了解。因聋人断层思维的限制,在翻译的过程中不单单要把主讲教师所讲的内容展现给聋人,还要给予一定的解释和说明,让聋人理解抽象的事物。手语翻译员还要做出更大的努力,提高自身素质和各方面专业技能,满足聋人学生的教学需要,配合主讲教师出色地完成教学任务。

郑州工程技术学院特殊教育学院现有手语翻译8名,全部毕业于手语翻译专业,70%为本科专业毕业,其中研究生学历占50%,全部参加过全国通用手语培训,具备长达10年以上手语翻译经验的占比40%,长期与聋人大学生相处,了解聋人大学生的身心特征和学习需求,比较了解聋人高等教育专业的课程设置和教学情况。

三、手语翻译团队的发展

（一）解决相关问题

目前师资队伍中还存在一些问题,专业的手语翻译队伍较少,而且手语翻译员与所翻译专业的相关知识掌握需要加强,在翻译中务必很好地领会专业教师的讲授内容,避免出现信息量呈"专业教师—手语翻译员—聋人学生"递减的趋势。进一步解决手语翻译教师队伍数量、专业素养与聋人学生实际需求之间的不平衡问题。另外,由于条件所限,如办学经费和学校编制等,当前聋人高等教育的手语翻译人员数量远远不能满足需要,现有的手语翻译队伍也多因为种种因素,流失严重,缺乏稳定性,严重阻碍聋人高等教育的发展。

（二）加强专业化建设

郑州工程技术学院手语翻译员施行跟踪专业翻译,以达到更好地了解专业、了解班级学生的目的,同时在翻译的过程中更高地协助专业教师进行课堂教学的管理。定期对手语翻译员进行专业再教育及所跟踪专业的专业教育,提高手语翻译员的专业素养和翻译质量。利用已有的手语采集分析实验室、手语综合实训室、手语技能鉴定中心室等相关实验室,及现有的手语翻译考核评价体系,建设课堂翻译科学评估体系,实行标准化测评,确保学生信息获取的无障碍程度逐步提高。同时,做到手语翻译与语音转换等新技术手段相互结合,满足学生的多渠道学习需求,帮助聋人学生最大程度地实现实现自我,为其身心健康成长的个性化需求提供帮助,进一步提高学习效能。

（三）促进团队建设

加强手语翻译员与专业课教师、辅导员、聋人教师与聋人学生的合作交流。我国目前的聋人高等教育师资严重短缺,缓解这一状况的有效途径就是对有志于从事聋人高等教育事业并具有较高专业素质的人才进行岗前培训,将他们充实到聋人高等教育师资队伍中。重视聋人教师,聘用聋人教师,为他们提供教育和发展的机会。加强对在职健听教师的培训。积极鼓励、帮助健听教师提高手语能力和聋人文化方面的知识,例如,开设关于聋人文化、心理方面的课程、通过带薪培训,系统地更新教师的专业知识,鼓励教师通过攻读学位、短期培训等方式不断提高自己。

第六章

聋人高等教育生活支持体系

进入大学校园之后,聋人学生们就开始了三年或者四年的大学生涯。由于生理因素的影响,聋人大学生之前的教育大多都是在一个封闭式的环境中,有家长及聋校老师的贴心服务,衣食住行都不用自己操心。这种方式一方面便利了学校的管理,保障了聋人学生的成长处于一个比较安全的环境;但另一方面,也造成聋人学生对社会相对陌生,缺少社会经验,认识不够全面,生活自理能力较弱。由于听力和语言交流的障碍,他们在主动寻求帮助支持和充分运用现有的支持条件方面要比健听学生弱,有的听障学生不清楚社会能为他们提供何种支持或者不懂运用已有的社会支持。

因此,为了给聋人大学生提供一个良好的成长环境,学校需要在他们的在校学习生活期间提供支持,构建覆盖面广、功能完善的聋人高等教育生活支持体系促使他们形成正确的世界观,完成自我的社会化。

第一节 聋人大学生生活支持结构类型

聋人大学生的生活是一个复杂的体系,不同的方面需要不同的支持。而对他们的支持,从不同的角度观察也可以发现不同的结构体系,这些体系共同构成聋人大学生生活技能与社会适应的完整支持体系。从聋人大学生生活支持帮扶来源看,主要有专职辅导员支持、兼职辅导员支持、朋辈支持、社团支持以及社会支持等几个方面。

一、专职辅导员支持

由于加强对高校学生思想政治教育与管理的需要,国家提出在各高校设立专职辅导员的要求。2005年中央十六号文件配套文件《教育部关于加强高等学校辅导员班主任队伍建设的意见》指出:"辅导员班主任是高等学校教师队伍的重要组成部分,是高等学校从事德育工作,开展大学生思想政治教育的骨干力量,是大学生健康成长的指导者和引路人。"各高校都根据要求在学校设置了相应的专职辅导员。根据聋人群体工作的特殊性与难度,各高校对于国家提出的"专职辅导员总体上按1∶200的比例配备"的要求,进一步降低比例,方便更有效地管理服务聋人大学生的生活学习与成长。在辅导员的众多职责中,有许多都是关于学生日常生活管理的内容。辅导员也成为聋人大学生生活支持的核心力量,在实践育人的过程中提升学生的世界观与社会成熟度。专职辅导员的生活支持主要集中在以下几个方面。

(一)组织评选各类奖学金、助学金及其他生活帮扶活动

有些聋人学生家庭生活困难,无力完成学业,国家及学校提供的相应资助或者助学岗位就成了支持他们正常生活、顺利完成学业的方式,开展帮扶活动也是专职辅导员的工作内容。首先,指导学生办理助学贷款,缓解学生的学费压力;其次,组织学生开展勤工俭学活动,做好学生困难帮扶;最后为学生提供生活指导,促进学生和谐相处、互帮互助。

(二)开展心理健康教育与咨询工作

心理健康同样是聋人大学生生活教育的要求,也是高素质人才的重要组成部分。健康的心理有助于学生以积极的心态投入学习生活中去,有助于树立正确的世界观、人生观与价值观。作为专职辅导员,要积极协助学校心理健康教育机构开展心理健康教育,对学生心理问题进行初步排查和疏导,在生活中组织开展心理健康知识普及宣传活动,培育学生理性平和、乐观向上的健康心态。

(三)组织开展基本安全教育

安全是发展的前提和保障,没有安全一切都是空谈。聋人大学生,处于学校人向社会人过度的重要阶段,在大学期间他们要接受包括生命安全、财产安全在内的相应安全教育,学会基本的安全知识,培养相应的安全防范意识。作为聋人大学生安全教育的第一责任人,专职辅导员要参与学校、院(系)危机事件工作预案制定和执行,对校园危机事件进行初步处理,稳定局

面控制事态发展,及时掌握学生身边可能会遇到的危机事件信息并按程序上报。

二、兼职辅导员生活帮扶

由于聋人大学生生理的特殊性以及由此而来的特殊心理属性,他们比健听大学生更需要有针对性的生活帮扶指导,以此来提升他们的生活经验。由于聋健沟通存在一定的信息流失,为了更好地帮扶聋人大学生更快速地提升社会生活经验,仅仅依靠一个专职辅导员是远远不够的,不少特殊教育院校还建立了相应的兼职辅导员队伍与针对个别学生设立的一对一帮扶队伍,如班级导师和德育导师。班级导师一般以班级为单位,一个老师负责一个班级十几个或者二十几个同学的指导工作;德育导师则一般负责一个到两个具有特殊需要的聋人同学,由于需要关注的对象更少,更容易发现聋人大学生生活中需要帮助的内容,可以有针对性地开展相应的生活帮扶工作。

(一)班级导师的生活帮扶

聋人高校为了更好、更有针对性地对聋人大学生的生活经验进行提升,往往会在班级中设置班级导师。由学院选派具有丰富生活阅历,思想觉悟较高、专业成就突出的教育工作者(包括联系学院的学校领导)担任班级导师。班级导师直接进入班级微信、QQ、钉钉等通信工作群,并不定期组织学生开展班会活动,进而通过同学间的交流互动,了解学生的思想动态,生活需要等需要帮扶的内容。

(二)德育导师的生活帮扶

相比较专职辅导员和班级导师的帮扶,德育导师在学生生活帮扶中更有优势。首先是帮扶对象更明确。一般一位德育导师只帮扶支持一个到两个学生,这种"一对一"的帮扶活动可以更有效,导师与帮扶对象可以更加熟悉,磨合期更短。其次是支持活动更加具有针对性。由于德育导师负责辅导支持的对象较少,可以投入更多的精力对帮扶对象进行有针对性的支持,谈心谈话更加灵活多样,生活养成教育与社会需求结合更加紧密,使帮扶工作更有针对性,可以因人施策。

三、其他相关部门的帮扶

高等教育机构除了直接负责教学管理及服务工作的学院外,其他机构同样以自己的服务为学生的生活能力提升、生活便利提供支持。

(一)后勤服务部门对学校生活环境的营造

生活环境对人的生活行为和习惯有着重要影响,校园环境是聋人大学生的主要生活场所,而由校园环境抽象出来的校园文化是社会环境资源的缩影,是影响学生生活方式的重要因素之一。塑造优良的校园环境、提升学生生活的舒适度是后勤保障部门的重要职责。校园环境建设包括两个维度:一是物质形态的环境,又称硬环境,包括校园的整体规划、自然环境、校园建筑、校园绿化亮化及校园文化设施和教学活动场所等。这是学校发展的基础和条件,也是聋人大学生良好生活习惯形成的重要支持力量。二是精神形态的环境,又称软环境。精神文化是学校长期发展中形成个性和特色的集中反映,表现为可以营造出一种潜移默化的传统和氛围,这种氛围集中体现为校园精神、校风校貌。通过良好的校园环境,使学生获得一种归属感和自豪感。学校长期积淀下来的办学理念、学校精神、校风及传统文化等共同构成校园文化,并通过丰富多彩、形式多样的校园活动在学生中加以继承。

(二)文化宣传部门对健康生活习惯的宣传与弘扬

酒香也怕巷子深了。优秀的、具有典型意义的聋人文化活动、先进典型需要宣传部门通过融媒体的大力宣传与倡导,在聋人大学生群体中形成向先进学习,养成良好的生活习惯的环境与氛围。以此引导学生自觉培养良好生活技能,提高社会生活适应能力。

四、社团生活支持

在接受高等教育期间,除了学习任务以外,还有大量的业余时间,这是学生社会适应能力、社交技能提升的重要窗口,高校要重视学生业余生活的价值,加强对聋人大学生业余生活的指导。在利用业余时间对聋人大学生进行生活指导的各种方式中,社团支持是最主要的形式。

(一)团结合作意识的培养

"一个篱笆三个桩,一个好汉三个帮"。一个人的力量是有限的,只有许多人团结起来建立高效的团队,才能更好地开展工作。在高速发展的今天,社会分工日益细化,需要越来越多的人来共同完成发展目标,社会也越来越重视人才的合作意识,将团结合作作为衡量一个人综合素养的重要要素。因此,在高等教育中应当重视聋人大学生团结合作意识的培养,激励学生树立较强的社会合作意识,在社团活动中锻炼自己的合作能力,发挥"1+1>2"的团结效能,主动将个体融入集体中,相互配合,积极担责,激发集体的更大潜能。

(二)沟通能力的提升

沟通即人与人之间、人与群体之间思想与感情的传递和反馈,通过沟通可以实现认识一致和感情通畅。对于聋人大学生来说,由于听觉能力丧失,导致他们与健听人之间存在着沟通障碍,影响了他们之间的信息交流互动。在这种情况下,聋人大学生更应该根据自身特征积极提升沟通技巧与能力,以便可以顺利融入社会。而聋健融合的聋人高校社团正好能够有效发挥其作用,一方面可以丰富聋人大学生的业余生活,另一方面也可以在活动中帮助聋人大学生学会如何更好地与他人进行沟通交流,提升他们的沟通技能。

(三)创新能力的锤炼

要想在竞争中创立优势,关键在于能否建立一个强大的创新人才队伍。用人单位重视的已经不仅仅是一张文凭,更重视员工的创新能力与创新精神,重视有闯劲、善动脑的人才。聋人大学生从来不缺乏执行能力,只要是安排好的任务都能够很好地完成,但创新能力对他们来说是一个需要重点锻炼的内容。因此,聋人高等院校在学生生活教育中要充分利用社团开展社会活动或文体活动的机会,锻炼聋人大学生积极思考解决方案,主动创新工作思路的能力,培养他们独立思考的习惯。

五、社会组织支持

在聋人大学生接受高等教育的过程中,不仅学校对他们的生活适应性和生活必需品进行支持,不少社会机构和组织也对他们进行相应的支持,保障了他们的生活需要。社会支持主要包括聋人组织、慈善机构与爱心企业等,他们从自己的职能与行业出发,对聋人大学生生活进行相应的支持。

(一)残联等社会组织聋人大学生的社会支持

残疾人是中华民族大家庭的成员,是社会主义现代化建设的重要力量,对他们提供必要的社会支持也是实现社会和谐发展的重要方式。根据《国务院关于批转中国残疾人事业"十二五"发展纲要的通知》(国发〔2011〕13号)和《财政部关于印发〈彩票公益金管理办法〉的通知》(财综〔2007〕83号),中国残疾人联合会与财政部联合印发《中央专项彩票公益金支持残疾人事业项目资金管理办法》(财社〔2011〕228号),为残疾人发展提供支持。作为残疾类别比例最大的一个群体中的优秀代表,聋人大学生在病情治疗与学业研修中耗费了不少的经费,有些聋人大学生家庭面临着严重的经济困难,无力供应他们坚持完成学业,在这种情况下,残联对聋人大学生的生活支持更显得重要。根据政策要求,彩票福利资金、国务院扶贫开发领导小组办公室的"雨露计划"每年将大量的资金用于生活困难的聋人大学生,在一定程度上满足聋人大学生的生活需要,使他们安心在学校学习知识、培养能力。

(二)社会爱心企业对聋人大学生的生活支持

近年来,随着社会的发展,企业的社会责任意识越来越强,他们愿意为社会的发展提供自己力所能及的帮助。由于聋人大学生是社会关注的对象,一些爱心企业也往往会通过自己的方式来为他们提供相应的支持,承担自己的社会责任。爱心企业对聋人大学生的生活帮扶主要有捐赠实物与捐款两种形式。

第一,实物捐赠。对于生产与民生相关产品的企业,可以将自己的爱心以自己产品的形式进行捐赠,比如捐赠衣物、节日食品等。这种方式一方面可以展示自己的爱心,在一定程度上满足聋人大学生的生活需要,另一方面也可以使自己的产品品牌在聋人大学生群体中产生更大的影响力,实现奉献爱心与企业发展的双赢。

第二,以款项的形式捐赠。对于有些产品与生活关系密切度不高的爱心企业,可以采取捐资助学的形式展示爱心。比如针对家庭经济困难的学生开展一对一帮扶助学活动、针对优秀聋人大学生的奖励活动、针对困难聋人大学生群体的普遍性捐助活动等。

社会爱心企业对聋人大学生的捐助活动,一方面体现了社会的文明进步,在社会中形成爱护聋人大学生群体,关注他们的健康成长的舆论氛围;另一方面也可以激发聋人大学生感恩社会,刻苦学习,努力成为社会发展的栋梁之材的决心与毅力。

第二节 聋人大学生校内生活支持场景

伴着"十年寒窗苦,一朝天下闻"的豪情,一些优秀的聋人学生从众多同龄人中脱颖而出,实现了自己的大学梦。大学是聋人大学生从学校人向社会人转换的一个过程,在这个过程中,他们会遇到各种以前从未遭遇过的问题,给他们带来一定的困扰。同时,在解决问题的过程中,可以开阔他们的视野,提高生活能力,恰当应对生活中遇到的挑战,成长为德才兼备的社会需要的应用型人才。在这个过程中,聋人高等教育机构根据大学生需要提供相应的生活支持场景,这些支持主要有校园内与校园外两种。

校内生活是聋人大学生在校生活时间最长的环境,除了学习之外,还有大量的自由掌握时间,这段时间是他们补充体力,以更充沛精力投入到学习中的阶段。也是他们锤炼生活经验,提高生活适应能力的重要阶段。在此阶段对他们生活能力进行支持,可以有效提高他们对学校的归属感与自豪感,并逐步提升他们的生活应对能力,促进他们德智体美劳全面发展,加快他们由学校人向社会人过渡的进程。

一、宿舍生活支持

宿舍是学生进入大学后第一个需要熟悉的地方。宿舍,顾名思义就是供学生住宿休息的场所,当前,绝大多数聋人高校宿舍都是多人间,来自不同地区、不同民族的学生共同居住在一起。因此,宿舍是一个集体性生活场所。聋人大学生从原来熟悉的生活环境进入到新的宿舍,面对完全陌生的环境与同学,难免会产生不便。这就需要学校提供相应的支持,满足学生对学校、宿舍环境的认知需求,促进他们更快地融入学校生活。

(一)宿舍安全支持

与紧凑的高中学习生活不同,大学的课程设置一般较为分散,大部分学生会有十分充足的课余时间可以自由支配。随着高校建设水平的不断提高,高校宿舍设施也不断完善。宿舍区域成为学生生活、活动的重要场所,也是大学校园中人员最为密集的地方之一,因此,为聋人大学生提供足够的宿舍安全支持,保障宿舍安全也是宿舍管理工作的重中之重。

宿舍是人群密集区,宿舍的安全也是学校工作的重中之重,但高校宿舍发生安全事故的新闻屡见不鲜,究其原因还是安全意识的缺失,特别是聋人大学生,由于听力障碍,对有些危险信号可能无法及时注意到。另外,学生违规使用大功率电器,乱拉电线、乱搭网线的现象频发,偷窃失窃、夜不归宿者也不断发生。这些不良的生活习惯也可能会给宿舍安全带来隐患,也反映了聋人大学生安全认识不到位,需要进一步加强管理。

第一,制定严格的规章制度。"无规矩不成方圆",要建立完善的规章制度,以制度管理支持学生宿舍安全,让同学们意识到安全问题的严重性,并严格遵守。严格的宿舍管理制度包括由学校后勤领导、学院领导为一级负责人,宿舍管理员、学校辅导员为直接负责人,宿舍长为直接责任人的三级宿舍管理体系(图6-1)。

同时,要针对不同的管理层级制定不同的制度,做到人人担责、人人负责。确保宿舍的安全管理工作更具有针对性,让一线宿舍管理人员在日常安全管理中有规可依,学生有规可服,避免学生与宿舍管理人员产生冲突。保证信息的传达和实施更为迅速有效。让学生从内心增强对管理制度的认同度,从而便于对学生的规范管理。

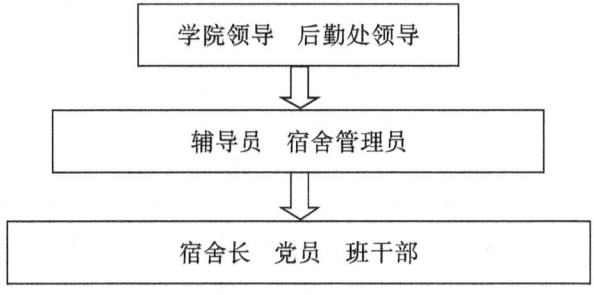

图6-1 高校宿舍管理体系

第二,加强安全教育,落实安全管理。制度是挂在墙上的文字,只有在日常管理中心加强安全教育,将安全管理落到实处,落到细处、落到实处,才能真正做到防患于未然,保障聋人大学生的生命财产安全。①定期开展安全检查。宿舍安全具有突发性与隐蔽性,仅仅靠事后应对是远远不够的,只有加强平时的安全防范教育与安全引导,才能防患于未然。作为学校宿舍安全管理者,要在大一新生入学开始,请相关的消防人员给宿舍管理人员和大学生进行安全教育培训。告诉大家整栋宿舍楼的安全楼道出口在哪里、消防灭火器怎么使用、哪些违规电器不能用等安全指导培训,并定期对学校宿舍消防设备进行定期的检查和维护,并对检查和维护的结果以报告的形式给出,再给学生管理科进行登记备案。②宿舍管理人员和辅导员老师要定期或者不定期进行宿舍违规电器的排查。发现有违规电器的使用,应该按照学校规定进行处理,并对学生进行批评教育。③借助智能宿舍管理系统对学生的在宿情况进行检查,防止学生夜不归宿留守校外情况。同时,不要让非学校工作人员留在宿舍,以防止不安全事件。④开展安全讲座、消防演习等活动,让学生认识到火灾的危害性,树立牢固的安全意识,意识到违禁电器可能造成的安全隐患,从根本上纠正学生们"不在乎""没关系"的错误思想,并帮助他们掌握相关的自我保护技能。

(二)宿舍卫生支持

良好的卫生习惯是保持个人健康的必需条件,寝室卫生的管理对于营造良好的宿舍环境和生活的氛围十分必要。大学生因为缺少约束,寝室卫生做得不够,学校和学院应长期坚持多次查寝,对学生进行严格的督促,让同学们意识到健康的重要性,主动营造良好的寝室环境。

学生公寓属于人员密集型居住场所,一旦发生传染性疫情,会呈现爆发式增长,很难进行有效的阻断与控制。此外,随着通信技术的不断发展,学生对自身健康的意识不断增强,传染性疾病相关信息舆论很容易引起学生群体恐慌,会导致严重危害学生身心健康的后果。现阶段,学生宿舍中发生流感、皮肤癣等普通传染性疾病屡见不鲜,而较为严重的肺结核、疱疹等传染疾病也时有发生。造成传染性疾病发生的原因有很多,首先,很多学校学生宿舍楼建筑时间较长,设施老旧且未进行整修,成为污垢病毒藏身之所。其次,随着外卖兴起,很多学生在宿舍点餐吃饭的现象越来越多,而且大学生主动打扫卫生的意识较差,很少第一时间清扫,造成食物腐败滋生病菌引起健康卫生问题。此外,宿舍内多数未配备专业的消毒设施,宿舍管理人员多缺乏传染性疾病控制的专业知识,缺乏处理控制传染性疾病的经验。

宿舍卫生环境恶劣造成的内生病毒与宿舍外带入的输入传染是造成宿舍疫情发生主要方式。学生宿舍是密集居住区,发生传染性疫情会在很短时间内对小面积甚至大面积的学生健康造成危害。因此,强化宿舍公共卫生防疫已经迫在眉睫。首先要对老旧宿舍进行改造,塑新环境,去除打扫死角内存在的污垢病毒。其次,是规范宿舍内区域消毒与保洁,在流感等其他流行性疾病高发季节或出现传染区域都要重点消毒,及时清运宿舍内生活垃圾。再次,要通过生活教育与活动倡议,减少学生外卖进宿舍等严重影响生活环境的行为。加大学生宿舍内务检查,引导学生健康生活习惯,时刻保持宿舍内生活环境的整洁。严格禁止学生宿舍内饲养小动物,避免动物携带病毒的输入传染。最后,要加强疫情防控预备工作。日常做好员工传染性防疫培训,畅通疫情信息上报途径,做到早发现、早预防,将传染性疾病危害降到最低。同时做好防疫物资储备,确保防疫工作及时有效。

(三)宿舍文化支持

"文化"是"人文化成"一语的缩写,是人类在社会历史发展过程中所创造的物质财富和精神财富的总和。文化在中国传统观念中有着重要的意义,这个词早在先秦时期的经典著作《易经·贲卦·彖辞》被提出,"刚柔交错,天文也;文明以止,人文也。观乎天文,以察时变,观乎人文,以化成天下。"文化作为精神层面的一个概念,在群体交往中形成,并影响着群体交往过程,在群体生活中具有整合、导向、维持秩序和传续功能。

宿舍作为不同民族、区域、个性特征的个体共同生活的场所,只有塑造良好的宿舍文化氛围,才能营造良好的宿舍文化氛围,构建聋健融合、温暖舒适的宿舍环境,帮助聋人大学生提高社会适应性,同时也能更好地促进社会健听群体对聋人群体、聋人文化的认同与理解。因此,学校要尽可能地为学生宿舍生活创造良好的支持手段,帮助学生形成正确的价值观、世界观,让学生在宿舍生活中不断完善性格,更好地成长。

第一,构建宿舍是大家"共同生活体"的理念。培养宿舍是我的宿舍,也是大家的宿舍的观念。同时作为学校管理者在制定宿舍规章制度方面,需要结合聋人学生的身心特性或者邀请聋人学生参与其中,共同制定符合他们认知心理的管理制度,支持聋健共创美丽宿舍、共同参与宿舍管理,从而建立起一个温馨的宿舍内部环境。一方面可以提高聋人学生在学校文化活动中的参与度,使他们更容易接受,培养学生在宿舍文化建设方面的积极主动性;另一方面也彰显学校的人文精神,塑造学校融合教育的理念,加快聋人学生归属感的形成。

第二,精神文化与物质文化协调发展。文化建设包括精神文化和物质文化两大层面,聋人高等教育的宿舍文化建设亦如此。事实上,精神文化和物质文化之间是紧密联系、不可分离的。因此,聋人高等教育应当着力完善宿舍文化建设,不仅要保证物质层面能够给聋人大学生带来舒适性及安全感,也应当加强精神层面的文化教育,以积极的文化引领聋人大学生的思想文化发展,防止庸俗主义、享乐主义与其他低层次思想影响聋人学生的健康成长。

第三,正确引导聋人大学生宿舍文化建设。文化建设不仅需要正面引导,同样也需要对不良文化的引导转化。在聋人高等教育宿舍行为文化中,不仅有积极的文化内容,同样存在一些消极的文化因子。对于一些消极的文化现象,需要各管理部门与机构加强宿舍行为文化干预和引导。首先,基于宿舍的条件,开展丰富多样的文化活动,如宿舍文化节、学习标兵寝室评选、宿舍体育竞赛等,丰富学生的宿舍生活,引导学生良好道德品质的形成。其次,倡导积极向上的宿舍网络生活,开展网络道德教育,建立宿舍网络管理制度,加强校园网的管理,培养学生良好的上网习惯,潜移默化地摆正学生的学习态度,促进学生全面发展。

二、网络安全支持

随着通信设备的快速发展,网络已经成为每个人生活中的重要组成。网络不仅极大地丰富了大学生的学习内容,开阔了学生的视野,方便了大学生的生活;同时,网络的负面影响也给大学生带来了一定的安全隐患。主要有三个方面:一是沉迷游戏的隐患。大学课程相对于高中课程较少,学生有较多的自由时间。对于这些空闲时间,有些不会合理安排自己时间的聋人大学生很容易将时间花在打游戏上,经常熬夜不仅影响身体健康、耽误学业,还有些同学为了玩游戏甚至投入大量的金钱去购买装备,进而发生非法网贷等不良现象。二是发表不正确言论的隐患。虚拟的网络世界,一方面给网民带来信息便利,另一方面也为一些不正确的价值观滋生提供了隐身衣。当前网络上缺失存在着一些不良、暴力甚至违法信息,干扰了聋人大学生正确三观的养成。再叠加聋人大学生由于生理上的缺失,导致他们对社会缺乏全面的认识与了解,也导致他们缺乏准确的判断力,如果受到不良信息的长时间影响,会对他们的价值观存在负面引导。同时,聋人大学生处于容易冲动青春期,很容易发表或传播极端言论、暴力行为,严重者甚至会触及法律。三是遭受网络诈骗的隐患。现在很多大学生虚荣心促使他们相互攀比,不符合自己经济条件的高消费现象屡见不鲜,还有同学因为网络诱惑而参与网络赌博活动。不法分子抓住学生提前消费、迅速暴富的心理,利用网络不断渗透大学生中进行网络非法借贷,欺骗学生来获取非法利益。此外,还有一些不法分子利用网络虚假信息来骗取学生感情和金钱的事件也层出不穷。

宿舍是聋人大学生生活的场所,是上网的集中场所,也是通过有效的宿舍管理对他们进行网络安全支持保障学生网络安全的主阵地。一是要积极开展宿舍网络安全教育,宣言网络正能量。根据日常网络危害制定网络安全宣传招贴、宣传页等,以具体案例来教育人,增强网络安全教育的可信度。还可以举行网络安全知识竞赛,提高学生参与网络安全教育参与度,使网络安全知识真正能够入脑入心。二是要加强网络监管。对确实存在的滥用网络的学生要给予批评,限网甚至断网。通过网域管理,对学生言论进行一定程度的监控,对学生发表的敏感词汇、不恰当的言论要给予审核并不予发出。提升网络防御技术,在一定程度上有效阻止学生进入不良诈骗网站。三是加强线下严格管理。制定合理的反馈制度,对沉迷网络影响别人休息等行为进行信息收集,采取"人盯人"的方式,到时提醒。对不服从管理的人员,按规定给予处分。此外,对已经被网络诈骗的学生要及时安抚,同时报保卫处处理,并通知学院和家长介入干预,避免后续安全事故的发生。

三、社团活动支持

不像中小学时期,在大学,除了正常的学习之外,还有大量的社团,不仅包括专业兴趣方面的社团,也有社会活动、文艺活动、志愿活动等方面的社团。这些社团共同构成了丰富多彩的校园文化生活。参加社团活动一方面可以提升聋人大学生的社会适应能力,加快成长过程;另一方面也可以向社会展示聋人大学生的素养,为聋人群体的社会地位提升提供展示舞台。由于聋人大学生生理的特殊性,应当为他们提供相应的支持,帮助他们顺利融入社团活动中去。

(一)为聋人大学生提供可供参与的社团平台

"东风不与周郎便,孔雀深宫锁二乔",东风成了成就周瑜与诸葛亮英明的平台,也由此诞生了"万事俱备只欠东风"这个成语。对于聋人大学能力提升来说,提供相应平台支持,是提升他们能力,展示个人形象的必要条件。

作为聋人高等教育院校,为他们提供高质量的展示舞台,是高等特殊教育的必然要求,也是特殊教育高质量发展的趋势与方向。

1. 提供专业提升需要的社团平台

专业学习是高等教育育人工作的重心,也是聋人掌握相应技能,立足社会,实现个人价值与社会价值的要求。对于专业技能的提升,不仅要靠课堂理论学习,也要靠课外社团实践,通过"理论—实践—理论"的循环,实现理论与实践的共同提升。对于聋人大学生来说,要积极参与与自己专业相近的社团,在社团活动中锻炼自己的课程专业理论知识,同时还可以在社团活动中发现自己的不足,有针对性地学习,查漏补缺,提高专业能力。现在的聋人高等教育一般都会根据聋人大学生的课程设置开设文化通识课、摄影协会、手语交流协会等不同的专业社团,聋人大学生可以抓住机会,积极参加,进而提高自己的专业能力。

2. 提供社会适应能力发展的社团平台

专业能力是聋人高校学习的重点,同时还要培养自己的综合素养。社会生产生活是一个复杂的体系,不仅需要扎实的专业知识,同样还需要良好的综合素养。聋人大学生在学校期间不仅要认真学习专业知识,为以后的工作打好基础,同样需要提高自己的综合素养,以应对复杂的社会生活。作为聋人高校,在教育教学活动中,要贯彻国家的教育方针,不仅要培养学生深厚的专业技能,更要培养其他方面的综合素养,培养出德智体美劳全方面发展的优秀社会主义建设者接班人。因此,为开阔学生视野,优化学生知识结构,聋人高等院校要为聋人大学生提供一些适合聋人身心特点的社团,鼓励聋人大学生走出教室,走出校门,进入广阔的社会,进而锤炼个人的综合素养。

(二)为参加社团活动的聋人大学生提供相应支持

辩证唯物主义认为,物质对精神活动有决定性作用,同时,精神对物质具有能动的反作用。在聋人高等教育社团的开展活动中,需要提供一定的物质条件进行支持。

1. 活动场地的支持

不少社团活动都需要在相应的场地开展。因此,对于聋人高校来说,要根据需要在校内为聋人社团提供相应的活动场地,帮助他们更加便捷开展相关活动。目前,由于教学设施管理与学生社团活动分属不同的管理部门,两者缺乏有效衔接,一些社团活动无法充分利用学校的多媒体实习实训室、演播厅等教学实习场地,导致社团活动难以更有效开展,影响了学生社团活动的效果。因此,聋人高等教育高校应当从学校、学生发展的大局出发,在学校层面建立相应指导机构,为学生的社团活动提供必要支持。

2. 活动设备的支持

无论是专业社团、文体社团还是社会服务性社团,都需要相应的活动设施,借助这些设施可以更好地开展社团活动,帮助聋人大学生在活动中提升个人能力与素养。当前,一些聋人高等教育学校的社团实行分级管理,对于重点社团,从经费到设施都给予重点支持,而有些社团则进行一般的指导管理模式,社团获得的支持有限。虽然从学校层面来看这是合理的,但由于经费与设备有限,社团活动开展效果不理想,有些甚至流于形式,也不利于聋人学生能力与素养的提升。因此,对于聋人大学生社团,无论是哪一级社团,都应该本着提升学生综合素养,实现能力提升,使他们德智体美劳全方位发展的原则,为他们的活动开展提供相应的设备支持,帮助他们更好地成长、成才。

3. 对表现优秀的同学进行相应鼓励

能力是在实践中培养和提升的。学生的社团只是为学生能力提升提供一个平台,真正要提升学生的专业及综合素养还是需要学生积极主动参与。"知之者不如好之者,好知者不如乐之者"。为了提升学生参与社团活动的积极性,学院还应当建立相应的激励措施。

一方面学校要将参加社团情况纳入学生年终考核,对于在社团活动中表现优秀,或者社团成员参加各级各类竞赛中取得名次的学生都应该予以精神上的奖励,并在年终考核评定中予以体现,起到鼓励先进,激励后进的目的。另一方面设置相应的奖励制度,对在各类活动中取得相应名次的学生给予相应的物质奖励。通过精神及物质的奖励有效结合,提升聋人大学生参与各类社团的积极性,发挥自己的专业与能力特长,并在社团活动中进一步巩固专业知识,提升能力结构与社会适应性,为将来在就业市场找到理想工作、在社会生活熟练应对各种问题奠定基础。

(三)餐饮后勤支持

克劳塞维茨在《战争论》中说道:"给养方面的困难往往使军队的伟大胜利的光芒消失。"足可见后勤工作的地位和作用。新时期以来,"以人为本"的发展理念成为时代共识,是我们各项工作的出发点和落脚点,也是特殊教育高等院校开展育人工作的指导思想。为了更好地开展育人工作,实现学生德智体美劳全面发展,良好的餐饮后勤服务体系是必不可少的重要组成部分。而高质量的餐饮后勤支持需要学校管理者真正贯彻"以人为本"的宗旨,站在高校"立德树人"的时代高度制定并贯彻落实各项餐饮后勤管理制度与活动。

1. 高质量的餐饮支持

要提高后勤服务质量首先就要从与学生生活关系最密切的餐饮质量提

升开始,以高质量的餐饮提升学生的满意度。

第一,提高餐饮的卫生质量。"病从口入",许多疾病都与不健康的餐饮习惯有关,而良好、卫生的餐饮可以最大限度地减少疾病的发生。高校属于人口密集区,大量的人口集中用餐,一旦发生食品问题后果就非常严重。因此,需要食堂严把质量入口关,对采购的盐酱醋米面油等统一采购,从源头杜绝不健康食材进入食堂。同时对食堂的餐饮从业者健康进行登记,杜绝不适合从事餐饮行业者进入食堂工作。

第二,提高食堂服务满意度。餐饮行业属于服务行业,顾客对其满意度不仅取决于提供内容的质量,还取决于服务过程的质量。目前,由于食堂饭菜价格基本都透明化,学生可以根据自己的消费能力与口味自由选择,但服务质量方面还存在着不足。一方面在沟通方面还有待提升。由于目前聋人高等教育多数属于融合教育,学校内聋人健听人都存在,而食堂服务人员一般都是健听人,这些缺乏手语沟通能力的服务人员和聋人沟通中困难,影响学生的心理。另一方面,不少聋人高校都是面向全国招生,学生来自不同的省份、民族,少数民族学生有自己的民族饮食习惯,但食堂一般都是面向大众,对这些特殊群体学生的饮食需求无法满足,同样会造成学生的不满情绪。因此,聋人高等院校应当采取措施,提高学生餐饮的满意度。一方面统计在校少数民族名单,特别是对于一些数量较多、有特殊饮食需求的民族学生,开辟相应的民族窗口来满足他们的饮食需求。另一方面,提供相应的优惠措施,鼓励窗口提供面向聋人学生的勤工助学岗位,便利聋人学生餐饮。

2. 优质便捷的生活用品采购

对于生活在校园环境中的聋人大学生,其生活用品大多在学校周围采购,但由于学校周围的小超市多属于私人经营,规模小,质量也得不到保障。因此,学校应当在校园内开设相应的超市,以优质的质量、优惠的价格满足学生的采购需求。目前不少特殊教育高校为满足学生需求,在校园内都开设了相应的购物超市,但从实际效果上看,仍无法使学生满意。究其原因就在于这些超市无论是价格上还是质量上都与学生的需求有一定差距。

第一,学校超市物品的质量方面有待提升。目前,各大高校基本上都采用后勤社会化的办学思路,由社会力量为学生的生活学习需要提供必要支持。但在实际运营中,由于资本的逐利本性,不少超市经营者为降低成本,采购物资时首先考虑的不是商品的质量,而是商品价格,导致一些质量低劣的商品进入校园,对学生的生活造成不必要的负面影响。

第二,垄断性经营导致物品的价格居高不下。高校在引进校园超市时,往往会采取独家经营的方式。一方面是为了保证经营者的利润,提高经营者的积极性;另一方面是便利自己的管理,更好地实施监管。独家经营的模式虽然出发点是好的,但从经营效果上看并没有达到管理者的目的。同时由于垄断性经营,没有同行业的竞争,导致物品的价格居高不下,也对来自贫困家庭学生的生活带来影响。

面对这些不良因素,作为特殊教育高校的管理者,应当本着"以生为本"的办学理念,以服务学生的生活为根本任务。对于学生面临的实际问题,应当提高政治站位,不断创新管理服务方式方法。一方面加大对校园超市商品的质量监督检查,保障商品质量。另一方面应当打破垄断,引进多家经营者,鼓励经营者之间开展良性竞争,通过更有优质、更高质量与价格,给学生带来真正的便捷与实惠。

3.其他生活支持

学生在校生活期间,不仅需要吃饭、购买生活必需品,同时还有洗浴、资料打印复印、理发等其他方方面面的生活需要。这就需要学校管理者深入调研,真正将"以生为本"的办学理念落到实处,贯彻服务育人的教育理念,通过细致扎实的服务营造舒适的生活环境,通过便捷的服务为聋人大学生的在校学习生活提供便利。

第三节
聋人大学生社会生活场景支持

相对于校内生活,校外社会生活更加广阔,也更为复杂,需要的应对能力更高。在接受高等教育期间,教育管理及服务者应当对他们进行相关的知识传授与能力培养,提高他们对生活中存在的陷阱进行规避的能力,以便帮助他们更好地融入社会生活。

一、金融风险教育支持

金融业的快速发展对人们生活影响广泛,有些在校大学生参与了贷款、炒股、购买基金等金融活动。但由于他们缺乏金融基础知识,金融风险意识淡薄,容易落入金融骗局,同时由于缺乏理性消费的自制力,形成了学生之间恶性攀比的现象。

(一)聋人大学生的金融风险

据腾讯教育——麦可思2020年大学生消费情况研究数据显示,关于"校园贷"渠道的辨识方面,33.5%的大学生表示完全不了解如何区分校园贷渠道是否正规,36.1%的大学生表示"仅仅了解一些"。据2020年我们对某特殊教育高校聋人大学生校园贷状况的调查发现,有35%左右的聋人大学生使用过校园贷,其中1名聋人同学因为校园贷而陷入"借钱还贷-借贷还钱"的恶性循环,产生严重后果。总体上看,聋人大学生金融风险呈现出以下特点:

1. 单次涉及金额较低但频率较高,总额不低

在2020年对某高校聋人大学生非法网贷金额统计中发现,聋人大学生单次借贷金额较低,其中有一位同学一个月内连续网上借贷三次,分别为50元、200元和500元。虽然单次金额不高,但总计金额较高,13名涉及非法网贷的聋人同学有6名总涉及金额在3000元以下,2人5000元左右,5名聋人学生涉及金额在1万~4万元。

2. 网络借贷多是为了偶发的非正常生活消费

聋人大学生在网络贷款较少用于日常消费,也很少用于购买电脑、手机等高档生活用品,而是用在网络赌博、外出旅游等非正常消费中。虽然聋人学生家长每个月都会给其一定的生活费,但对于迷恋上网络赌博的同学是远远不够的,当生活费结余不够时,往往会从网上借贷,幻想以此突发横财,满足自己的消费欲望。

3. 聋人大学生群体间相互担保借贷现象较为普遍

与健听人网络借贷单枪匹马行动不同,聋人大学生非法网络借贷时往往借用同学身份实施借贷,出现表面上多人借贷,实际上一人还款现象,而如果这个人不还,多人的信用会牵连受损,这也造成聋人大学生借贷关系复杂化,容易出现多角债务纠纷。

(二)校园贷的危害

当前校园非法网贷的贷款还款陷阱使不少身陷其中的学生及家庭需要支付高额的利息,随着还贷压力的增大,聋人学生逐步陷入以贷养贷的困境,心理压力也随之增大。导致相关聋人学生家庭生活陷入困境、学生心理受到严重伤害,由于聋人心理承压能力较健听人低,很容易发生离家(校)出走、自我伤害等问题。影响了聋人高校办学的稳定,也阻碍了聋人学生共享社会发展成果。

(三)聋人大学生金融风险的原因

1. 主观原因

第一,防范意识淡薄。根据调查发现,陷入非法网贷的聋人大学生往往社会阅历较少,个人防范意识不强。倡导提前消费的社会氛围使校园中有些学生形成了借款消费的习惯。而正规银行由于利率限制、声誉风险等因素,对于校园贷款的积极性不高。因此,网络上宣传的便捷、利率低的校园

贷成了他们的首要选择。再加上聋人大学生辨识能力缺乏，对隐含的陷阱认识不足，虽然学校及家长会对相关现象进行教育，但侥幸心理使其往往会私下进行网络借贷活动。

第二，对不符合实际生活的盲目追求。持有这种想法的同学往往是家庭条件不太好的聋人男同学，在上述调查发现的 13 例网络借贷中，来自于四川、贵州等西部地区，家庭生活条件困难的同学有 11 人，生活费多靠家长外出打工支付，其中还有两位同学生活费要靠亲友资助。面对不多的生活费，无法满足自己较高的生活渴望，有些同学走向网络赌博的道路，企图通过博彩挣钱，结果越陷越深。

第三，同学之间的义气。本次调查中发现在有 2 名网络贷款过万的聋人大学生，在其贷款中，有较大一部分是由同学帮助借款。因为个人信用额度受限，这些聋人大学生往往会请求同学帮助，以同学的名义网络借款，然后自己按月还钱。而同学由于关系友好，不好意思拒绝因而成为聋人大学生陷入非法网络借款的帮凶，自己也成为受害者。

2. 客观因素

第一，聋校的封闭式教育。"读万卷书，行万里路。"多与社会接触往往会丰富人的社会认知，提高人的社会适应能力。相对于健听儿童的开放式走读式教育，聋人进入高校前的教育往往处于封闭式管理模式下，每天围绕的是"教室—食堂—宿舍"三点一线，教师传授的知识也往往是正面积极的信息。狭小闭合的教育圈，使得聋人很少接触真实的社会，而缺乏全面社会认知的教育内容也使聋人的社会认知处于空白或者模糊状态。这些因素导致了聋人学生进入大学后对社会阴暗面仍知之甚少，或者缺乏正确全面的认知。

第二，家庭的沟通渠道缺失。家庭是孩子教育的最早渠道，家长是孩子的第一任教师，孩子的社会认知最初都是由父母传递给孩子的。对于出生于健听家庭的聋人孩子来说，其父母大多缺乏手语能力，而聋童最初文字识读能力的不足也使得父母无法通过书写与孩子进行沟通，靠肢体沟通又存在着种种局限，这些问题导致了父母与孩子进行有效沟通存在着种种的困难，自然无法传递给孩子更多的社会知识，提高其社会认知能力。即使出生于聋人家庭的聋童，由于聋人父母自身社会认知也存在一定的不完善性，传递给孩子的社会知识也往往不够全面、深刻。

第三，网络监管的困难。在全媒体传播时代，特别是手机智能化时代，几乎人人都是信息接收端与发起端，信息的传播呈现出多元化、全时空、交互式的复杂局面。在这种情况下，聋人同学接受的信息量呈几何级增长，而缺乏足够辨别能力的聋人面对这些信息无法全部做出正确的选择，而手机信息的隐蔽性与私密性使得外界对其行为的跟踪更加困难,无法对其面临的非法网贷危机进行及时的干预。

第四,网络贷款的复杂性。随着金融互联网的发展,越来越多的企业涉足网络金融,在给群众带来便利的同时,不少非法机构为了谋取更大利益,打着"校园贷""现金贷""美容贷"等幌子,采取种种欺骗手段,包装成了正规的消费分期产品,以"零利息""超便捷""零风险""分期偿还"等谎言诱骗学生申办非法网贷,这些机构过度宣传网贷的好处,但对于其中存在的风险只字不提。一些缺乏足够社会经验而又希望提前消费的聋人认为这是一个帮助自己提前享受生活的好路子,乐观地认为自己可以从将来的生活费中节省一点还贷,就这样陷入非法网贷的陷阱。而这些行为只需要学生在自己手机上动动手指,输入相关信息就行,不需要家长、老师担保,也不进行资产收入调查,使得聋人学生参加非法网贷的行为无法被家长老师知晓,增加了管理的难度。

(四)开展金融风险教育的方法

如何让学生正确地面对需求,引导其消费正规的金融信贷产品,并且在其整个贷款期限中控制风险,加强大学生经济安全教育,是大学生金融安全行为研究最重要的痛点,也是当务之急。

非法网贷存在着的危险性与聋人大学生的认知属性要求要针对聋人群体积极开展相关反非法网贷的教育,而非法网贷的隐蔽性则又要求对聋人大学生的教育要有创新性,通过构建由"家庭、社会、网络、教师、学生"五位一体新的管理模式来及时掌握聋人学生的状况,帮助聋人大学生远离非法网贷危机,保障学生的人身及财产安全、促进学校稳定的教学秩序,维护家庭及社会的稳定。

1. 家庭帮助聋人大学生树立正确的消费

家庭作为聋人大学生生活的场所,也是学生生活的经济支柱,十几年间与家庭成员有很深厚的情感。在生活中,聋人的父母往往对聋人孩子有一种愧疚感,认为是自己给孩子带来不幸,因此,不少聋人学生家长会在经济上进行弥补,也由此养成有些聋人学生花钱大手大脚,没有节制,丝毫不顾及家庭生活状况。在对位于二线城市的某聋人高校调查中发现,有三名聋人学生月生活费达到3000元以上,远远超过正常的消费水平,而且经常在节假日外出旅游。过高的消费容易在聋人群体引起攀比心理,使一些家庭条件一般的同学为了面子而进行非法网贷。另一方面,即使有些家庭可以提供较高的生活费用,但人的需求都是不断增长的,一旦家庭提供的生活费不能满足需要,还是阻挡不了这部分学生参加非法网贷。因此,作为家长要帮助学生树立正确的消费理念,健康的财富观。

第一,教育孩子树立正确的消费理念。不同地区消费水平不同,聋人学生家长可以和学校老师或者高年级学生沟通,了解当地生活水平,确定学生生活费用,并和学生本人讲清楚要合理正确消费。如果某一阶段生活费有明显变化应及时和学生沟通,了解情况,并和老师联系落实有无异常情况,以免陷入非法网贷,网络赌博等。

第二,树立健康的财富观。君子爱财,取之有道。几千年前我们的先哲就告诉过这个道理。丰富的财富可以使我们更自如地应对生活中的问题,更好地享受生活的美好。但前提是这些财富要自己通过合法途径获得,不可幻想网上借贷、网络赌彩而突然暴富。不劳而获、一夜暴富的期望无异于希望天上掉馅饼,是不切实际的幻想,结果等来的往往是陷阱,是悔恨的眼泪。

第三,发现非法网贷及时解决。当发现学生涉及非法网贷时应及时与老师沟通,共同应对,如果数额较少可以及时还款,将损失最小化。如果是非法网贷公司而且数额较大,可以搜集相关证据资料,提供给警方,寻求警方帮助。同时对学生进行批评教育,促使其转变。

2. 社会加大对非法网贷的打击力度

非法网贷以获取高额利益为目的,往往会通过种种欺骗手段,诱惑聋人学生上当,而且还会使用各种手段迫使学生偿还高额利息。这种行为严重扰乱了国家金融秩序,也影响了学校及社会的稳定,必须要严厉打击,使聋人学生免受非法网贷的伤害。相关部门应该建立事前、事中、事后协调机制,对网络金融业务全流程监管,发现问题及时处理,构建网络金融的青山绿水。

第一,建立严格审查准入制度。当前申请网络金融业务门槛较低,一些不法分子趁机注册登记,或者以虚假信息开展非法网络贷款业务,牟取暴利。相关部门应当把好入口关,加强源头管理,在业务申办中严格审查,提高准入门槛,将一些企图实施非法网贷的单位及个人排除,消除隐患。同时,构建统一的网络借贷信用评级平台,对借款人偿还能力严格审查,建立经济收入、偿还能力与借款额度一致的借款制度,杜绝没有偿还能力的聋人学生高额度借款,或者通过多个平台重复借款,陷入无法还款的陷阱。

第二,强化事中监管。非法网贷总是在合法的外衣下从事非法活动。网络监管部门应当在日常管理中提高对网络金融业的关注,发现苗头及时纠正整改。

第三,加大事后的惩罚力度。非法网贷事件频发也与当前相关法规不健全,惩罚力度偏小有关。非法网贷往往游走于灰色地带,性质不好确定,为监管带来一定困难,而且违法成本偏低。应尽快出台相关管理细则,明确画出红线,对违法者加大惩处力度,提高违法成本,促使其不敢违法。

3.学校加强非法网贷的宣传

学校作为学生在校学习的主要场所,也是提高学生对非法网贷辨识能力,提高非法网贷免疫力的主要战场。

第一,利用传统媒介进行宣传教育。校园阅报栏、宣传栏、宣传手册等传统媒介是不少特殊教育学校进行宣传的主要形式,在这些媒介上通过图表、图片等形式提高学生对非法网贷的了解,可以有效进行反非法网贷教育。这些形式具有可反复学习、条理清楚、结构明晰醒目的优点,使学生直观地感受到非法校园网贷的危害。可以在校园显著位置安置的阅报栏、宣传栏等开辟专栏,免费发放反非法网贷宣传手册等活动,将非法网贷的危害、手段、种类等公布于众,警醒学生避免上当。

第二,利用新媒体进行非法网贷的危害教育。新媒体具有灵活多样,互动便捷,参与度高的优点,深受聋人大学生的喜爱,在反非法网贷活动中增加新媒体比例,通过两微一端进行宣传,通过有奖竞赛提高学生参与的积极性。进而提高学生对非法网贷危害的认识。

第三,邀请社会力量介入反非法网贷教育。非法网贷作为一种社会现象产生过许多严重后果,影响了社会的稳定和谐。同时,有些部门,特别是公检法部门,在处理相关事件中积累了丰富的经验,有大量的真实案例,感受也更加深刻,对学生进行这方面教育也更令人信服,更能起到警醒作用。学校可以和相关部门进行政校合作,构建非法网贷的防火墙。

4.发挥好教师教育引导与学生干部带头示范作用

作为聋人大学生,不仅要具有扎实的专业基础、健康的体魄,还要有明辨是非、善恶的能力,能够正确应对社会中遇到的一些陷阱与欺骗,顺利从学校人成为社会人,而这一转变,离不开特殊教育的教师的教育引导。教书育人是教师的职责,教师除了对学生专业学习进行指导,还要将社会发展理念、社会动态发展灌输给学生,提高其社会认知能力,进而避免陷入非法网络贷款。

第一,教师在教学中融合反非法网贷教育。高校立德树人的教育宗旨要求广大特教工作者不仅承担着专业知识传授的任务,更重要的是对其进行人格塑造,丰富其社会认知,更好地促进其由学校人向社会人转化。在向社会转化过程中学生将会面对多种陷阱,其中网络金融贷款是其中重要的一项。教师可以在教学中结合与网络金融相关的课程环节时,将两者融合,以润物无声的方式对聋人学生进行非法网贷教育。

第二,利用班会开展非法网贷危害专题讨论。班会是班级加深师生感情交流,总结学习生活问题,明确下一步相关任务的主要活动形式。利用集中教育时间开展以观看相关视频、阅读相关宣传册、进行分组讨论、演讲、游戏等为形式的教育活动。这种活动可以使学生主动思考,积极参与,进而增强对非法网贷的认识与抵制能力。

第三,发挥学生干部示范带头。班级活动的有效开展,仅靠老师是不够,也是不完善的,必须充分组建精干有力的班干部队伍,发挥班干部队伍的素质高、作风优良的优势,带动良好的班集体。班干部不仅是老师的助手,还是学生的同学,相互之间比较了解,对于同学中间发生的非法网贷也比较清楚。在应对非法网贷活动中,应当充分发挥班干部的助手、侦查作用,及时发现了解并解决学生中出现的非法网络贷款现象,提早预防,针对性教育。

二、防盗窃教育的支持

由于受社会多种因素的影响,学生宿舍盗窃案件呈上升趋势,这不仅使学生遭受物质损失,而且直接影响学生正常的学习和生活。特别是聋人大学生,由于听力受损,对周围事物感觉不及时,往往成为盗窃对象的主要受害者。

(一)学生宿舍常见的盗窃方式

由于大学生宿舍集体性、互通性特点,再加上有些聋人高校宿舍管理不健全,导致聋人大学生宿舍被盗案件时有发生。从方式上看,聋人大学生宿舍失窃案件的形式主要有顺手牵羊型、乘虚而入型、强力破坏型等几种类型。

顺手牵羊型的盗窃主要利用聋人大学生听力能力不足,趁主人不注意时,顺手盗窃财物。这种盗窃行为往往以内部盗窃为主,实施者既有健听人,也有不少聋人大学生。乘虚而入型盗窃是利用聋人大学生喜欢出门不锁门的习惯,趁室内无人,房门未锁,窃贼入室。此外,还有撬门扭锁、翻窗入室强力破坏型盗窃以及偷配钥匙,借找人、卖东西等名义混入宿舍,伺机行窃等盗窃方式。

(二)聋人大学生宿舍盗窃案的时间特征

从时间上看,聋人大学生失窃案发生有着明显的阶段性与时间段。发生最多的时间段是开学时,由于学生刚入校,有些学生带的现金较多,往往会成为盗窃分子的目标。节假日前后由于学生购票、买物品等需要,手中的资金较多,也是盗窃案高发期。此外,学生上课期间也是容易出现盗窃案的一个时间,由于高校多采用混合住宿的模式,不同专业上课时间不一,宿舍没有统一的锁门时间,容易造成失窃。从季节上看,夏季比其他季节盗窃案发案率高。由于夏天天气炎热,不少学生开门休息,易发生乘虚而入的盗窃。

（三）聋人大学生宿舍防盗应对方式

为了防止自己的财产受到损失，必须提前做好安全防范，随时锁好门窗，对形迹可疑的陌生人应提高警惕，妥善保管好自己的钥匙，不要随便借给他人，宿舍内不存放大额现金，更不随便留宿外人。发现可疑人员主动上前询问，必要时可以找宿管帮助，发现自己被盗，可以立即向学校老师、宿管、学校保卫处或者公安机关机关，不要让同学进入被盗的房间，以防破坏现场。如发现存折被盗或银联卡被盗，立即到银行挂失。

遇到窃贼要保持警惕，头脑冷静，急而不乱，首先要保证自己人身安全，防止其狗急跳墙，孤注一掷，伤害到自己。如果无法抓住窃贼，应记住窃贼特征，如年龄、性别、身高、体态、相貌、衣着等比较明显的特征，以便向公安机关提供破案线索。

三、反邪教知识支持

邪教，顾名思义，是指与正规宗教相对的，不受国家法律与社会认可的组织。《最高人民法院最高人民检察院关于办理组织利用邪教组织破坏法律实施等刑事案件适用法律若干问题的解释》将邪教定义为"冒用宗教、气功或者以其他名义建立，神话、鼓吹首要分子，利用制造、散布迷信邪说等手段蛊惑、蒙骗他人，发展、控制成员，危害社会的非法组织"。从形式上看，邪教表面上与宗教相似，大多是以传播宗教教义为幌子；但实质上则是编造谎言，鼓吹自称具有超自然力量的特定人物，以秘密结社为组织形式，以控制群众、敛取钱财为主要目的。

（一）邪教的危害

1. 教主崇拜，限制自由

与正常宗教信仰自由、进退自愿相对，邪教脱离正常社会生活，对其信徒实行精神控制，将内部法则放置于正常的社会法规之上，信徒必须遵循"教主"的旨意而行动。特别是对女性信众，要随时为教主"献身"成为"教主"的玩物。而且，邪教组织进去容易出来难，有些信众即使后悔，也难以脱身，想退出的往往会受到各种伤害甚至要付出生命的代价。

2. 歪理邪说，谋取钱财

合法的宗教往往以精神寄托和终极关怀为宗旨，其运营经费靠信众自愿的捐献，并不会强行收取信众的钱财。而邪教则通过"会费""培训班""会刊"等各种手段，利用各种歪理邪说想方设法敛取钱财，而且这些收入全部进入"教主"的手中。邪教头目往往通过这些手段拥有强大的经济实力，进而通过这些财富进一步扩大邪教的宣传，一旦有事，这些钱财又称为"教主"们逃窜国外的护身护，继续享受着花天酒地的生活。

3. 违法拉人,危害社会

为保护缺乏宗教知识背景的青少年儿童,使他们更好地成长,我国法律明令禁止向他们传授宗教内容;对于不愿意信教的群众也不能强迫信教。但邪教则毫无顾忌,往往使出种种手段拉人入会,如果被拉拢人拒绝接受入会,则有可能受到威胁或者伤害。

4. 秘密结社,反社会性

邪教为了吸引信众入会,往往会宣扬社会的不完善之处、阴暗面,甚至抹黑社会,造成信众的恐慌与悲观心理,进而宣扬只有加入"教会"才能净化灵魂。而对于揭露其邪教实质和内幕者往往进行抹黑、围攻甚至发起诉讼。

(二)反邪教教育开展方式方法

1. 增强对中国历史上发生的邪教的了解,提高自觉抵抗邪教的意识

邪教的核心是"邪",是假冒"教"的名义或者形式实施"邪"的活动。邪教不是今天才出现,也不是突然才爆发的,更不是我国特有的现象,世界各国都曾出现过多次大规模邪教事件。通过对邪教历史的学习,使聋人大学生认识到邪教的危害,自觉远离邪教组织。

2. 学习我国宗教政策,提升反邪教觉悟

新时期,我国的宗教活动政策坚持宗教中国化原则,拒绝国外宗教势力的干涉,坚持独立自主自办。同时,又适应国内信众的要求,积极开展宗教对外友好交往。通过对政策的学习,使聋人大学生提升反邪教的觉悟和意识。

3. 努力学习中国优秀传统文化,自觉抵制邪教的侵蚀

无数的事实告诉我们,相信邪教害人害己,加入邪教贻害无穷。作为接受能力有限,社会阅历较少,更容易受到邪教侵袭的聋人大学生群体,更应当加强中华优秀传统文化的学习,自觉抵制邪教的侵蚀。

一是参加优秀传统文化实践活动。利用传统节日、开放假等时间节点,组织学生参加各种活动,提升优秀传统文化在聋人大学生的影响力。二是加强中华优秀传统文化学习。邀请相关专家举办相关讲座,讲解中华优秀传统文化与宗教文化的关系,提高聋人学生对邪教的辨化力。三是广泛阅读中华优秀传统文化,使中华优秀传统文化入脑入心,提高对邪教的抵抗力。四是加强社会主义核心价值观宣传,以正确价值观抵制邪教侵蚀。以漫画、图例等形式在公众场所公开展示中国传统文化中的反邪教部分,增强吸引力、感染力、润物化人、以古鉴今,警示聋人学生自觉远离邪教。

4. 加强聋人学校教师队伍传统文化知识

教师是学生知识与能力学习的主要来源,也是学生学习、模仿的对象。作为聋人高校教师,应当加强传统文化学习,掌握扎实的传统文化知识体

系,在思政课程及课程思想政治教育中融入反邪教教育知识,以学生喜闻乐见的方式将反邪教知识融汇到学生的思想认识中,提高学生对邪教的抵抗力与免疫力。

四、反传销风险支持

(一)传销的危害

传销是聋人大学生遇到较少但危害性更大的一种风险。因为沟通困难,传销组织一般不把聋人大学生作为重点发展对象,但随着远程网络交流的发展,人际交往不靠面对面,仅以视频或文字即可以实现交流。诈骗者往往利用开豪车、穿金戴银等图片,用文字描述可观的收益,以很强诱惑力和煽动性的言辞吸引缺乏社会经验、急于就业学生参加,甚至鼓励学生动员其亲朋好友加入,最后导致学生血本无归,给大学生群体带来了巨大的身心伤害。虽然国务院在2005年8月就通过了《禁止传销条例》,并于2005年11月1日起开始施行。2009年,十一届全国人大常委会第七次会议表决通过《刑法修正案(七)》增设"组织领导传销罪",强化了对传销活动的震慑,但传销的威胁仍然存在,大学生陷入传销事件时有发生,影响学校正常社会秩序及社会稳定。

(二)传销活动的特征

传销活动并不会直接骗取钱物,而是通过为受害者描绘一个可观的未来收益、丰厚回报,引诱受害者上钩。首先会描绘一个实际上并不存在的项目,并大肆宣扬丰厚的收益回报。其次参加者需要通过缴纳一定的"人头费""资格费"或者以认购某种商品(服务)等形式,取得加入、介绍他人加入的资格,组织者利用这些费用支付先参加者的报酬维持运作。最后是利益分配上组织者建立具有上下层级内部财富再分配关系的组织体系,财富都被组织者领导者攫取,而参与者只能是财富的贡献者。总之,传销活动的最主要特征就是入会交钱、介绍别人交钱,最终自己一无所有。

(三)聋人高校反传销教育方式方法

不少大学生参与传销是因为涉世未深、急于就业、渴望成功,还有一部分原因是认为"做这一行来钱快"。针对这些因素,与其事后解救,不如做好预防,聋人高等院校应当采取多样化的教育手段与方法,提高学生对传销的认识,避免掉进传销的陷阱。

第一,通过专题班会、日常管理中进行反传销教育。聋人高等院校学生管理者可以在节假日、新生入学、就业推进会关键节点召开反传销主题班会,以观看视频、主题讨论、情景模拟等形式向大学生传递传销的严重后果,让大家意识到其危害性,并指导学生端正对待财富、工作的态度,辨别传销骗人的方式方法。

第二,扩大教育覆盖面。针对聋人大学生网络生活时间长的习惯,开展网络反传销教育,在学院网站开辟反传销专栏,引导学生关注《中国反传销》公众号,参与相应反传销活动,扩大对传销的认识。同时在线下的宣传栏、公告栏张贴反传销宣传画。通过线上线下结合的教育方式,使反传销教育覆盖聋人大学生的日常生活。帮助大学生树立正确的人生观、价值观、就业观,自觉做到远离和抵制传销,构建无传销校园。

第三,开展反传销讲座与实践。学校的教育是一个综合性工程,需要学校与政府和社会各界密切配合,共同提高育人质量。关于反传销,公安等部门有着丰富的理论与实践经验,要多与这些部门及相关机构合作,借助他们的经验开展校园反传销教育活动,以鲜活的案例、严重的后果等,向聋人大学生宣传传销的本质和危害性,传授预防传销知识,学会识别防范传销的方法、如何判断招聘陷阱,以及陷入传销组织的应对措施,为聋人大学生成长成才保驾护航。

第七章

聋人高等教育环境支持体系

  我国无障碍设施的建设是从无障碍设计规范的提出与制定开始的。1985年3月,在"残疾人与社会环境研讨会"上,中国残疾人福利基金会、北京市残疾人协会、北京市建筑设计院联合发出了"为残疾人创造便利的生活环境"的倡议。无障碍环境包括物质环境、信息和交流的无障碍、人的意识的无障碍。无障碍校园环境的建设无疑是衡量聋人高等教育质量的一个标准,良好的校园服务环境能为学生提供优质的学习生活保障。无障碍校园环境不仅仅体现在设施的建设和完善方面,还体现在技术支持及信息化的服务方面,主要包括残健融合观念、无障碍设施建设、信息无障碍建设等方面。借鉴郑州工程技术学院先进的管理理念和完善的服务设施,可以更好地为聋人学生服务,提高聋人高等教育质量,促进教育公平。

第一节
无障碍物质环境建设

  所谓"障碍",是指实际环境中残疾人和能力丧失者不便或不能使用通行的部分,对健全人来说方便无阻,所以是一种相对概念。包括聋人在内的残疾人的障碍大体可分为两大类:一类是残疾人自身的使用障碍,包括心理障碍与生理功能的缺失等;另一类为环境障碍,主要包括设施障碍、人为障碍。以下从聋人大学生学习生活等方面入手,分析郑州工程技术学院为聋人大学生提供的无障碍物质环境建设。

一、无障碍物质环境概述

(一)无障碍环境的概念

无障碍设施是指保障残疾人、老年人、孕妇、儿童等社会成员通行安全和使用便利,在城市道路、广场、绿地、居住区、公共建筑等建设工程中配套建设的服务设施。包括无障碍通道(路)、电(楼)梯、平台、房间、洗手间(厕所)、席位、盲文标识和音响提示以及通信,在生活中更是有无障碍扶手、沐浴凳等与其相关生活的设施。无障碍环境是一个既可通行无阻而又易于接近的理想环境,是残疾人参与社会生活的基本条件,是完善公共服务和城市功能不可或缺的一个基本元素。广义而言,无障碍环境是指,环绕在人们周围,让所有的人都能平等安全利用无任何阻碍的客观事物的总和。包括物质环境无障碍、信息与交流无障碍和人的意识无障碍三大方面。[①]

(二)无障碍设施的内涵

无障碍环境的构建离不开无障碍设施的建设、规划与管理,贯穿于整个无障碍环境的发展,对无障碍环境的建设起着举足轻重的作用。无障碍设施是指,为保障残疾人、老年人、伤病者等社会成员通行和使用,在城市道路、广场、绿地、居住区、公共建筑等建设工程中配套建设的一整套诸如盲道、轮椅坡道、扶手、音响提示的服务设施。这些服务主要包括:水平类(坡道、盲道等)、垂直类(无障碍垂直电梯等)、标识类(警示信号、无障碍标志等)、专用类(专用停车位等)。

(三)无障碍物质环境的简介

无障碍物质环境是指道路、广场、公共建筑和居住区等的规划、建设应方便残疾人、老年人、伤病人等行动不便者通行和使用。如建筑物应在出入口设置轮椅通道或无障碍电梯,银行、酒店应在服务窗口、行李托运台等设置低位服务设施。聋人无障碍物质环境主要包括学习和生活等物质方面的支持。

二、聋人高校中的无障碍物质环境建设

聋人大学生希望有接受学校所有课程教育和参与所有社团活动的机会,这些都有赖于学校无障碍环境的构建。这些无障碍设施与环境要覆盖

---

① 傅如灿.福州市残疾人无障碍出行的障碍研究[D].福州:福建师范大学,2013:21-25.

学生宿舍、教学区、食堂、体育场等所有功能区域;校园主要功能区设置语音转换设备或实现视觉转换等。从教育公平的角度来说,对于听障学生,由于他们生活在无声世界里,无法用语言口头表达,那么校园内的教学楼、教室以及宿舍等各类场所需要设有提示指示灯以及震动装置等,为他们的学习和生活提供方便。无障碍环境的建设为融合教育的开展营造温馨舒适的人文氛围,让有特殊需求的学生时刻感受到学校的真心关爱。

(一)教育教学无障碍物质环境

教育教学设施指的是基本教育的软硬件设施,硬件设施包括校舍、操场、体育设备以及其他多媒体计算机、投影仪、实物展示台、监控器、音响等日常教学设备、现代教学器具等。软件设施包括师资力量、后勤服务、办学条件,教学管理是否严格规范,教学资源是否丰富等。聋人大学生由于生理上的特点,在教育教学过程中对多媒体设备、康复与辅助设备等教学设施的需求远远大于普通学生。郑州工程技术学院在每间教室装置液晶屏和时间提示,将上下课、通知等信息通过信息设备告知学生;在体育馆、律动室设置设电子屏,屋顶安装专用灯,使学生在进行相关活动时可以通过灯光强弱和变化踩出不同节拍。将桌椅尽量摆放成"U"形、教师讲台置于教室一侧,将机房或实验室内的计算机等设备嵌入操作台中,使聋人学生视野开阔,便于看清教师与同学的口型。教师课后可为聋人学生提供授课的演示文稿或印发讲义,并考虑聋人学生文字语义理解能力薄弱的问题,将重点与难点突出显示。

(二)生活学习无障碍物质环境

专为聋人学生提供无障碍物理设施、创设环境支持。本着人文、便捷、安全的原则为聋人学生提供支持,创设安全便捷的校园环境。除在教学楼等聋人学生集中的位置添设电子屏幕以外,考虑多方位辅助设施。校园内增加图文标志,一些场所与部门处张贴或悬挂标示图或文字,便于聋人学生明确相关信息。[①] 采用先进技术设备,在食堂窗口安装智能字幕,作为聋人学生专用的触屏点餐平台,避免用餐高峰时聋人学生点餐困难的尴尬现象。聋人学生听力受损,教室或者宿舍内部的紧急疏散可选用震动报警型,聋人学生寝室安排在2层及以上,防止盗窃现象等。[②]

---

① 孟繁玲.论创建普通大学校园里的聋人无障碍环境[J].河南教育学院学报,2005(4):89—90.

② 张诗晨.聋人高等全纳教育视角下全纳学校的研究[D].天津:天津理工大学硕士论文,2015.

校园内增加图文标志,在一些相对固定的场所和部门,挂上图示或文字标牌,让聋人学生一看就明白。将重要的通知公告借助教学楼、宿舍楼以及室外的电子屏幕循环播放,将聋人学生教室上下课的铃声配备振动闪烁装置,以便于聋人学生通过视觉通道明确相关信息。

三、聋人高校无障碍物质环境建设的建议

现有教室嘈杂的环境中缺少相配套的辅具(电子线圈或调频系统)来减少听障群体对教室里噪音、回声以及距离带来的不利因素的困扰,需要现代信息技术改善听障群体的物理学习环境。在经费到位的情况下,①高校应在行政体系中设立无障碍支援的综合协调机构,并制定专业的无障碍支援策划,从高校整体建设全面发展的大局出发,客观并全面考虑各个细节,在此基础上制定相应的支援方案并一一落实。② 在经费不足的情况下,应按照"急需优先的原则",首先建设急需的,如图书馆、教室、食堂的规范的无障碍设施,给聋人学生提供必要的学习用具、康复设备,图书馆补充各专业的相关资料等。

第二节
无障碍信息环境建设

互联网社会的蓬勃发展,引领了社会信息化的新潮流,创造了人类社会交流的新空间,给人类的生产生活带来了巨大的影响与改变。万维网联盟创始人蒂姆·伯纳斯-李(Tim Berners-Lee)曾说过,"网络的力量在于其普适性,重要的是无论残障与否都能访问"。然而,在我们的社会中,还存在相当一部分特殊人群,他们身体上的残疾与缺陷,导致无法正常参与互联网社会和使用互联网技术,也无法获得互联网带来的各种便利。③

---

① 刘金荣.残疾人高等教育学校支持体系研究[J].长春大学学报,2014,24(9):1271-1275.

② 伊藤聪知,王峥.创建无障碍支援体系推动残障大学生就业创业[J].绥化学院学报,2014(1):11.

③ 郑功成.中国无障碍环境建设发展报告[M].沈阳:辽宁人民出版社,2019:101.

一、无障碍信息环境的概述

信息无障碍建设是一项民生工程,是国家社会人文关怀精神要求,是全面信息化社会的建设内容,是实现行业全面协调可持续发展的必要途径,也是缩小数字鸿沟、建立公平信息社会事业的一部分。信息无障碍是我国信息化发展规划中的重要组成部分,也是我国社会主义现代化建设事业进程中的主要内容,大力推进信息无障碍事业的发展、为广大残疾人无障碍地获取信息服务、使广大残障人士能够平等地参与社会活动中,既是新时期社会发展进步的具体体现,也是弘扬人道主义精神、保障残疾人合法权益,享受现代文明生活的内在要求。[①] 从有信息无障碍概念以来,我国政府就一直重视信息交流无障碍建设,充分考虑残疾人等社会特殊群体及全社会信息交流无障碍需求,从法规、规划、政策、标准、技术和产品研发等多层面采取措施切实推进该项工作。[②]

(一)信息的概念

人类的生活离不开信息的收集、传送和分析。信息是人的生活中很重要的一部分,它可以通过语言、文字、声音、图像等方式表现出来。如人们从电视或电脑上上收看新闻和天气预报,教师通过电脑软件来向学生展示课程信息等,都是信息的收集、传送和分析过程。因此,信息技术可以定义为能够提高或者扩展人类信息能力的方法和手段的总称,这些方法和手段主要是指完成信息产生、获取、存储、检索、识别、交换、处理、控制、分析、显示及利用的技术。[③]

(二)无障碍信息环境

自 20 世纪 70 年代以来,争取教育权利的平等和使每个儿童的特殊教育需要获得满足已成为特殊教育发展的主流。[④] 在此潮流中,信息技术在特殊教育中的应用给人们带来了新的希望。人们把它当作实现特殊教育目的和特殊学生受教育权的重要手段。正如柯克与加拉赫所说:"在接受和使用教育技术上,特殊教育居于领先地位。这完全是由于特殊教育工作者所面临的问题。由于他们对儿童进行教育时遇到特殊困难,所以他们向来对凡是

---

① 张金福,范莉莉.残疾人事业概论[J].南京:南京大学出版社,2019:208.
② 人民网.美丽中国——中国政务信息无障碍公益行动专题[EB/OL].(2013-03-18)[2022-07-10].http://wza.people.com.cn/wza2013/list.php? tid=4
③ 郭兴吉,刘毅.信息技术教育基础[M].成都:西南交通大学出版社,2006:8.
④ 黄建行,雷江华.信息技术在特殊教育中的应用[M].北京:北京大学出版社,2015:25.

能给他们帮助的新技术有愿意试一试。在各种技术设备中,最新的也许最有意义的要算微型电子计算机,因为微型计算机对特殊儿童显示出独特的优越性,所以它在特殊教育中显得特别重要。"①信息技术作为当今科技中发展最为迅速、对社会生活影响最大的一极,不仅带来了日新月异的技术和便捷的生活方式,也将社会公平的理念植入人心。国际电信联盟将2008年5月17日"世界电信和信息社会日"的主题确定为"让信息通信技术惠及残疾人"。可见,信息技术能够惠及所有人已成为全社会的目标与愿景,正如2003年在日内瓦和2005年在突尼斯召开的信息社会世界高峰会议的宣言指出,峰会的目标是"建设一个以人为本、具有包容性和面向发展的信息社会。在这样的一个社会中,人人可以创造、获取、使用和分享信息、知识,个人、社区和各国人民均能充分发挥自身的潜力,促进实现可持续发展,提高生活质量"。② 特殊学生理应享受信息技术带来的便利和成长的支持。

信息无障碍是指任何人(无论是健全人还是残疾人,无论是年轻人还是老年人)在任何情况下都能平等地、方便地理解、交互和利用信息。其目的是缩小全社会不同阶层、不同地区、不同年龄、不同健康状况的人群在信息理解、信息交互、信息利用方面的数字鸿沟,使其更加方便地参与社会生活。信息无障碍的基础是信息获取,使用现有的感官做替补来弥补某些感官的缺失,利用替补的感官来获取信息,如视力残疾人访问网页,可以借助读屏软件,将网页中看不见的文字信息转换成声音信息从而获取网页信息。③ 总之,无障碍信息和交流环境是指,在公共服务机构和公共场所为有需要的听力、言语和视力残疾人提供文字与语音等信息交流服务,如电视手语、盲文、语音提示等。④ 学校从聋人学生信息需求出发,为聋人学生提供手语翻译和字幕提示等,从信息沟通方面保障聋人大学生的教育权利和生活需求。

二、聋人高校中的无障碍信息环境建设

聋人由于听觉损伤,造成信息接收渠道狭窄,在学习环境建设上要考虑聋人视觉接收信息的特点,在高等教育中,相关服务特别是如何增进聋人学生与教师和同学的交流显得尤为重要。通过多种途径使信息更明确,更要

---

① 柯克,加拉赫.特殊儿童的心理与教育[M].天津:天津教育出版社,1989:61.
② 周惠颖,陈琳.国外特殊教育信息化现状与启示[J].中小学信息技术教育,2008(7-8):130.
③ 郑功成.中国无障碍环境建设发展报告[M].沈阳:辽宁人民出版社,2019:101.
④ 江苏省残疾人事业发展研究会,南京大学残疾人事业发展研究中心.中国特色残疾人事业概论[M].北京:华夏出版社,2017:323.

体现人文关怀。① 无障碍服务包括手语翻译、笔记记录、技术支持(配备助听器、人工耳蜗植入、C-Print 和实时字幕等),以提高聋人大学生的课堂信息接收率。聋人学生还可以与健听学生共享教育资源和各种媒体,如专用课本、书籍、报纸副刊、电视、录像带、网络、计算机辅助学习、学生互助小组等,同时配备一支强大的专家团队,研究领域涉及翻译、手语、技术、声音文本转换、通信专业等,这是聋人大学生完成大学学习的有力支撑。此外,还需借助技术的支持,解决听觉损伤造成的沟通障碍。

(一)辅助技术

正如刘志丽、许家成提出的"辅助技术已成为现代特殊教育一个值得关注的发展新趋势"。教学是教与学的双边活动过程,聋人学生不仅要从教师那里获取知识,也需要全面参与课堂活动,表达自己的需求和观点。辅助技术包括辅助沟通系统、语音识别技术、实时字幕等。

1. 辅助沟通系统

辅助沟通系统(augmentative and alternative communication,AAC)直译为"扩大与替代性沟通",可看作是任何可补偿、改善或替代自然言语表达或书写表达的方法。使用辅助沟通系统可提高聋人学生对语言的接收与表达能力,实现信息的双向传递,解决沟通问题。

2. 自动语音识别技术

自动语音识别技术(automatic speech recognition,ASR)在聋校有较长的应用历史,被认为是替代手语,解决手语不统一、词汇贫乏、专业词汇不足以及无法完成边讲边操作问题的有效方案。如北京联合大学特殊教育学院利用语音识别技术创建的实训室可分屏显示教师授课 PPT、实时语音转换的文字,使学生获得完整的课堂信息,在聋人学生教学中取得了良好效果。一项专门的实验证实,语音识别技术与手语翻译相比,聋人学习者的学习效率并无显著差异,然而在教学中,语音识别技术可显著地提高师生沟通的效率。语音合成是实现文本到语音转换的技术,语音合成技术与语音识别技术相配合,可以为聋人学生创建无障碍的沟通环境。在线的语音合成平台、语音播放软件、语音合成 APP 等都能实现"变看为听"的功能,满足使用者不同场合的需要。

声音转换文本信息软件是将教师上课时的声音识别成文本信息实时投放在屏幕上供聋人大学生获取,这种软件有学习和记忆功能,能对词语不停地修正,正确率可以达到 95% 以上,目前应用率较高,被认为是解决聋人手

---

① 孙博.聋人大学生融合学习支持服务研究[D].天津:天津理工大学,2014:14-16.

语不统一、词汇贫乏、专业词汇不足的主要替代手段。2016年搜狗、百度、讯飞等公司都宣布自己的中文语音识别正确率可以达到97%,可以分屏显示PPT和实时语音转换文字,有利于聋人大学生获得较为完整的课堂信息。[①] 除此之外,很多软件还可以连接蓝牙设备支持聋人大学生用手机查看转换结果。上述语音识别系统的使用,将在很大程度上提高聋人大学生的学习效率。

3. 实时字幕

实时字幕(real-time captioning)是通过自动语言录音,再通过软件把录音转换成文字显示在屏幕上,或者由记录员在课堂现场打字显示在屏幕上。因为聋人学生无法跟上教授讲课的步伐,而且需要记笔记时,他们无法通过听觉来获取信息,因此需要通过视觉来弥补聋人学生的这一不足,字幕是解决这一问题的有效方法。受过训练的字幕员在电脑上用速记代码记录下所讲授的内容,然后采用特殊软件翻译出这些代码,并实时呈现于屏幕或学生的个人电脑上,这对那些不能从翻译者中获益的聋人学生极其有益。实时字幕的优点包括:一是实时字幕系统显示的文字可以让学生回顾所学的内容并弥补手语译者和辅导者的遗漏之处;二是教师授课的文本通过计算机的记忆功能在课后可以复制带走;三是特别的专业词汇和要求准确的信息可以由实时字幕操作员现场打字显示(Stinson,Mckee,Elliot,2000)。

(二)手语翻译

《残疾人权利国际公约》中明确指出"为学习手语和宣传聋人的语言特性提供便利",并"对各级教育的专业人员和工作人员进行培训"。《中国残疾人事业"十二五"发展纲要》中提出了"规范、推广国家通用手语、通用盲文,提高手语、盲文的信息化水平"等要求。2018年5月,《国家通用手语常用词表》发布,自2018年7月1日起实施。手语是聋人大学生获得信息最常用和最直接的方式。全体主流课堂的教师开设手语培训课程,通过发放技能证书等奖励形式,大力提倡全体教师学习手语。另外配备专门的手语翻译员。如南京特殊教育师范学院就在本校手语翻译专业中选择比较优秀的毕业生承担手语翻译工作,任课教师向手语翻译提供教学日历和大纲、讲义等资料,以便翻译人员研究专业术语进行准确地翻译。[②] 如美国国家聋人工学院的577名教职员工中,有120名专职手语翻译,为聋人学生课堂学习和

---

① 刘志丽,李晗静.聋人高等融合教育的学习支持服务探究[J].北京联合大学学报,2018(2):79-83.

② 李丹.融合式聋人高等教育的支持性服务[J].中国听力语言康复科学杂志,2006(22):51—53.

业余生活提供服务,在 2005 学年提供手语服务 99175 小时。①

手语翻译是聋人学生教学中常用的方法之一。有学者用 6 种实验条件对 60 个聋人学生的学习进行测试,结果发现:有熟练手语翻译支持的聋人学生比有不熟练手语翻译支持的聋人学生的成绩要好两倍;会手语教师指导下的聋人学生所获得的信息量明显高于通过不熟练手语译者学习的聋人学生;会手语教师指导下的聋人学生和有熟练手语翻译者的聋人学生的学习无明显差异(Quinsland,Long,1989)。手语译者和聋人学生之间的交流非常重要,因为聋人学生主要从手语译者获取学科专业知识。手语译员对学科专业知识的熟悉程度影响着翻译质量,手语翻译的准确性和有效性取决于翻译者的学科知识,手语译者对学科内容的熟悉可以使其选择合适的手势语,并减少聋人学生对教师授课重点的误解。②

郑州工程技术学院在国内高校首创手语翻译专业,担负着手语培训与推广的引领和示范作用。大力开展手语培训,培养更多的手语翻译人才,能够最大限度地满足聋人大学生生活、学习和平等参与社会的需要,同时也是积极推进信息和交流无障碍环境的需要。依托特殊教育学院 500 余名在校聋人大学生的资源优势,听人和聋人大学生深度融合,在学校的讲座、会议、运动会、文艺演出等各种活动中,手语翻译专业学生积极承担聋人学生手语翻译工作。这种实践活动在培养健听学生与聋人学生的相互接纳的同时,促进了健听学生手语翻译能力的提升。手语翻译专业师生先后在河南省残疾人职业技能培训、全国聋人篮球比赛、足球比赛、运动会、文艺会演、聋人高等教育招生、就业等工作中承担手语翻译服务工作。这些活动的开展,发挥了郑州工程技术学院手语翻译资源优势和示范作用,树立了郑州工程技术学院的良好形象,提升了郑州工程技术学院特殊教育的美誉度。

郑州工程技术学院加强手语翻译团队的专业化建设,手语翻译是聋人无障碍信息沟通的重要环节。学校手语翻译施行跟踪专业翻译,以达到更好地了解专业和班级学生的目的,同时在翻译的过程中更高地协助专业教师进行课堂教学的管理。定期对手语翻译进行专业再教育及所跟踪专业的专业教育,提高手语翻译的专业素养和翻译质量。利用已有的手语采集分析实验室、手语综合实训室、手语技能鉴定中心室等相关实验室,及现有的手语翻译考核评价体系,建设课堂翻译科学评估体系,实行标准化测评,确保学生信息获取的无障碍程度逐步提高。把"通用手语"纳入"通识课"教学

---

① 鹿彩玲.我国聋人高等教育结构研究[D].天津:天津理工大学,2010:10.
② 王正胜.美国聋人高等教育的支持服务研究及借鉴[J].南京特教学院学报,2013,26(04):11-15.

体系,为加大推进学校融合教育工作营造良好氛围。金河、英才两个校区每周讲授一次,选课学生达200余人,争取让更多的学生了解、学习手语。为了满足聋人学生学习更多文化知识的需要,学校为"通识课"的聋人学生配备了手语翻译人员,为他们尽可能提供无障碍学习环境。

学校在特殊教育实训楼设立手语翻译远程服务中心,搭建了手语翻译远程服务平台,跨省、市、地进行视频翻译传输,为不同地区聋人在就医、金融、就业咨询等提供即时手语翻译服务。由于手语翻译老师的专业能力不平衡,课堂教学中信息输入存在一定程度的缺失,因此,学校将在后期加强课堂教学中信息的无障碍输入建设,比如在教室引进安装科大讯飞的听见软件系统,实现课堂教师语音资料的文字再现。

(三)笔记记录员

聋人大学生因为生理障碍在主流课堂容易丢失一些教学的有效信息,在课堂上需要观看手语翻译的手势以了解教学内容,记录笔记的时间难以把控,往往通过课后阅读笔记作为补偿。学校可以选择字迹工整、成绩优异的健听学生经过考核与培训之后承担笔记记录员工作,在课程与实验之后,将笔记交给管理人员放置到网络上供聋人学生使用。这项工作同时还可以促进健听学生注意听讲。① 如美国国家聋人工学院雇用笔记记录员专门为聋人学生记笔记,一般由同专业高年级或同级健听学生担任。此外,美国国家聋人工学院的教师组成若干团队,每个团队由4至7名教师组成,为聋人学生提供咨询服务,当聋人学生学习上遇到问题时,可以向团队老师请教。②

在手语翻译者或同声字幕帮助下,聋人学生能够记录大量教师教授的内容,但有时也无法记录全部内容,这就需要在课堂外进行补充,与同学分享上课的笔记成为一条必要的途径。健听学生可作为志愿者在上课中详细记录教师讲授的内容,课后与聋人学生分享,并共同讨论。③

(四)信息技术

信息技术的迅猛发展极大地扩展了聋人学生的学习能力,在听力检测、语言康复训练以及教学方面发挥着越来越大的作用。运用计算机教学媒介有效地提高学习效率,互联网时代的到来更为聋人学生的学习带来了巨大的变革,使他们的未来充满了更多的可能性。如俄罗斯鲍曼技术大学将专

---

① 朱涵.美国罗切斯特理工学院国家聋人工学院高等融合教育特点及启示[J].现代特殊教育,2018(14):56—62.
② 鹿彩玲.我国聋人高等教育结构研究[D].天津理工大学,2010:10.
③ 贺荟中.听觉障碍儿童的发展与教育(第二版)[M].北京:北京大学出版社,2018:154—5.

业手语翻译和信息技术辅助教学,专业手语翻译配备的学时数随着年级的增高而减少,直至最后一年的实验课程全部取消手语翻译,有助于聋人学生循序渐进地适应主流社会环境。

信息技术是补偿聋人课堂信息丢失的有效手段,课上可以充分利用多媒体教学系统、双向互动式教学系统、无线动态语训系统和交互式电子白板等智能教学设备,提高教学效果。课后,聋人学生还可以与教师通过QQ、微信等多种通信工具进行学习讨论,巩固课堂所学内容,及时答疑解惑。因此,信息技术的应用和资源教室的建设有助于提升聋人大学生的学习效果,推动我国聋人高等教育信息化程度质的飞跃。

手语翻译、笔记记录、自动语音识别系统等最大的问题是限制聋人大学生与教师、健听学生之间的跨时间和跨空间的交流沟通,而网络通信数字技术可以最大限度地解决这一沟通交流问题。较新的网络通信技术可以建立虚拟教学环境,利用现有的数字技术资源在传统主流教室应用,例如:笔记本电脑、多媒体投影仪、DVD设备、摄像机、宽带互联网、上网本和带无线连接的移动设备如智能手机等。聋人大学生可以同步参与课堂的阅读、写作、解释、交流和提问等全过程。聊天工具如论坛、邮件、QQ、微信等也可以作为同步通信的辅助手段。值得注意的有两点:一是教师媒体内容的文本、图像、数字等内容应该确保向聋人大学生投放并能够被有效获取;二是网络通信技术的后勤保障应全面和完善,包含采集、交付、安装、配置、测试、激活、设备维护、连接速度、图像质量、教室布局、媒体档案的内容展示等。①

三、聋人高校无障碍信息环境建设的建议

(一)加强信息化建设

根据河南省《关于进一步加快特殊教育事业发展的实施意见》,加快特殊教育信息化建设。实施河南省特殊教育学校信息化建设工程,加强包括多媒体教室在内的特殊教育信息化软硬件建设。建好省级特殊教育资源库和特教信息资源管理系统,促进优质特殊教育资源共享。特殊教育学校要根据残疾学生的特点积极开展信息技术教育,大力推进信息技术教育在教

---

① OLIANI G, NASCIMENTO L C R, ROCHA E. The Education of Deaf in Higher Education through the Information and Communication Digital Technologies[J]. The Education of Deaf in Higher Education through the Information and Communication Digital Technologies State University(UNICAMP),2014(5):26-31.

学过程中的应用,提高残疾学生信息素养和运用信息技术的能力。[①] 政府和招收聋人的高校应该建立健全信息无障碍标准规范体系,促进软硬件产品的开发人员、管理人员设计、开发和管理的协同,提供便利的信息服务。

（二）推广普及手语

2015年,《国家手语和盲文规范化行动计划(2015—2020年)》出台,由中残联与教育部、国家语言文字工作委员会、新闻出版广电总局联合印发实施。该项计划在行动上倡导手语的学习与规范化,减少聋人与健听人的交流阻碍。目前我国中小学聋校的教师基本具备手语技能,高校的健听教师及学生则对手语知之甚少,导致同一学院的健听师生除"用笔交流"的方式外,较难与聋人学生进行顺畅的交流。招收聋人学生的高校应积极响应计划,在相应的学院开设手语翻译课程,向全校师生推广普及手语,为校内的聋人学生提供交流支持,进而为社会培养手语翻译人员,服务于更多的聋人。[②]

（三）完善实时字幕

在实时字幕研究方面,还有许多问题需要进一步探讨,如聋人学生的阅读能力与通过实时字幕学习学科专业知识有何联系?如何避免实时字幕的显示滞后影响聋人学生参与课堂讨论?有没有其他的因素,如聋人学生和译员、教师之间面对面的交流所产生的身体语言影响着学习,但在实时字幕所显示的纯文本中却体现不出来?和手语翻译一样,实时记录员对学科专业知识的了解如何决定文本的信息质量进而影响聋人学生的学习?

建议为试点教室投资实时字幕设备,供讲授专业课使用。可把专业词汇、关键词语先行解释,做成文本,供聋人学生预习,并在课堂多媒体设备播放。由于设备技术的问题,暂时无法克服实时字幕显示滞后的问题,学校同样可以把实时字幕与教师课件配合,先播放课件,再让聋人学生看字幕。实时字幕保存的文本在课后可以拷贝给聋人学生,供聋人学生复习之用。所以,在这方面研究的重点还是要放在让实时字幕与多媒体课件配合使用,最大限度让聋人学生跟上教师授课进度,不致使聋人学生有挫折感。

（四）成立资源中心

从信息无障碍角度来看,日常的学习与管理均可以通过高校专门的残疾学生服务管理中心获取相关资料,包括教育教学信息、校园活动与社会实践活动、就业信息的获取,等等。更重要的是残疾人学习资源中心的设立为

---

① 河南省人民政府.关于进一步加快特殊教育事业发展的实施意见[EB/OL].(2011-12-31)[2022-07-10].http://www.henan.gov.cn/2011/12-31/244424.html.

② 张靓媛,韩梅.我国聋人高校支持服务现状及优化策略探讨[J].绥化学院学报,2017(4):44-47.

各类残疾大学生提供学习和获取各种信息的便利。网络与电子资源、纸质资源以及各类共享资源的巨大信息可分不同残障类别均可在校内获得,因此,专门的残疾人学习资源中心建设是各大高校应该关注的重要方面。调查显示,招收聋人的高校建有专门的残疾人学习资源中心,还不到总体的三分之一,这与高校设立专门残疾学生服务管理中心调查数据相一致。这也充分说明各高校对残障大学生的无障碍建设重视程度还不够。① 成立资源中心,加强面向聋人个性化、定制化需求的智能技术研究和服务模式探索,减少学生从海量信息中选取适合内容的压力,通过各种智能技术对信息资源进行有效获取和精准推送。

第三节 无障碍心理环境建设

除残疾学生参与教学活动所涉及的设施设备、信息交流、校内师生的接纳程度等方面无障碍之外,残疾学生日常生活及文化活动等方面的设施无障碍建设还需进一步加强。高校的道路(如盲道、坡道等)、建筑(如教室、宿舍、餐厅、图书馆等)、无障碍服务的设施和设备(如无障碍电梯、入口坡道、教学生活用的辅助器具等),还包括供残疾学生使用的卫生间及相应的设施(如扶手、盲文标志等)。同时,还需要积极建设充满博爱的校园文化环境,营造残健结合、共同参与的各项校园文化活动氛围,让包括聋人在内的残疾大学生真正享受到与健全学生同等甚至高于健全学生的各项权利。积极建立与社区、残联部门、政府等合作机制,为聋人学生平等融入社会创造良好的条件。②

一、无障碍心理环境的概述

发展残疾人高等教育,首先要解决认识问题,全面认识残疾人高等教育的必要性、可能性和迫切性。中国残联名誉主席邓朴方在《人道主义的呼唤》中指出,残疾人事业"不是不仁道而是不知道,不是不理解而是不了解"。

---

① 马宇.我国残疾人高等融合教育支持体系研究[D].南京:南京师范大学,2014:94.

② 马宇.我国残疾人高等融合教育支持体系研究[D].南京:南京师范大学,2014:139.

包括对聋人的正确认识和了解接纳是聋人无障碍心理环境建设的前提。

(一) 无障碍意识环境

无障碍意识环境是指社会成员关注特殊人群,群众具有助残敬老意识,发挥社会主义人道精神,为残疾人提供情感支持、物质支持及行为支持等方面的社会支持,帮助残疾人减少心理上的压力。无障碍意识环境与无障碍物质环境、信息环境相辅相成,缺一不可,直接决定着残疾人生存环境的优劣。

(二) 校园文化环境

校园文化指学校所具有的特定的精神环境和文化气氛,包括物质形态如校园建筑格局、校园景观设计、绿化美化;也包括非物质形态如学校的传统、校风、学风、人际关系、集体舆论、心理氛围以及学校的各种规章制度和学校成员在共同活动交往中形成的约定俗成的行为准则。健康的校园文化,可以达到陶冶学生的情操、启迪学生心智,自觉融入学校的文化氛围中,促进学生的全面发展。而聋人大学生视觉敏锐的优势以及对环境较强的依赖性的特点,更加决定了我们要通过强化校园文化以加强对聋人大学生人文素质的教育。

(三) 无障碍心理环境

我国发展残疾人高等教育的政治、经济条件已具备,而陈旧观念已成为发展的主要障碍。歧视残疾人的观念使人们认为残疾人没有能力接受高等教育,市场化观念又使人们认为残疾人接受高等教育成本太高,效益太低。因此,必须在现代文明社会残疾人观和高等教育大众化时代的高等教育观基础上,认识残疾人高等教育。马克思指出,教育是"人类发展的正常条件"和每一个公民的"真正利益"。对残疾人来说,教育是残疾人自立的根基,是其实现发展和解放的必由之路;残疾人同样有人的价值和尊严,有接受高等教育的需要和能力,残疾人能以他们适应的方式接受教育,绝大多数通过特殊教育在许多方面可以达到健全人的发展水平;身心机能的代偿机制和多元化智能理论说明残疾人发展的巨大潜能,是机会剥夺和方式不适应造成了残疾人的发展障碍;对残疾人教育提供补偿是政府和社会的责任,为残疾人接受高等教育创造平等的机会和提供特殊扶助,是政府维护社会公平,合理开发残疾人智力资源必须付出的社会"成本";残疾人受教育水平已成为社会文明和教育发展水平的重要标志,残疾人高等教育状况是教育结构合理和均衡发展的重要指标;社会主义国家更应该解决好残疾人教育问题,依法保障残疾人的高等教育权;在高等教育大众化时代,树立新的高等教育质量观、人才观、发展观,接纳残疾人并提供适宜的教育是高校的崇高义务,是高校文明的具体体现,营造助残自强的环境对于高校建设校园文明、发展先进文化有重要意义。①

我国特殊教育研究者方俊明、石晓辉等认为,实施高等融合教育,关注融合教育中的同伴作用与策略,即"同伴指导、合作学习、反向融合"。② 使健全学生与残障学生建立感情,所有学生均获得组织成员感、接纳感,建立平等互助的友谊,身心和人格都获得正常的发展,真正体会人的幸福主要来自于无私的奉献、人格的自信与骄傲。所有这些均需要教师和专业人员具备更多的知识、能力、热情和技巧。③ 残疾大学生心理健康发展需要家庭、学校、社会、教师、同学、朋友等多方面的支持。高校是残疾大学生学习、生活的主要场所,为学生建立完整的心理发展支持体系是高校一项重要的任务,所以说,学校支持体系是聋人大学生心理支持系统中的核心环节,是促进融合教育开展的一项重要支持体系。④ 聋人基本是在普通高校中的特殊教育学院或者其他学院中,无障碍心理环境是促进其接受高质量高等教育的基础。

二、聋人高校中的无障碍心理环境建设

针对越来越多的聋人学生接受高等教育,高校注重对残疾学生的心理环境支持,从学生的学业压力、生活压力、就业压力等方面开展人文环境、心理构建等入手,着力提升聋人高校中的无障碍心理环境建设的质量。

(一)校园文化环境的构建

人作为社会的人是需要周围环境中人的理解、宽容和接纳,渴望参与到群体生活中。⑤ 因此,从健听大学生中招聘无障碍志愿者,成立服务残疾学生团体和中心,进行同伴辅助,如手语笔录员等,可以补救不完善的环境而消除其带来的障碍,也可营造高校和谐的人文环境。

1. 意识养成

郑州工程技术学院校园文化突出主流价值观,弘扬主旋律的同时又要具有人性化。通过举办专家讲座、文艺演出、体育竞技、专题辩论、主题演讲和各类聋人交流俱乐部等,增强校园文化氛围并积极引导聋人大学生参与其中,使校园文化自然渗透他们的心中。并且可以在团学活动以及班会中积极倡导聋人大学生明礼仪、守秩序、崇节俭、互济困、讲卫生的新风尚,养

---

① 刘志敏.化育之道:残疾人高等教育的理念与实践[M].北京:商务印书馆,2016:136.
② 石晓辉.融合教育中的同伴作用策略[J].中国特殊教育,2007(8):8-11.
③ 方俊明.特殊教育学[M].北京:人民教育出版社,2015:458-460.
④ 马宇.关于残疾人高等教育支持研究综述[J].现代特殊教育(高教版),2015(5):8-13.
⑤ 刘金荣.残疾人高等教育学校支持体系研究[J].长春大学学报,2014,24(9):1271-1275.

成文明的生活习惯、高雅的行为举止。校园环境要求做到洁、绿、亮、美,富于人文气韵。通过开展丰富多彩、健康向上的校园文化,毓人以灵气,陶情以高尚。同时通过便利的设施、具有人性化周到全面的服务,使他们在轻松的人际交往中潜移默化地提升其人文素养。

2. 社团活动

校园文化熏染和陶冶着社团的建设,而社团文化传承和发扬着校园文化。为了创造良好的校园文化氛围,学校从2005年起,提出了打造"五型校园"的育人文化模式。即:队伍和睦、环境和美,共塑和谐校园;创新形式、狠抓关键,共创文明校园;新型管理、制度保障,共树创新校园;成本经营、层层渗透,共建节约校园;梯状责任、注重防范,共守平安校园。打造"五型校园"活动的广泛深入、扎实持续地开展,进一步推动了优良学风、教风、校风的形成,优化了社团组织的发展环境。社团的文化建设力量是学校校园文化建设中的一支不可忽视的民间力量。爱心手语社的建立和发展,"爱心手语社"作为学校社团的突出代表,在凝聚和传承校园文化的过程中,自己也在发挥着独特的领跑功效。聋人大学生和健听大学生处在对自然和社会不同的认知世界里,是"爱心手语社"所传授的手语将处于两个不同认知世界的人群紧密地联系在了一起。健听大学生将听到的世界、听到的知识通过手语流淌到了聋人大学生的心田,聋人大学生可以借助健听大学生的爱心手语在电话里与家人沟通,与朋友交流。

3. 文化活动

充分利用学校的人文环境,利用各种机会组织全校学生开展丰富多彩的校园文化活动。一是让聋人学生和普通学生一起参加学校的军训、运动会、文艺演出以及各种社团活动、节假日纪念活动等;二是发挥聋人大学生的专业优势,依托聋人大学生举办摄影、广告作品、写生、书法、藏书票、剪纸、木版画、陶艺及手工制作的展览等;三是给聋人大学生提供更多展示才华的平台,让他们树立自信、发挥优势。聋健同台演出,不仅消除了聋人大学生的封闭自卑心理,培养了聋人公平参与的能力,更重要的是这种融合教育的氛围也深深感染了健听学生,使他们进一步了解聋人大学生不息的执着奋斗精神,加强了聋人大学生群体和普通大学生群体的互相交流和关爱,达到了相得益彰、共同提高的目的。

4. 自我管理

支持聋人学生加入自我管理组织队伍。聋人学生在院学生会、分团委团队中占比约三分之一,学生会副主席、学生会各部副部长均设聋人学生一名;支持聋人学生建立自己的社团组织,爱心手语社为聋人学生提议创办,聋人文化交流俱乐部成员主要为聋人学生;支持聋人学生交流学习、举办各类文体活动。近年来,聋人学生多次组团到北京联合大学、江苏师范大学等高校交流学习,拓宽了学生的视野,2019年12月1日,以聋人学生为主策划、组织、参与、创办了"庆祝第28个国际残疾人节"文艺晚会。

(二)校园心理环境的支持

1."优势互补,共同提高"的"融合教育"

充分利用聋人大学生置身于学校万余名普通大学生群体中这一得天独厚的资源条件,积极创新和提倡聋健群体。在聋人学生入学军训、专业学习、宿舍安排、集体活动等方面,把聋人学生和手语翻译专业的学生始终融合在一起。同时,聋人大学生与健听大学生共同举办摄影、广告设计、书法、藏书票、剪纸、木版画、陶艺及手工制作的展览等。融合教育活动的开展,不仅消除了聋人大学生的封闭孤独、自卑多疑的心理,而且培养了他们公平参与竞争的能力,极大地增强了他们的自信心。聋人大学生在活动中的积极表现,也深深教育和感染了健听大学生,使他们进一步了解聋人大学生那种执着追求,积极进取,自强不息的奋斗精神。这种聋健"融合"一直贯穿三年大学生活。通过聋人大学生和健听大学生的互相交流,互相学习,互相关爱,达到了相得益彰,促进了两个群体的共同发展。融合教育提高了聋人大学生对社会的认知水平,促进了聋人大学生的社会化进程。

2.社团社会活动的参与

正能量活动的丰富多彩和共通性可以打破聋人大学生和健听人之间的障碍,通过多种形式的交流和思想碰撞能够将校园和社会的正能量传递到聋人学生身边,减少聋人大学生和健听大学生相互之间的偏见。了解聋人大学生的孤僻和自卑心理,用同伴的力量消除这些负面影响,打开聋人大学生封闭的内心。校园文化活动覆盖的范围越来越广泛,校园内文体活动、社会志愿服务、社区行、公益活动等,校园文化活动从社会的各个方面开始拓展。学校、学院(系)的各种活动都应向聋人大学生开放,并促进聋健融合。聋人学生社团由共同兴趣爱好的学生组成,大家因为共同的爱好和追求组成一个团体,也逐渐成为聋人学生喜欢主动接受的一种方式。以郑州工程技术学院为例,结合聋人学生自身的特点和兴趣爱好开办了"爱心手语社""聋人文化交流协会"。聋人学生不仅是其会员,还是其组织者、管理者。需要与学校和社会上各种机构和个人打交道,极大提升了聋人学生的沟通能力和办事能力。

聋人是一个特殊的群体。由于他们有耳不能听,有口不能说,导致他们在成长的道路上充满了艰难和困苦,在发展的道路上付出了艰辛和努力。但是,他们没有退缩,没有因听力受损而失去对生活的信心和希望,和健听学生一样具有坚强的性格和勇于克服困难的意志。他们通过良好的高等教育,依然能够表现出非凡的才能和天赋。装潢艺术设计专业聋人学生于成荣获第十七届"世界大学生和平大使"称号;陈润峰在全国残疾人运动会、亚太聋运会、中国残疾人游泳锦标赛中,多次荣获游泳项目金牌和银牌。动漫设计与制作专业聋人学生的《手舞四季》等动漫作品获国家专利著作权;聋人学生集体舞蹈《黄河鼓韵》《少女与玫瑰》在全国第六届残疾人文艺会演中分获一、二等奖;《手舞四季》获全国大学生艺术展演一等奖,并获中国舞蹈"荷花奖"首届校园舞蹈大赛铜奖。2012年,《手舞四季》三度登上中央电视台"我要上春晚"舞台,受到社会广泛关注;同年底,受邀参加浙江卫视"中国梦想秀",并在浙江卫视、郑州慈善总会和省市残联的帮助下创办"中州大学聋艺圆梦基金",以资助那些有艺术才华的聋人大学毕业生创业。2013年"浙江雅莹服装有限公司——中州大学特殊教育学院""牡丹创意设计大赛"中,十余名聋人学生获得了一、二等奖的好成绩。

3. 手语翻译专业学生和聋人大学生的融合

手语是聋人交际的工具,它作为一种语言,已逐渐为人们所接受。聋人群体离不开手语,手语翻译离不开聋人。无论是宿舍安排,还是集体活动;无论是专业学习,还是手语交流,聋人学生和手语翻译专业的学生始终融合在一起。如:手语翻译新生刚入学,被安排到聋人学生宿舍,一同军训,一同上课,这种"融合"一直贯穿整个大学生活。在长期的相处和共同学习生活中,大大加强了聋、听两个群体之间的理解与感情,尤为重要的是在一起参与项目教学的比赛中,在校园手语大赛中,聋、听学生一起上台领奖的过程,极大强化了两个群体的互相认同。随着理解的加深,两个群体之间的心理距离不断缩短,聋、听学生之间的爱情故事也时有发生。在校园里,只要有聋人的地方就会有手语翻译自觉提供翻译服务,这不仅是一种帮助,一种美好的感情,更是在长期融合的过程中积淀而成的文化,这种文化的渗透会促进两个群体之间的和谐与发展。

三、聋人高校无障碍心理环境建设的建议

(一)双语双文化聋教育理念的贯彻

郑璇等认为,双语双文化聋教育理念是一种以聋人为本、尊重聋人自己的语言与文化,有利真正发挥聋人潜能的全新理念,它不仅适用于学前教育与基础教育的教学层面,在高等教育中也理应得到宣扬与传承。双语双文化聋教育的各个基本观点,如主张将手语作为聋人的第一语言、主张以积极的态度看待聋人、主张聋人平等参与教育等,在聋人高等教育中同样适用。①

---

① 郑璇.双语双文化理念在重庆聋人高等教育中的运用[J].怀化学院学报,2011,30(10):119.

无论在聋人的哪个年龄阶段,充分肯定与接纳都是至为重要的,也只有充分肯定与接纳,才符合现代社会多元化的发展趋势,才能令聋人这一语言和文化的少数群体得到应有的发展空间。对聋人大学生来说,由于语言的发展已经基本定型,教学法的变革也许并不能收到立竿见影的效果,然而双语双文化理念确立,尤其是自我身份认同的建立和对自身文化的接纳,在他们即将走入社会的人生转折期却有着极为关键的作用。

(二)融合教育观念的落实

从融合观念角度来看,接纳残障大学生就是对他们的实质性情感支持和社会交往支持。研究者认为,通过增加接触机会,增进相互了解,有助于在校大学生形成对残疾学生能力的正确认识。因此,可以通过宣传及互动交流等形式鼓励在校大学生走近残疾学生,了解他们、接纳他们。通过接触,能够消除固有的偏见或错误观点,促进真正意义上的融合。[1]

学校师生员工更新观念,接纳残疾学生入学,为聋人学生的顺利求学以及入学提供机会。很多聋人学生成才的事例表明,聋人尽管身体上有残疾,但他们同正常人一样能接受教育,并能顺利成才。学校师生员工应该树立"身残智不残,身残志不残"的新观念,在录取聋人学生时,能根据他们的身心特点,将他们安排到恰当的学科、专业学习。[2]

(三)社会心理环境的营造

高校通过多方努力,营造良好的社会心理环境,一是让公众注意力聚焦于聋人"能力"方面,用成功毕业聋人学生作为典范宣传聋人"能力";二是设立正规的信息反馈机构,系统地收集、听取聋人意见,并通过他们的经验让学校和社会了解聋人所面临的困难和障碍;三是启用成功的聋人毕业生来指导聋人和健听人对聋人文化的认识;四是聘用成功的聋人毕业生为母校的专家顾问,因为他们在接受教育、参与社会和就业方面排除障碍的经验会有助于改变大学及社会对聋人的看法;五是与中国聋人协会密切联系,在如何改变社会对聋人的看法方面收集反馈意见,征求指导;六是加强与聋人对话,访谈中,聋人的看法与目标往往与健听人有所不同,对话可以增进相互了解;七是树立聋人榜样要慎重,不能只树立有口语能力的聋人为榜样,以手语为主要语言的聋人同样可以树为杰出典型。[3]

---

[1] 陈连俊,卢天庆.在校大学生对待残疾学生接受高等融合教育的态度调查[J].中国特殊教育,2006(12):22-26.

[2] 雷江华.融合教育导论[M].北京:北京大学出版社,2012:186.

[3] MUDGETT-DECARO P A,DECARO,刘玉芳.中国聋人高等教育:现状、需求和建议[J].中国特殊教育,2007(08):12-17.

第八章

聋人高等教育就业创业支持体系

就业创业是民生之本,安国之策,也是新时代以来十分重视的重大而艰巨的任务。良好的就业创业能力是创办高等教育的最终目标,也是实现教育引领社会发展的重要要求。就业对于聋人群体尤其重要,能够充分就业是他们改善生活的基本前提和基本途径。同时,一个聋人背后是一个家庭,聋人的就业也可以缓解家庭生活的压力,促进社会稳定。因此,保障聋人大学生就业是全面建设小康社会的必然要求,是实现社会长治久安的基本保证。但生活中,聋人无法充分、高质量就业成为一个社会现实,这不仅影响了聋人群体的发展需求,也影响了社会的和谐与稳定。

由于生理及因生理而带来的心理问题,以及当前的特殊教育从内容到形式均存在着与社会需求的脱节现象,再叠加社会对聋人群体的片面性认知,阻碍了聋人的顺利就业,即使是受过高等教育的聋人大学生,其就业创业的道路同样充满曲折与坎坷。

当前聋人大学生不稳定、不充分的就业创业现状,极大限制了聋人大学生就业的宽度与广度,削弱了他们为社会做出更大贡献的权利,影响了他们共建共享社会发展成果的权利,也为社会带来不稳定因素。必须要在他们就业创业能力训练、就业岗位创设方面提供更大的帮扶力度,从而使聋人大学生能够充分、顺利实现就业创业梦想,使他们也能更好地共享社会主义繁荣发展的丰硕成果,激发他们为中华民族伟大复兴的中国梦贡献更多的力量。

办好特殊教育,加强对该群体就业创业的帮扶和指导,提高特殊高校聋人大学生的就业创业质量,既可以解决特殊群体就业难的问题,也可以减轻残疾人的就业压力,推进聋人大学生群体更高质量地就业。

对美好生活的向往是人民共同的追求目标与动力,促进残疾人全面发展和共同富裕,是新时代共建共享社会发展成果的重要目标。党的十九大明确提出要实现更高质量和更充分就业,因此,构建符合聋人大学生身心特点的就业创业支持体系,使这些聋人群体中的优秀代表在实现中国梦的伟大征程中创造更加幸福美好的新生活,为中华民族伟大复兴贡献更多的力量。

第一节 就业创业教育支持

强化就业创业意识教育是聋人大学生就业创业支持的重要组成部分,面对新时代带来的就业问题,结合新时期聋人大学生身心特点带来的就业创业特点,要真正解决好、落实好聋人大学生良好的就业创业环境,提高他们的就业创业能力,必须要在就业创业指导教育上有所创新,以创新思维构建符合聋人大学生的就业创业能力指导体系。

一、就业创业理念与能力培养支持

思是行之始,思想是一个人行为的指向标与发动机,有什么样的思想就会产生什么样的行为。因此,在以就业创业为导向、实现聋人充分就业创业为目标的聋人高等教育首先要注重学生的就业创业理念教育。

(一)就业与创业概念解读

1. 就业的概念

就业是指在法定年龄内的有劳动能力和劳动愿望的公民根据自己的意愿依法从事的某种为获取报酬或劳动收入而进行的社会性活动。

法定年龄:就是法律规定的可以进入就业岗位的最低年龄,根据《中华人民共和国劳动法》第十五条、《未成年工特殊保护规定》第二条、第九条的规定,我国法定的就业年龄要在16周岁以上,任何企业不允许招聘低于16周岁的员工。

合法:就是所从事的工作必须要符合法律规定,不能从事违法性的工作。

劳动意愿:是指所从事的工作属于劳动者自愿参加,不应受到外力的强迫。

劳动报酬:是指劳动者付出劳动后应当获取相应的报酬和收入。

2. 创业的概念

创业是创业者对自己拥有的资源或通过努力对能够拥有的资源进行优化整合,从而创造出更大经济或社会价值的一种创造性活动。

资源:创业中的资源指为了实施创业活动而需要具备的各种条件,不仅包括自己的专业能力,还要包括开展创业活动所需要的人脉、资金等。

(二)就业创业的形式与特征

1. 就业创业的形式

(1)就业的形式。从不同的角度分析,就业的形式可以有不同的划分。

从就业的产业结构分,可以分为第一产业就业、第二产业就业及第三产业就业。第一产业指从事种植、养殖等农业性生产活动;第二产业主要是从事制造业、建筑业等在内的工业性生产活动;第三产业主要指包括销售、物流、金融等在内的商业、服务业性活动。

从工作的稳定性程度角度分,可以分为正规就业和灵活就业两种。正规就业指在正式单位签订劳动合同的就业形式;灵活就业则是指无固定就业场所、无固定劳动关系、无稳定收入的就业形式。

(2)创业的形式。从形式上看,从业的形式可以分为以下几种:

加盟创业:依托现有企业的品牌影响力,通过支付加盟费用等形式来取得该品牌的使用权利的创业方式。

网络创业:指利用现成的网络资源实施创业的活动。网络创业主要有两种形式:网上开店,在网上注册成立网络商店;网上加盟,以某个电子商务网站门店的形式经营,利用母体网站的货源和销售渠道。

团队创业:具有互补性或者有共同兴趣的成员组成团队进创业活动。

2. 就业创业的特征

(1)就业的特征。从就业的概念上就可以看出,就业是一个社会性行为,具有公平性、双向性、竞争性和收益性等方面。公平性是指所有公民,不分男女、种族和信仰,除了法律规定之外的,在就业机会面前一律平等;双向性是指就业是劳动者与用人单位双向选择过程,两者都有选择加入与不加入的权利;竞争性是指在就业活动中,同一岗位可能有不同的求职者应聘,双方通过公平竞争的方式获取就业岗位;收益性是指劳动者在本职工作中为社会或单位创造出直接或间接的财富,并因此获取相应报酬。

(2)创业的特征。创业是新颖的、创新的、灵活的、有活力的、有创造性的,以及能承担风险的,发现并把握机遇只是创业的一个重要部分,创业包括创造价值、创建并经营一家新的营利型企业的过程,通过个人或一个群体投资组建公司,来提供新产品或服务,以及有意识地创造价值的过程。创业是创造不同的价值的一种过程,这种价值的创造需要投入必要的时间和付出一定的努力,承担相应的金融、心理和社会风险,并能在金钱上和个人成就感方面得到回报。

(三)就业创业的价值与意义

1. 就业的价值和意义

就业是人力资源发挥社会价值,实现个人价值的重要途径,也是社会不断发展进步的基础。对于社会与个人都有十分重要的价值。

第一,实现个人价值的需要。人是社会性动物,无论什么人都要在社会中找到自己的位置,实现个人价值。国际劳工组织就明确提出,"工作是人们生活的核心"(转引自《劳工世界》2002年第2期)。拥有一份工作,是人们平等地进入、融入正常的社会的一个必要条件。相反,如果没有工作往往意味着一个人社会生活状况的边缘化,即与"主流"社会生活板块隔离开来。同时还会使其同其他社会成员的交往出现障碍,参加社会生活的积极性也随之降低,个人价值感与存在感也都不复存在。

第二,缓解贫富差距,消除贫困现象的需要。对于绝大多数人来说,获得一份稳定的工作,就意味着拥有了一份比较稳定的生活来源,满足自己及家庭的生活需要。前些年聋人的社会声誉不高的原因也就在于聋人参与社会生产的程度不够,无法获得足够的生活资料,一些聋人由于生活所迫从事非法活动。因此,聋人大学生积极就业是解决自身贫困问题和社会贫富差距问题的最有效的途径。

第三,有助于社会成员自身的发展。根据马斯洛的需求理论,当社会成员解决了生存问题之后,就会面临自身发展的问题。一方面有了足够的经济来源有助于职业能力的不断提高;另一方面有助于人的全面发展需要。当社会成员对于所从事的职业产生了兴趣而不是一种负担的时候,其个性化的发展便成为一种可能。不仅如此,当社会成员有志于为社会做贡献时,他们所从事的职业也就成为这种抱负和价值观念得以实现的一个有效的途径。正因为就业对于社会成员的自身发展如此之重要,所以,一旦社会上出现大量的失业人员,必定意味着为数众多的社会成员包括失业者及其子女的自身发展面临着许多障碍,因而谈不上自身的发展问题,甚至一些社会成员已有的劳动技能也会逐渐丧失。

第四,充分就业有助于社会成员生活质量的普遍提升。随着社会的发展,人们开始越来越重视整个社会的生活质量不断提升的问题。生活质量的提升既包括生活水准的持续提高,也包括社会环境的安全能够得到有效的保证。而充分就业问题是整个社会的生活水准不断提高的必要前提,也关乎社会能否安全运行。所以,如果一个社会注重社会成员生活质量的普遍提升问题,就必然要注重充分就业的问题。相反,如果一个社会的失业率较高,远远超过了合理的限度,那么,这就意味着为数众多的社会成员的生活水准不升反降。就总体而言,这个社会的生活水准不可能是很高的。

2. 创业的价值和意义

创业是一种挑战自我,培养良好思考能力、锤炼品行素质,彰显才干的方式,也是缓解社会就业压力,开拓就业渠道的一种方式。其价值主要体现在以下几个方面:

第一,缓解聋人大学生的就业压力。受国内外经济形势及社会发展的影响,今后在很长时期内,大学生将面临更为严峻的就业形势。对于聋人大学生更是如此。因此,大学毕业生创业具有十分重要的意义,不仅仅可以缓解大学生就业压力,解决就业难问题,而且可以以创业带动就业,增加就业岗位,扩大聋人大学生就业的机会。

第二,有利于培养聋人大学生谋求生存与自我价值实现。通过自主创业,聋人大学生可以把自己的兴趣与专业、职业紧密结合,做自己最感兴趣、最愿意做和自己认为最值得做的事情,最大限度地发挥自己的才能。

第三,有利于培养学生的创新精神。创新是一个民族的灵魂,是一个国家兴旺发达的不竭动力。聋人大学生在创业准备、创业实践中往往会遇到各种学校学习中遇不到的困难与挑战,在与困难斗争的过程中,必须想方设法应对这些困难与挑战,有利于培养他们良好的创新品质,勇于开拓创新的精神,为各行各业培养出优秀的创业者。

(四)当前就业创业环境

就业是民生之本。保障就业是政府应当承担的重要责任。进入新时期以来,国家对大学生的就业创业工作越来越重视,国家和地方连续出台相应的政策,促进了大学生的就业创业工作,优化了就业创业环境,使聋人大学生的就业创业工作得到极大改善。

1. 国家及地方层面关于残疾人就业创业环境

随着高校的扩招与越来越多残疾人高等院校的开办,更多的残疾大学生得到了接受高等教育的机会,实现自己的大学梦。但同时随着毕业生的增多,也面临着越来越严峻的就业形势。为了营造适合残疾人就业的宽松环境,促进更多的残疾大学生就业,保障他们平等就业创业的权利,国家及地方出台了相应的就业创业政策,鼓励残疾大学生积极融入就业创业实践中去。

《中华人民共和国就业促进法》(2015年修正)第二条:"国家把扩大就业放在经济社会发展的突出位置,实施积极的就业政策,坚持劳动者自主择业、市场调节就业、政府促进就业的方针,多渠道扩大就业。"第三条:"劳动者依法享有平等就业和自主择业的权利。劳动者就业,不因民族、种族、性别、宗教信仰等不同而受歧视。"第十七条:"国家鼓励企业增加就业岗位,扶持失业人员和残疾人就业,对下列企业、人员依法给予税收优惠:(一)吸纳符合国家规定条件的失业人员达到规定要求的企业;(二)失业人员创办的中小企业;(三)安置残疾人员达到规定比例或者集中使用残疾人的企业;(四)从事个体经营的符合国家规定条件的失业人员;(五)从事个体经营的残疾人;(六)国务院规定给予税收优惠的其他企业、人员。"第二十九条:"国家保障残疾人的劳动权利。各级人民政府应当对残疾人就业统筹规划,为残疾人创造就业条件。用人单位招用人员,不得歧视残疾人。"第五十五条:"各级人民政府采取特别扶助措施,促进残疾人就业。"

《国务院办公厅关于加强普通高等学校毕业生就业工作的通知》(国办发〔2009〕3号)也对残疾人就业创业做了如下相应的规定。

第一,鼓励用人单位招收高校残疾人就业。发挥按比例安排残疾人就业政策的特殊保护作用。依法大力推进残疾人按比例就业,加大对用人单位安置残疾人的补贴和奖励力度,建立用人单位按比例安排残疾人就业公示制度。鼓励见习单位优先录用见习高校毕业生。加快完善残疾人集中就业单位扶持政策,推进残疾人辅助性就业和灵活就业。

第二,鼓励高校残疾毕业生自主创业。对于有创业能力并有创业意愿的残疾大学生按规定实施税收减免,并为其提供相应的创业指导。

第三,对符合就业困难人员条件的高校毕业生,按规定给予鉴定补贴。

第四,对就业困难的高校毕业生和零就业家庭的高校毕业生,实施一对一职业指导、向用人单位重点推荐、公益性岗位安置等帮扶措施,按规定落实社会保险补贴、公益性岗位补贴等就业援助政策。

2. 高校的就业创业政策与措施

作为残疾大学生职业技能的直接培养者,高校承担着他们的就业创业能力提升的责任与义务,残疾大学生的就业创业质量也是衡量高校教育教学质量的重要标志。

第一,将就业创业教育纳入教学大纲,持续开展就业创业教育。残疾大学生从入校开始就进行就业与创业指导,使其明白就业创业的方向、就业需要的能力,以及如何实现自己就业创业的目标。通过这些措施,使学生明白专业发展方向、自己努力的方向和要实现的目标,进而激励其努力学习专业知识,提升个人的综合素养。同时,制订大学生创新创业训练计划,制定创新创业的学生在学制延长、学分置换制度,为学生创新创业提供宽松环境。

第二,举行就业创业竞赛。在校期间,学校通常会在学校范围内举办各种创业大赛,通过模拟近似真实的环境使残疾大学生切身体会到就业创业需要的能力要求。

第三,开展往届毕业生就业讲座。邀请往届的优秀毕业生返校和残疾大学生交流,通过分享自己就业创业的历程,使学生获得就业创业的经验,帮助他们提升就业创业的动力与能力储备。

第四,举办残疾人大学生毕业招聘会。通过举办专门针对残疾人的专场招聘会,提升残疾大学生就业的便利性与准确性。

二、就业创业素养要求与提升方法指导

就业与创业是大学生走出校门后的必然选择,无论哪条道路,都需要相应的能力素养来支撑。因此,给予聋人大学生足够的就业创业能力与素养是构建聋人大学生就业创业支持体系的重要手段。作为聋人大学生就业创业素养培养的教育者,高校在这方面需要加大工作力度,提升其就业创业能力。

(一)聋人大学生就业创业素养现状

近几年来,由于国家对于就业创业的支持与教育、宣传力度不断加大,学生的就业创业意识得到明显的提升,在毕业季主动进入社会求职的现象不断增多,一次就业率也逐年增加,企业对就业聋人的满意度也有所提升。但也应当清醒地认识到,当前聋人大学生的就业创业素养与社会对大学生就业创业的能力要求还有不小的距离,需要加大教育指导力度,使其更加契合社会对求职者的综合素养的要求。

1. 就业创业素养不强

由于创业对创业者的素养要求极高,不仅要有充足的资金支持,吃苦耐劳的精神,还要有较强的沟通协调能力。由于生理原因,以及由此产生的其他问题,导致聋人大学生在就业创业素养方面存在一定的问题。

第一,沟通协调能力不足。沟通协调素养缺失,是聋人大学生就业创业实践遇到的最大难题。表现在行为上为一方面不敢和健听群体沟通交流,另一方面是不了解健听群体文化,沟通技巧缺乏。这些问题往往会导致聋人大学生在就业创业活动中充满坎坷。

第二,就业创业过于理想化。就业是一个不断寻找与调整的过程,创业更是充满艰辛。成功的就业创业需要较高的能力与素养,社会对聋人大学生的就业也是从社会需求出发的。但由于长期的校园生活导致他们对社会就业状况不太了解,对就业创业工作过于理想化,在就业创业活动中往往会遭受各种挫折。

2. 学校就业创业教育质量不高

高质量的就业创业需要高质量的素养,高质量的素养培养离不开高水

平的教师队伍的教育。目前,不少聋人高等教育的就业创业指导教师大多是由学校内教师授课,由于他们本身都是由学校毕业直接进入教师岗位,缺乏足够的实践经验,对社会、企业对人才需求的现状模糊,导致授课往往是纸上谈兵,缺乏针对性与实操性。也导致学生无法获得高质量的就业创业知识与经验。

(二)聋人大学生就业创业素养的要求

聋人大学生作为就业创业的主体,为了实现顺利就业创业的目的,必须具备一定的就业创业素养。

第一,敬业。敬业是一种美德。职场如战场,要在一个单位长期工作下去,必须具有敬业精神。某个知名企业的人力资源总监就曾说过:"职场不可能人人都成为精英,我们需要的是大量敬业而忠诚的员工,你只要不骄不躁、谦虚谨慎、勤学好问、踏踏实实,那么恭喜你,你完全具备了成为我们企业优秀员工的资格。"这就告诉我们,企业更看重的不仅仅是个人能力,更看重个人品质。成为优秀的员工,在企业安身立命,必须有足够的敬业精神。否则,哪怕你再有能力,也无法得到重用。

第二,诚信。诚信是做人的美德,也是就业创业活动中必备的一种素养。诚信首先表现在不说假话,孔子就说过"人而无信不知其可也",如果一个人没有诚信,那他什么事情都无法完成。在就业创业活动中,如果以谎言获得了某个岗位,那么为了维持这个工作就不得不用更多的谎言来掩饰,一旦一个谎言被识破,你就无法在单位立足,从而失去理想的工作。

第三,团结合作。古人云"单丝不成线,独木不成林"。随着社会快速发展,行业日益细化与综合化,一项工作单靠一个人的力量是难以完成的,需要多人共同协作努力才能实现。因此,必须树立较强的合作意识,培养合作精神,才能适应社会化职业的要求。

第四,创新意识。墨守成规可能不犯错,但也很难有出彩的成就。任何突破都是在创新意识的激发下产生的,创新意识是事业有成的基础。因此,在就业创业教育中,要着重强化学生创新意识,善于发现工作中的问题与突破口。创新工作的方式方法,提升工作的效率与质量。

第二节
就业创业组织支持

聋人大学生的就业创业离不开组织上的支持,组织支持可以为增强他们克服困难,应对挑战的信心,提升就业创业成功的概率。从提供支持的组织来源上看,通常有外部组织和内部组织两种形式,二者共同组成聋人大学生就业创业帮扶的组织力量。

一、外部组织支持

（一）外部组织支持的构成

外部组织支持指高校以外的组织支持,从性质上看,可以分为政府组织和社会组织两部分。

政府组织的构成主要包括国家和地方政府的人力资源和社会保障部门、国家和地方的教育行政部门,以及各级残疾人联合机构。他们代表着政府管理和组织国家及地方的就业创业工作,对聋人大学生就业创业的组织支持主要体现在制定就业创业政策和法规,就业创业活动的监督和预警,优良就业环境的创造。残联机构是残疾人管理、服务的专门机构,他们对聋人大学生各类事务都有帮助协调的责任和义务,对于聋人大学生的就业创业活动可以起到协调帮助的作用。

社会组织部门主要包括社会各级各类组织和机构,如新闻媒体、企事业单位、非政府组织等。这些部门可以在聋人大学生就业创业活动中发挥自己的职能。新闻媒体的宣传呼吁可以引起社会对聋人大学生就业的关注,提高他们就业创业的成功率。而企业则可以通过自身积极吸纳聋人就业,实现聋人大学生就业创业。

（二）外部组织对聋人大学生就业创业活动支持的形式

政府组织对聋人大学生就业创业活动的支持主要体现在宏观政策制定、就业创业实践的指导与监督等形式。首先是根据经济社会发展形势的需要,制定或调整大学生就业创业支持的政策和法规,制定接纳聋人大学生就业税收减免政策等。如通过实施就业补贴来鼓励聋人大学生等就业弱势群体积极就业,教育行政机构参与制定国家或本地区毕业生就业政策,并负责推进实施,指导未就业学生的跟踪指导工作,宣传高校毕业生就业相关政策。其次,教育行政机构还可以通过推动教育教学改革,优化人才培养模式的途径提高就业创业教学在高校教育中比重,提升聋人大学生的就业创业素养。最后,教育主管部门还可以和人力资源和社会保障部门联合召开残疾人大学生就业双选会,供需见面会等形式,提升服务聋人大学生的质量与效率,为聋人大学生更高质量就业提供优质服务。

社会组织在聋人大学生就业创业活动中的支持作用主要表现为对就业创业动机的激励、就业创业活动的引导保护,就业创业心理的辅导等形式。

企业对聋人大学生就业创业活动的支持主要体现在参与聋人高等教育校企合作,参与高校就业指导以及吸纳聋人大学生就业方面。企业可以深度参与残疾人大学生课程计划和人才培养方案的制定,在专业设置、课程安排、大纲制定、师资建设、实习实训、就业创业等方面就聋人高校教学改革和人才培养模式提出自己的建议和意见;在学生专业培养过程中深度参与,利用企业一线的工作经验,为学生传授专业前沿知识,培养学生的专业能力,为顺利就业创业奠定良好基础;与学校的校企合作还可以共建实习实训基地等方式,发挥优势,促进高校教育教学水平的提高。

二、内部组织支持

内部组织支持指高校内部对于聋人大学生就业创业活动提供支持的机构或组织。在各级各类支持组织中,高校是和聋人大学生就业创业关系最直接、最紧密的组织,其既是聋人大学生就业创业素养培养的实施者,也是聋人大学生就业创业活动的组织者、执行者、协调者,在聋人大学生就业创业活动中具有重要作用。

(一)内部组织的构成

内部组织体系主要是高校的就业领导机构和主管部门,包括学校毕业生就业创业工作领导小组、毕业生就业创业指导中心、招生就业处、大学生创新创业就业指导服务中心、各二级学院等。这些部门或组织担负着高校毕业生就业创业能力提升、就业创业工作指导的职责,是聋人大学生就业创业支持的主要承担机构。

此外,学校除了上述机构和部门之外的其他部门,比如教务处、校团委、校友会等,这些部门在学生就业创业能力培养、就业创业活动实施中也都承担了相应的责任,也是聋人大学生就业创业支持体系的重要组成部分。

(二)内部组织帮扶的形式

学校就业创业工作领导小组是学校学生就业创业工作的第一责任人,负责全校的就业创业工作政策制定、进程监督等工作,一般由学校当政一把手任组长,相关职能部门任成员,对学校的就业工作负总责,作为就业难点与重点的聋人大学生就业更是其工作的重点。其对聋人大学生就业支持的形式主要有落实党和国家对聋人大学生群体就业政策的部署、安排;根据就业状况与社会需求,及时调整学校专业设置、优化学科布局;做好学校就业工作的组织保障,完善就业工作的规章制度。

就业创业指导部门支持的形式。就业创业指导部门作为聋人大学生就业创业活动的实施执行部门,对聋人大学生就业创业的支持形式主要有宣传解读党和国家的就业创业政策;搭建学校就业创业平台,提供毕业生创业场所,打造毕业生就业市场;负责就业指导课程建设和教学质量监督;做好毕业生就业创业工作的跟踪调查和信息反馈工作等。

各院系对就业创业工作的支持形式。各聋人与企业合作,建设聋人大学生就业创业实习基地;广泛收集信息,拓宽就业创业渠道;做好家庭经济困难、就业困难聋人大学生的就业援助工作;对接各级残联、接纳残疾人就业的单位;通过一对一帮扶、就业补贴等方式落实国家各项残疾人就业创业帮扶政策的落实。

除了上述直接帮助聋人大学生就业创业帮扶部门外,还有其他的一些部门在聋人大学生就业创业帮扶中起到重要作用。主要表现在创建全校关爱聋人大学生就业创业的文化环境;完善聋人大学生就业创业课程,提升他们就业创业能力素养;扩大聋人大学生就业创业的渠道,拓宽就业面;等等。

第三节
就业创业援助支持

在当前的经济社会发展形势下,我国高校毕业生的就业创业工作面临着很大的压力,而其中聋人大学生由于生理因素,在就业创业工作中面临的就业机会更少、就业创业成本更高、遇到的困难与阻力更大。对于这一类学生,聋人高等教育学校必须要在就业援助方面提供更大力度的支持和帮助,通过这些途径,帮助他们提升个人的专业及职业素养,树立信心、克服困难,顺利实现就业创业。

一、做好就业创业素养提升帮扶

聋人大学新生入学开始就进行就业创业指导,而不是仅仅局限于毕业季的帮扶,帮助他们及早树立正确的就业观念。同时,针对不同阶段、不同学生的就业创业特点以及面临的问题,开展针对性的教育,促使学生树立正确的就业观。对就业困难群体,制定针对性方案,实行一人一策、因人施策。并实施一对一、一对多、多对一等多种形式的帮扶措施,整个大学期间不间断实施可行性的帮扶教育,贯彻针对性、多元化的帮扶方法。

(一)针对入学聋人大学生的可塑性引导他们对所学专业的理解与认识

"爱之方能好之",学生对本专业的满意与否主要取决于是不是自己所喜爱的,该专业能否在将来帮助自己找到好的又喜欢的工作。

对专业不满意的直接表现是对本专业的学习动力不足或毕业后不愿从事与专业相关的行业。高考填报志愿时对专业的了解与自身了解的缺乏,可能是导致部分学生对所学专业持不满意态度的原因之一。因为对大学生活的憧憬,对五花八门的专业的不了解,抱有神秘感,从而选了一个自己以后不喜欢的专业。另外,个人兴趣与社会需求之间的矛盾也可能是原因之一。比如某个同学对考古学很有兴趣,但社会需求相对比较少,此时可能会产生心理冲突,也许选了一个自己并不感兴趣但容易就业的专业,梦想与现实出现落差,从而对所学专业不满意。而专业在一定的程度上决定了职业取向,如果对本专业不满意或态度模糊,势必会影响自身潜能的开发,以及今后的择业。

(二)针对聋人大学生身心特点提升自我就业能力教育

"知己知彼,百战不殆",只有认清自我才能正确把握发展方向。自我认识包括个人的兴趣与特长、个人的性格与价值观、个人所选定的目标与需求、个人的情商、个人的工作经验、个人的学历与能力、个人的生理情况等七个方面,是职业生涯规划的重要内容之一。

职业生涯目标是指可预想到的、有一定实现可能的目标。而职业目标的选择并无定式可言,关键是要依据自我实际,这就要求我们要对自己有所了解。通过个人分析认识自己,估计自己的能力,确认自己的性格,发现自己的兴趣,明确自己的优势,衡量自己的差距,并以此来开发自己塑造自己,使自己的才能得到充分的发挥。然而调查表明,大部分大学生对自己的能力、兴趣、职业倾向都缺乏深度了解,自然对职业生涯目标是模糊的。

(三)针对聋人大学生就业模糊的特点引导其对就业前景关注

对就业的关注程度,直接影响为所选职业所做的准备程度和将来职业所带来的成就高低。不同年级的学生对就业前景的关注程度没有显著性差异,而不同专业的学生对就业前景的关注程度有显著性差异。

造成这种状况的原因可能来自于两个方面。一方面,在校园里,舒适、闲逸的生活和父母的绝对经济支持,使很多大学生忘却或暂时忘却了就业压力带来的紧张感,很少去接触外面的世界。有些学生的确是每天都只是读书,缺乏对就业的准确和认识。另一方面,学校提供的就业指导不够。学生认为目前学校提供的就业指导不够,需要更详细具体的职业生涯规划指导。

(四)针对在校期间理论学习多的特点增加实习实训工作

聋人大学生的就业创业能力不是仅仅从课本就能获取的,而是要通过长期系统的实习实训,从实践中获取经验,将经验升华为能力。作为聋人高校,应当根据聋人大学生身心发展特点,强化实践训练,在课程设置中安排较多的专业实践课和企业实习实训课程,使学生在校期间就能掌握专业的基础实践能力,为更好地促进本专业就业奠定基础。

(五)针对聋人大学生就业后的不稳定性强化其养成良好的就业品质

长期群居生活的聋人大学生一旦进入社会就会处于大量的健听人群中,特别是单独就业的聋人大学生更是处于孤立状态,健听人很少会主动与他们交流信息。长期的信息孤岛会加剧他们内心的失落与猜疑,推动他们离开原工作岗位寻找其他的工作,造成聋人大学生就业的一个特点——就业工作不稳定。这是一种应当引起充分重视的现象,一方面容易引发社会对聋人大学生就业的不信任,导致不愿意接纳聋人大学生;另一方面也会导致聋人大学生自己就业困惑,发现每个公司都差不多,对聋人的关注都不太多,丧失工作的积极性与进取心。因此,作为聋人大学生就业帮扶的最后一站,一定要站好这最后一班岗,走好最后一段路,帮助聋人顺利渡过就业磨合期。

首先,做好就业心理辅导,指导聋人大学生如何适应不同的工作生活环境,如何与周围同事交往,遇到沟通及交往困难怎么办等,提升他们应对不同环境的自信心与主动融入工作环境的技巧。一方面可以通过专业课程来实施沟通技能提升,另一方面可以通过专题讨论、虚拟仿真等进行场景模拟,提高训练真实性与有效性。其次,企业或者部门以积极的态度吸纳聋人大学生,以包容的心态对待聋人的工作失误,以开放的态度接受聋人进入团体组织,使聋人学生在企业中留得住、有归属感、可以发展。

1. 注重就业创业教育的实践性

实践是检验真理的唯一标准,也是真理的重要来源。对于聋人大学生就业同样要重视实践性。聋人大学生由于听力丧失,导致其理解能力与信息接收速度受到影响。但由于生理机能的补偿性,他们在视觉上有着突出的表现。体现在专业学习中,呈现出创新性不足、模仿性突出的特点。因此在就业创业教育中应扬长避短,发挥他们的优势,避免讲解过多的抽象理论,而是注重教育的实践性,通过反复的动手训练,提升其专业化能力。

2. 突出就业创业教育的长期性

聋人大学生就业难在毕业季显现出来,但根本源于整个大学过程中,只有将就业创业帮扶前置,才是有效改观聋人大学生就业创业难的重要途径。在校期间高校开展的就业创业教育和社会实践活动是减轻后期帮扶困难的重要因素,应将就业创业帮扶教育战线拉长,在入校后的课程中就注重对学生就业创业意识的培养,增加就业创业教育课程教育的创新,杜绝单纯理论灌输;中后期要加强相关企业的校企合作,提升聋人大学生企业实习的分量,提高聋人大学生对就业市场的能力要求的认识;在后期注意收集相关就业创业信息,发现聋人大学生就业中出现的新问题,进一步完善就业创业帮扶方案。

二、就业创业活动中的支持

由于生理因素以及由此带来的心理认知问题,叠加社会对聋人群体的认识偏差,聋人大学生在就业创业活动中面临着较大的困难。这就需要聋人高等教育为这一群体提供足够的援助帮扶,主要有心理帮扶、经济帮扶以及就业保障帮扶等方面。

(一)心理帮扶支持

由于与健听社会群体沟通交流中存在着不便,再加上严峻的就业形势,导致聋人大学生产生一些不良的心理问题,影响他们的顺利就业创业以及社会适应性,主要体现在以下几个方面:

第一,自卑心理。自卑是很多人都或多或少存在的一种心理问题,主要体现在个人觉得自己不如别人,导致悲观失望、丧失信心。在行为方面则表现为就业积极性低、就业活动畏畏缩缩。导致聋人大学生出现这种心理问题的原因主要集中于家庭经济困难、专业知识薄弱、人际沟通困难等方面。对于这一类学生,要将提升其就业自信心与提供针对性就业帮扶相结合。一方面要对其进行心理调查,了解影响其就业积极性的内在原因;另一方面,对影响其就业积极性的问题开展针对性帮扶。对于家庭经济困难的聋人学生通过为其申报国家贫困大学生就业创业补贴、学校学费减缓等帮助他们解决就业创业的后顾之忧;对于因为专业知识薄弱的而失去就业创业信心的聋人大学生,帮助其树立信心,专业不一定必须要和就业方向一致,鼓励其发现自己的优势与特长,并根据其优势帮助联系相应的工作岗位,或者根据自己的特长与爱好去寻找自己适合的工作;对于社会交往困难的聋人大学生则可以通过聋人大学生群体性就业的方式,使这一类学生可以在一个相对熟悉的环境中工作,打消其就业焦虑。

第二,依赖心理帮扶。由于长期封闭半封闭的学习生活环境,以及聋校长期保姆式的管理方式,造成聋人学生形成较强的依赖心理。在这种心理的驱使下,有些聋人大学生在就业中坐等工作,而不去主动寻找工作机会,了解就业信息,参与岗位竞争,结果在依赖中丧失很多就业机会。对于这一类学生,在教育中要培养其责任意识,就业不仅仅是家长、老师或学校的问题,更是个人的问题。作为一个大学生,一名成人,要明白肩上担负着对家庭、社会、自己未来的责任,在就业过程中要勇于挑战,承受挫折,敢于面对困难,使自己成为一个独立的、能够很好适应社会的人。

(二)就业创业政策支持

聋人大学生就业创业活动是在国家就业创业大环境的一个重要组成部分,要受到国家就业创业政策的影响。因此,在聋人大学生就业创业教育支持中要将就业创业政策放到一个重要的位置。

首先是国家高校毕业生就业创业政策以及对聋人大学生这一类特殊群体就业的政策。国家为了促进大中专毕业生就业,每年都会出台相应的优惠政策,这些政策既有针对全体大学生的通用政策,也有对包括聋人大学生群体的特殊政策,这些政策对于促进聋人大学生顺利就业起到有效的帮扶支持作用。

由于2008年的经济危机,中央提出实施"更加积极的就业政策",《就业促进法》开始实施,确立了公平就业、免费公共就业服务、职业教育和培训、就业援助等的政策体系。针对日益严峻的高校毕业生就业问题,中央将高校毕业生就业摆在更加突出的位置,出台一系列有效的政策措施。

2009年,国务院办公厅、人力资源和社会保障部、教育部等又先后出台了《关于印发三年百万高校毕业生就业见习计划的通知》《国务院办公厅关于加强普通高等学校毕业生就业工作的通知》等文件,对残疾大学生就业工作做出了相应的安排,对聋人大学生的就业工作起到积极的支持作用。此后,特别是党的十八大以来,党中央、国务院针对高校毕业生就业状况,对高校毕业生就业工作做出一系列重大决策部署,2017年《关于进一步引导和鼓励高校毕业生到基层工作的意见》提出,进一步创新体制机制,完善政策措施,健全服务体系,加快构建引导和鼓励高校毕业生到基层工作长效机制,确保"下得去、留得住、干得好、流得动",并在多渠道开发就业岗位、健全保障措施、实施基层项目、畅通流动渠道等方面加大了政策创新。

从整体上看,我国的就业创业政策十分关注高校残疾人毕业生和困难家庭毕业生等群体,将零就业家庭、优抚对象家庭、农村贫困户、城乡低保家庭以及残疾人毕业生等列为重点帮扶对象;将特困救助供养家庭、贫困残疾人家庭、建档立卡贫困家庭毕业生、已获得国家助学贷款的毕业年度高校毕业生纳入求职创业补贴范围,给予一次性求职补贴,体现了我国就业政策兜底线的导向。

这些不断充实完善的政策措施,优化了高校聋人大学毕业生就业的管理手段和服务方式,鼓励支持高校聋人大学生就业创业,支持用人单位招聘聋人大学生,促进了高校聋人毕业生的就业创业工作,提升对高校聋人毕业生就业的支持力度。

作为特殊教育高校,要系统地将国家及地方的就业创业政策通过就业创业教育课堂教学、就业创业实习实践等途径传递给学生,使他们明确就业创业方向,坚定就业创业目标,提高就业创业积极性,出现问题知道解决路径,降低他们就业创业风险。

(三)聋人大学生就业创业风险防控与权益保障支持

就业创业的道路不会一帆风顺,总是会有各种各样的风险可能会造成聋人大学生权益受到伤害,身心与财产遭受损失,就业机会丧失,就业成本增加等。因此,在聋人高等教育支持体系中,必须加强对他们就业创业风险管控与权益保障的支持。

聋人大学生就业创业活动常见的风险主要有虚假招聘信息、虚构招聘单位、虚构高薪待遇、非法传销、不平等合同以及超长试用期等陷阱。这些陷阱使社会经验缺乏的聋人大学生在就业创业中身心及财产受到极大伤害,也丧失了其他合法就业创业的机会。

第一,对学生加强就业创业风险防范教育,提高他们的预防风险意识,特别要针对就业创业风险案例教育,正确认识传销和正规企业的区别,让学生在就业创业前、就业创业中保持警觉,避免落入陷阱。

第二,在就业创业教育中增加法律法规教育,掌握必要的法律知识,正确规避就业创业活动中可能出现的风险,了解就业合同的签订规定、劳动福利与劳动纪律规定、实习期的期限、违反合同规定的责任等,以法律为武器维护自己的权益。

第三,提高学校就业创业部门人员的工作能力与责任心。高校的就业创业部门是聋人大学生就业活动的实施者与把关者,负责聋人大学生就业招聘单位的审核。在发布招聘信息之前要认真核查,确保就业信息真实、可靠、安全,如果对有关信息无法确认,就不向学生发布,避免让学生落入陷阱。

第四,成立专门的就业权益维护机构,帮助学生维护正当的就业创业权益。由于社会经验不足与社会复杂性,聋人大学生的就业创业活动可能会遇到陷阱。成立专门的维权队伍,一方面可以面向学生开展法律咨询活动,另一方面当学生遇到就业违约或者陷阱时,为学生提供法律服务,减少学生的就业创业成本。

第九章

聋人高等教育
思想文化建设支持体系

"时代是思想之母,实践是理论之源",聋人大学生思想政治状况源于时代的发展和实践的展示,同时也依赖于思想政治教育的潜心培育和具有"爱心、恒信、细心"的关怀引领。新时代社会发展为聋人思想政治教育和文化自信提供了良好的方法途径,做好这项工作应该从政治切入、文化引领、方法创新、个性化教育等方面统筹发力。

第一节
聋人大学生思想政治状况分析研究

长春大学自1987年举办聋人高等教育,开创了我国聋人高等教育的先河以来,迄今已有30多年的历史;郑州工程技术学院2001年举办聋人高等教育,开创了我国中西部地区聋人高等教育的先河以来,迄今也有了20多年的历史。在此期间,北京联合大学、天津理工大学等高校也相继开办了聋人高等教育,共培养了数千名聋人大学毕业生。聋人高等教育的举办,对聋人教育来说,是一种教育体系的补充和完善,对聋人这个特殊的群体来说,是国力强盛、社会文明、教育发展的体现,是党和国家"格外关心关爱"的体现,也是聋人本身追求理想与进步,自强自立、奋发图强精神的展示。与此同时,聋人大学生作为一个较为特殊的群体,也日益成为学术教育界广泛关注和研究的对象。但是,聋人大学生吸引的研究者更多来自心理学、教育学、生理学、社会学等研究领域,研究的成果也更多表现在以上几个方面的研究领域。仅以郑州工程技术学院近几年的研究为例:有《"融合教育"对促进聋哑生心理健康的研究与实践》《关于河南省高等教育中的聋听"一体化"教学模式的研究》《聋人高等美术教育实践》《聋人学生语言学习制约因素探析》等省、厅级科研项目数十项,涉及聋人学生教育教学的研究约占85%,涉及聋人学生心理研究的约占10%,约5%为其他方面的研究,而来自思想政治教育研究领域的研究者与研究项目少之又少。聋人大学生的思想政治状况究竟如何,存在着哪些问题,如何加以改进、加强教育、突出成效,以帮助聋人大学生群体树立正确的世界观、人生观、价值观,都缺乏全面而又深入的研究成果,因此也就没有形成一整套行之有效的聋人大学生思想政治教育体系。

有针对性地开展聋人大学生思想政治教育工作,必须深刻把握聋人大学生的思想政治状况,以及聋人大学生生理、心理、伦理状况等基本信息,才能有针对性地提出聋人大学生思想政治教育的重点内容,探索出聋人大学生思想政治教育的路径方法。

一、聋人大学生思想政治教育状况

由于聋人大学生存在听觉和言语表达障碍,势必形成较为特殊的心理特征和行为方式。① 这种迥于健听人的心理特征和行为方式的变化,同样影响他们对社会、对自然、对世界的特殊的认识。但是这种特殊的认识到底是一种怎样的认识,和健听人相比有什么样的区别,又如何根据这种特殊的认识和区别进行有针对性的教育工作,就要采取系统化思维模式、定量与定性向结合分析方法进行研究。郑州工程技术学院特殊教育学院从2020级学生中各抽取100名健听学生和100名聋人学生作为访问对象,对部分思政课老师、手语翻译老师、特殊教育学院有关教育管理人员以及学生进行访谈,对访谈信息进行了深入研究。特别说明,健听和聋人学生全部从特殊教育学院抽取主要是出于访问客体一致性的考虑。

在全校范围内对聋人学生的思想、学习、生活、家庭结构等状况进行调查,调查结果比较真实地反映了当前学生的思想状况及存在的问题,为我们今后如何针对学生开展思想政治教育、培育健康的人格,以适应新时期社会发展的需要提供了参考依据(表9.1)。

---

① 黄锦玲.聋人大学生心理健康研究综述[J].中国特殊教育,2006,10:32—35.

表9.1(1) 听障大学生对思想政治课地位的认识

重要100—不重要0	人数	百分比(%)
81—100	26	39.06
61—80	12	18.75
41—60	16	25
21—40	8	12.5
0—21	1	1.56

表9.1(2) 学生通过何种方式了解思想政治教育

通过何种方式	人数	百分比(%)
教师授课	49	76.56
学校宣传教育	43	67.18
教育视频、纪录片、微团课	44	68.75
书籍	32	5
其他	3	4.69

表9.1(3) 对自己的聋人身份是否有归属感

有100—无0	人数	百分比(%)
81—100	18	28.13
61—80	23	35.93
41—60	10	15.63
21—40	8	12.5
0—21	2	3.13

(一)调查问卷的基本情况

问卷的设计:问卷内容涉及学生人生观和价值观、政治态度、基础文明素养、人际交往、家庭结构等方面。

问卷的发放和回收:本次调查共发出问卷200份。

(二)调查结果及存在的问题分析

调查结果显示,学校大学生思想道德状况的主流呈现积极、健康、向上的态势,学生比较了解党和国家的发展历史,关注国内外时事政治,拥护党

的领导,人生态度比较积极,能够把个人价值实现与服务社会统一起来。现将调查情况和结果分析如下:

1. 政治思想方面

绝大多数(80%)的学生知道中国共产党成立于1921年,但还有20%的学生不知道;100%的学生知道中国现在的国家制度是社会主义制度,63.5%的学生知道新中国成立后我国经历过的历代党的领导集体。

64.6%的学生写过入党申请,35.8%的学生已经是党员或预备党员,24.6%的学生是入党积极分子,另外38.6%的学生也已经是发展对象。选择加入中国共产党的动机是信仰共产主义的占10.3%,为他人和社会多做贡献的有43.1%,能够更好地发挥自己的社会作用并早日成才的占36.8%。在尚未要求或不打算要求入党的学生中,选择"不要求加入共产党的主要原因是觉得个人条件不成熟"的占到45.7%。

33.3%的学生认为学习思想政治对自己帮助非常大,51.5%的学生认为比较有帮助。认为当代大学生很需要加强思想政治理论培养的则占到了70.1%。

总体情况看,郑州工程技术学院聋人大学生政治思想进步,关心国家大事,有较强的政治鉴别力,学生党员入党动机端正,但也有相当一部分学生对党的发展历史的了解不够清楚,因此有必要进一步认真研究和探索,采取改革开放成果教育、"四史"教育等有效措施,以及采取理论联系实际,如与老师谈心、交流,以重大节日、实践为契机,开展主题教育活动等增强学生的共产主义信念,激发他们的爱国热情。

2. 人生观和价值观

在人生目标上,多数大学生渴望实现自身价值,并通过实现自身价值成就事业。在回答"你的人生目标是"时,68.3%的学生希望实现自己价值;19,0%以赚钱为目的。63.1%的大学生认为人的价值取决于对社会的贡献大小、是否干出了一番事业,有23.1%的学生认为取决于人格是否高尚,但是也有6.2%的学生认为取决于生活是否舒适潇洒。

59.7%的学生认为应该提倡艰苦奋斗的精神;93.6%的学生认为奉献是人生的最大快乐;94.0%的学生认为人与人之间应该相互关心;82.0%的学生认为应正当索取,积极奉献;87.6%的学生对个人利益应服从集体国家利益表示赞同;分别有45.9%和47.1%的学生不赞同人的本质是自私的,及为了成功可以不择手段。

调查显示,聋人大学生的人生价值观的主流呈健康向上的趋势,但市场经济对大学生产生了巨大的冲击,市场经济中那些注重于物质利益追求的负面因素渗入校园中,一部分大学生对理想、前途和金钱、利益的关系感到困惑,理想和前途观在向实用主义靠拢。所以,必须以合理的方式引导学生树立正确的人生观和价值观。

3. 心理状况

22.2%的同学表示"没有压力,心理健康状况良好",54.0%的认为"有点压力,通过自我调节可以保持良好",但还有19.0%的学生认为自己的心理健康状况:"有压力,需要通过心理帮助维持良好",4.8%的同学"有压力,不知怎么办,心理健康状况不好"。

在人际关系问题上,37.9%的同学认为自己"善于交往,人际关系十分和谐",43.9%的"人际关系较和谐,偶尔出现的矛盾可以自己解决",当然,也还有16.7%的同学表示自己"性格内向,不善交往,人际关系一般",1.5%的"人际关系不和谐,不善于处理矛盾"。在回答怎样处理与同学的矛盾问题时选择以友善态度积极入理的占绝大多数83.3%,但也有13.6%的学生选择消极回避,3.1%同学选择强硬方式。

根据数据分析,聋人大学生的情绪状况基本上是良好的,但也有相当一部分学生感到心情郁闷、压抑,不愿与人交往。学生的心理及行为观念是一个动态的量,它极易受到与他们关系密切的外界条件的干扰和影响,导致心理认知及行为方式等方面存在偏差,成为学生安全工作的隐患。因此,要求辅导员及手语老师要经常找学生聊天交流,及时发现并帮助他们解决心理问题,并建立和完善学生工作调查研究、信息交流与反馈等机制,消除安全隐患。

4. 诚信方面

对于"诚信",被调查同学都认为诚信很重要,但对于现实中的诚信状况,他们所持的态度则存在一定的差异性,一是源于社会上不诚信现象的影响,二是校园本身也有一些不诚信的现象。这种认知和实践上客观存在的矛盾,实质上表明当代大学生在诚信意识上既有值得肯定的一面,又存在着问题,这恰恰是当今社会多元化思想在当代大学生诚信意识上的表现,如果不及时解决,我们通过教育使大学生在理论上认同的道德规范,往往不能变成实实在在的道德行为。

5. 上网情况

调查显示,平均每天上网时间:"从不上网"的占0.0%,"3小时以下"的占46.2%,"4~5小时"的占34.4%,"5小时以上"的占16.2%;通过网络主要用于浏览新闻的占46.4%,用于聊天、看电影、上网的占到37.8%,也有15.8%的用于玩游戏。

互联网快速发展,在短时间内侵入了绝大部分学生的学习和生活中,对学生的影响越来越大,已经成为大学生学习、休闲娱乐和交往的一种主要方式。因此要注意加强学生宿舍网络管理。针对当前学生智能宽屏大手机日益增多和互联网全覆盖增多的趋势，学校应加强校园网宿舍管理工作，一方面可以有效控制宿舍内私拉乱扯现象，减少部分安全隐患。另一方面可以加强网络监管，有效杜绝不良信息的侵蚀，使他们有效利用网络。

二、聋人大学生在思想政治状况方面存在的问题及原因分析

(一)对思想政治工作的定位认识不够清晰

思想政治工作被比喻成"生命线"，可见思想政治工作在大学生教育教学工作中的价值和意义。聋人大学生由于生理原因表现为重感知，轻概念现象，对形象性的东西、具体的事物理解掌握比较容易，对抽象、概念化的事物认识理解就比较困难。由于就业等方面的压力，聋人大学生对专业课程更为重视，投入的时间和精力较多，对思想政治教育课、劳动课、写作课等认识不够到位，投入不够，学习不够积极，效果差强人意。

(二)学院(系)对聋人大学生思想政治教育重视程度欠缺

学院(系)过多地把精力放在专业学习和心理教育上，而对本质性的思想政治教育却在投入时间和精力不够，对聋人大学生的思想政治教育普遍研究不足。从聋人高等教育思想政治教育情况来看，思政课课堂教学内容、教学方法、教学目的等方面与健听学生相比并无任何区别，更加需要课程思政参与的诸多特殊教育专业课程还没有充分发挥它的作用，"三全育人"格局还没有真正建立起来。另外，针对残疾人的思想政治教育研究课题一是很少，甚至根本没有，二是即使有以残疾人为研究对象的思想政治课题也很难立项。以中国残疾人联合会每年设立的课题指南来看就可以看出来。以2020、2019年为例：2020年中国残疾人联合会共设课题36项，其中残疾人事业综合课题研究14项，残疾人辅助器具专项研究课题17项，残疾人体育专项研究课题3项，盲人医疗按摩专项研究课题盲人医疗按摩专项研究课题2项；2019年中国残疾人联合会共设课题50项，其中"十四五"残疾人事业规划前期研究课题17项，残疾人辅助器具专项研究课题17项，残疾人体育专项研究课题17项。从这两年的研究课题指南来看，突出表现为以下几个特点：一是偏重于政策研究性；二是偏重于应用性，如残疾人辅助器具研究等；三是偏重于体质体能的训练研究；四是关于残疾人基础研究软为欠缺。

(三)复杂多变的社会形势、科技发展、突出自我的个人诉求等对
聋人大学生思想政治教育冲击越来越大，挑战越来越大

复杂多变的社会形势如贫富差距日益拉大，社会阶层分化，矛盾冲突不断增多等问题越来越突出；科技发展表现为信息的传播更加广泛、深入，资

源共享度越来越高,与此同时,各种各样的价值观念、思想文化现象等通过互联网也随之扑面而来,令聋人大学生应接不暇,容易产生是非不明、判别不清。

针对这种种状况,我们认为聋人大学生的思想政治教育应当结合聋人的特点,运用立体化、系统性、多样式的教学媒介与浅显易懂的教学风格,结合聋人的生活实际进行思想教育。

第二节 建立基于聋人大学生的思想政治育人新格局

建立聋人大学生思想政治教育新格局,既要深刻把握时代特点、发展脉搏,更要洞察聋人身心特点、自我诉求,有针对性地开展思想政治教育,树立正确的世界观、人生观和价值观。

一、计划经济思维的思想政治教育

新中国成立以来,由于众所周知的历史原因,我国在经济社会发展中曾经沿袭苏联高度集中的计划经济模式。在这一思维惯式影响下,思想政治教育的计划经济色彩浓厚。教育被作为行政机构进行管理,办学在教育部门掌控下以"指令"的形式运行,沦为片面化、简单化的教育。具体表现在以下几个方面。

(一)行政化的管理方式

思想政治教育是指为使社会成员形成一定社会要求的思想品德,使用一定的思想观念、政治观点、道德规范,有目的、有计划、有组织地进行的社会实践活动。为有效地进行管理和资源配置,思想政治教育普遍实行科层制的管理方式,行政触角遍及学校的方方面面。行政化的表现至少有两种形式:一是政府部门对学校管理的行政化,二是学校内部管理的行政化。在行政化的学校里,政府对学校进行事无巨细的管理,下级服从上级,教学服从行政,从人、财、物分配到学校的招生、教学、科研、学位授予、领导任命的管理等无不由政府包管,行政包办。学校成为政府管理环节中的一环,丧失了重要的办学自主权。而且,在网格化、条块化的行政管理体系中,思想政治教育的教学、管理等工作被不同的部门负责,按照行政的逻辑而不是教育教学的规律去管理,这不仅隐藏着合作、协调的危机,也使教育扭曲了既有的价值目的,教育日益失去了教书育人、追求真理、服务社会等的价值本位。

(二)封闭式的办学观念

福柯指出,为了保证理性世界的清洁有序,中世纪的人们对疯癫者采取隔离处决的做法。把"精神错乱者"装进"愚人船"里"送到千支百叉的江河上或茫茫无际的大海上",交给"脱离尘世的、不可捉摸的命运"。在正常/异常的二分思维那里,聋人的生理不便被看作一种身体缺陷,而是异于常人的特殊分子。教育即要找出他们的病理缺陷,以医学的方式进行治疗和根除。为了预防这些特殊分子受到伤害或伤害他人,把他们集中在封闭的空间,在正常和异常之间树立了一道有益的屏障是无法拒绝的选择。当前,这种封闭的办学观念在特殊教育学校中广泛存在。但是,这种封闭的办学理念,虽然给聋人学生带来暂时的安全,却把他们与真实的世界一分为二,切断了他们走入自然、亲近社会的通道。聋人学生本该缤纷的生活变得苍白单调,不仅影响了聋人学生的思想与身体同步发展,对他们未来的社会融合也带来不可估量的消极影响。

(三)配给式的资源模式

课程资源对于思想政治教育的开展意义重大,其不仅是思想政治教育实施的抓手,也最能体现国家的教育目的、学生的健康发展。但是,在计划经济的办学思维下,聋人思想政治教育的课程资源主要由政府控制,学校参与课程开发的空间十分有限。而且,由于特殊教育课程改革进程缓慢,课程开发与设计落后于社会与聋人学生成长需要,致使聋人学生思想政治教育的资源同样供给十分匮乏。以课程标准为例,课程标准是"开展教育教学活动的基本依据,在古今残疾学生全面发展中发挥着十分关键的作用"。由于国家一直没有公开出台相应的课程标准,基层学校的办学缺乏导向,一线教学只好各显神通,处于"脚踩西瓜皮,滑到哪里是哪里"的混乱局面。教材的情况同样如此。特殊教育的思政教材多年没有修订,存在陈旧老化、脱离生活、时效性差等问题,"概念性知识较多,只适合学生机械记忆,没有相关可实践的内容"。不但老师教得很吃力,学生更是学得云里雾里,厌学情绪日益严重。

(四)划一式的课堂教学

在对聋人学生进行思想政治教育过程中,教学格局同样存在一定的缺陷。学校在课堂教学中整齐划一,不重视因材施教,也不注意根据聋人学生的生理、心理特点进行教育,普遍存在重视理论轻视实践现象。在教育手段的选择上,学校也主要采用传统的口耳(手眼)传授的形式,内容多是理性化的知识点,与特殊群体关切的社会实际问题贴合度不高,无法触发学生的兴奋点,激发学生的参与学习的热情和动力。此外,教师主要以健听人为主体,受制于手口交流的难题,他们也很少采用互动交流的教学模式,没有将思想政治教育与学生自身发展状况结合一体,一味追求进行政治教育、思想教育,导致学生的主观能动性遭受压迫,抵触情绪、反对情绪严重影响着思想政治教育的开展和进行。

在计划经济背景下建构起来的思想政治教育体系,不仅内容被受教育者所诟病,也受到从业人员的质疑,这种体系与聋人学生群体教育理念相差甚远。

二、聋人学生思想政治教育遭遇困境

在计划经济指向的教育模式下,聋人学生的思想政治教育遭遇到严重的困境。教育管理体制僵化,活力严重不足,与社会对年轻一代的思想要求背道而驰。学生学习的动力不足,效率低下,无法契合也无法满足聋人学生的发展需求。

(一)管理僵化,教育活力不足

思想政治教育工作是一个政、校、社、生齐抓共管,共同参与的有机整体,也是一个"利益"共同体。从学校角度而言,当前,思想政治教育内部各要素在行政化的管理模式下各自独立运行,分散、封闭、低效,互动交流不够、协同统筹缺乏,教育活动无法按照教育规律,而是各方的管理自成体系,各自为政,按照自己的思维模式利益分配开展活动,这严重制约着共同体整体效果的发挥。行政化的管理偏离了思想政治教育的运行规律,不尊重聋人学生的身心特征,教师因循守旧,学生缺乏学习热情。

(二)偏离需求,学习动力不足

思想政治教育工作的开展是政治组织的一种政治需要,既是为了政治统治的需要,也是为了社会文明进步、人类自身发展的需要。聋人学生的思想政治教育既体现了常态的思想政治教育概念,也体现了他们的身心发展特征。因此,"聋人学生的思想政治教育应以其心理健康为基础,以适应主流社会为重点,以政治教育为核心来进行开展"。把心理健康、适应社会、方便就业、政治坚定作为聋人学生思想政治工作的最高指向,这既是社会现实需要,也是聋人学生本体需求。心理健康、适应社会、方便就业、政治坚定是聋人学生思想政治教育工作的立足点和出发点,那么,一切方法途径、内容要素、教育主体、资源供给都要围绕这个最高目标指向来开展和实施。然而,通过对河南有关特殊教育学校(聋校)调研得知,特殊教育学校(聋校)思想政治理论课普遍存在以下问题,如教学目标定位不够科学合理、未结合实际,多以知识传授和缺陷补偿为主;课程资源单一,缺乏必要的校外课堂和社会实践课堂;内容比较单调枯燥,以理论知识为主,缺乏感性现实的信息供给;教学方法以机械记忆,死记硬背为主,缺乏灵活多样的教学方法,教学技能不足;教学语言使用混乱、思想政治课新入职教师较多,对聋人学生身心属性缺乏必要的深入了解;等等。需求决定目标,热情决定动力。偏离了实际需求、目标定位,失去了内在动力的思想政治教育课,其效果必然会不理想。

（三）标准教育,忽视聋人身心属性

实施高质量的思想政治教育,高水平、专业化的教师队伍是必不可少的一环,聋人学生思想政治教育更是如此。聋人由于其生理的特殊性以及由此带来的心理特性,要求从事聋人思想政治教育必须摆脱标准化教育的模式,尊重聋人思想政治教育的需求,按照特殊思想政治教育规律开展教育活动。要求思想政治教育队伍除了具有专业的思想政治教育理论素养外,还要有扎实的聋人生理、心理知识,以及从事特殊教育的教育教学能力。

"截至2014年,全国义务教育阶段特殊教育学校2000所,其中2009—2014年期间新增加328所。截至2014年底,全国特教师资达48125人,比2009增加了10088人,增幅26.8%。"因此,从实际来看,目前从事特殊教育思想政治教育的教师多是接受普通高等教育或从事普通教育出身,其整体年龄偏轻,20%以上为2009年以后入职,少有特殊教育培训经历,也缺乏特教知识。这种情况在河南特殊教育学校同样存在。在教学过程中往往按照标准教育的模式、用对待普通学生群体的教学方法进行教学。在这种标准教育下,聋人的身心属性被忽视,其思想政治教育的兴奋点与关注点也被掩盖,有效提升他们思想政治素养的机会被剥夺,也使得聋人特殊思想政治教育效率值较低。

三、聋人学生思想政治教育变革之策

针对聋人学生思想政治教育存在的问题,作为思想政治教育活动的实施者与主导者,特殊教育（聋人）学校思想政治教育必须从结构上改革,重构符合聋人实际的思想政治教育模式,从"需求侧拉动"到"供给侧推动",提高思想政治教育供给端的质量、效率和创新性,努力满足学生个性化发展的需要和未来社会对人才的需求。聋人学生群体思想政治教育中的"供给侧"改革,首先要充分发挥思想政治教育开放性、立体性、综合性与实践性的特征,依据聋人学生群体的生理、心理与伦理实际,采用有效的措施,革新以往管理上各部门"诸侯割据,各自为政"的不良局面;教学上以教师为主导,以讲授为中心,以传授理论为宗旨的教学模式。结合教育实际,对思政管理模式与教学内容、教学过程进行改革,最大程度地激发学生对思想政治教育的兴

趣,提升教育质量,提高特殊群体的思政素养。

(一)管办评分离,激发思想政治教育内驱力

当前,我国特殊思想政治教育效果的评判往往由学校自己说了算,学校既当运动员又当裁判员,造成特殊学校思想政治教育内驱力缺失。特殊思想政治教育的有效提升,需要打破这种局面,实施管、办、评分离,教育管理部门要对学校进行宏观指导,制定明确的教育目标,给学校一定的教育自主权,避免直接干预学校思想政治教育活动。学校作为思想政治教育第一线的实施者,应当在教育主管部门的指导下,根据自身特点、学生的特殊性和实际需求,有针对性地制订教育计划、课程设计和方式方法。而作为思想政治教育活动效果的评价方面则应扩大社会对特殊思想政治教育评价领域的参与度,评价活动交给学校以外的第三方社会专业机构进行评价。三者相互督促,相互协调,围绕提升聋人学生思想政治教育的目标而共同努力,以此来解决聋人学生思想政治教育出现机制僵化问题。

(二)多元办学,打造思想政治教育共同体

要把党的十八大报告提出的"把立德树人作为教育的根本任务"这一根本任务和总体目标落到实处,把聋人学生对思想政治教育的内在需求落到实处,就要对特殊思想政治教育进行重新整合定位,将具有共生性、共处性,相互作用、相互制约的各种教育因素进行整合,构建思想政治教育共同体。并且使共同体内各要素相互协调发展,产生思想政治教育的共轭效应。

在这种教育理念的支撑下,作为思想政治教育主要承担者的学生事务部门要与其他教务部门以及学校其他各要素相互协调发展,校内思想政治教育系统与校外思想政治教育系统的配合,创建大思想政治教育,形成教育合力,在校内外范围内形成人人参与、全员育人的思想政治教育氛围,通过积极向上的思政环境提升聋人学生的思想政治素养。

为实现多元办学目标,聋人思想政治教育要对"供给侧"进行创新,在思想政治教育活动中实行打破条块化模式,统合教育资源。整个思想政治教育要在校长的整体负责下,整个教育系统包括教学、政教、宣传、后勤等各个部门共同参与,要从整体上组织、协调、实施各项教育活动,落实各项教育目标,督促各类人员发挥各自特点与教育资源优势,并强化社会优秀聋人在培养聋人学生思想政治教育中的引领带动作用,优化共同体内部结构和作用机制,聘请他们作为学校的编外辅导员,形成教育合力,通过自己的言传身教让学生受到正面的引领。通过创造全新的思想政治教育体制,让环境育人、服务育人落到实处,使学生感受到德育的力量,提升思想政治教育质量。通过以上制度创新,措施实施,以解决思想政治教育出现的真空问题。

(三)精准供给,满足聋人学生特殊需求

实践证明,要解决需求端出现的问题,答案往往要从"供给端"来寻找。当前聋人学生思想政治教育中出现的问题主要就是思想政治教育的供给方式与内容与特殊群体的需求脱节问题。作为聋人思想政治教育的实施者,特殊学校必须结合教育对象的身心发展实际,对传统思想政治教育从"供给侧"进行改革,实施"精准供给",以此来满足聋人的特殊需求。

精准供给就是要紧紧围绕聋人学生的"心理健康、适应社会、方便就业、政治坚定"四要素需求来谋划实施。

第一,对聋人学生"开展我是谁""我为什么和别人不一样""除了听我什么都能做"等主题教育和社会实践活动,让聋人学生对自己、对自己的身心特点有一个明确的认识,认清自我,了解他人,了解社会,增强自信心,塑造健康心理。

第二,要为聋人学生适应社会,融入社会搭建无障碍渠道。让聋人学生参加一切学校组织的学生活动和社会活动,甚至演讲比赛、歌咏比赛,等等,他们可以用手语来"演讲",来"唱歌",多交流、多沟通、多展示,借此来树立聋人学生的"自信、自立、自强、自爱"精神。同时,社会也要加强残疾人观建设,建立和谐、健康、文明的观念。同国内外驱动,尽可能扫清一切适应、融入社会的障碍。

第三,鉴于现实情况,不是每一位聋人学生都能够接受高等教育,就是接受高等教育也面临就业问题。因此,在中学阶段就要为聋人学生做好就业的准备。对于毕业后准备就业的中学生要加强实习实训教学,帮助他们掌握一技之长;要教育他们树立正确的就业观,到基层、劳动一线、艰苦岗位就业,只要自食其力就是光荣的,甚至鼓励有能力的聋人学生自主创业;政府部门要为聋人学生就业提供政策保障,社会就业单位要为聋人学生就业提供各种帮助。

第四,社会主义核心价值观的"二十四"内容是聋人学生政治思想的灵魂。以课堂教学为主,以学校团学活动和社会实践活动的开展为辅,构建适宜的教学模式,创建高效率的方式方法,增强聋人学生思想政治教育的实效性。

(四)丰富资源,优化聋人学生教育选择

对聋人学生进行思想政治教育活动"供给侧"的改革,不仅要立足于、依靠课堂思想政治教育活动,还必须为聋人学生提供更加丰富、适合聋人需求的丰富的资源,优化聋人的教育选择,通过多途径的共同教育,提升聋人学生的思政水平。

思想政治理论课堂教学是聋人学生思想政治教育的主渠道、主阵地,要

发挥好主渠道、主阵地作用,就必须结合聋人学生身心特点,思维感知能力进行创造性教学。聋人学生抽象逻辑思维能力较低,具象感性认知较强,偏好视觉语言、视觉敏锐的生理思维习惯和特点,对聋人学生开展思想政治教育要以"四要素"作为指南和目标,那么它的习惯和特点、指南和目标就是对主阵地进行创新的依据。创新就是对教材的再开发。从全国来看,"聋人学生各年级所用教材多为相对应义务阶段的思想品德课教材"①,应该以基础教育教材为蓝本,加入鲜活的案例、植入生动的视频图片,运用通俗易懂的语言,提高思政课教学的实际效果。好的社会活动和校内团学活动是人认识世界、认识自我、收获友谊、提高自己能力的途径,也是实现自身价值的重要场所。聋人学生群体由于生理原因,在社会交往中往往以群体内交往为主,相对封闭的社交圈在提高了交往便利的同时,也对他们的社会适应性造成困难,不利于其良好思想品格的塑造。那么就必须鼓励聋人学生走出封闭的"圈子",同时也要改变惯性思维,为聋人学生参加学校团学活动、社会活动创造条件,提供便利。要充分发挥 QQ、微信、微博新媒介的功能,聋人学生对上述交流新媒介的依赖程度要远远高于健听学生。据对某健听学校和特殊教育学校聋人学生调查得知,健听中学生加入的微信群最多不超过10个,而聋人中学生尤其是高年级学生加入的微信群多则上百,少则几十。因此要把聋人学生思想政治教育延伸到新交流平台中,建立传递正能量的微信群,鼓励老师通过这种渠道与聋人学生多沟通多交流。

综上所述,以聋人学生对思想政治教育的实际需要为准绳,以身心特点和思维习惯为依据,对思想政治教育管理体制机制、教学方式方法、师资队伍建设等方面进行针对性的供给侧改革,不仅势在必行,而且大有帮助。在这一点上,学校要发挥主导作用,政府、主管部门、有关部门、教师、社会也要发挥主观能动性予以大力支持,学生积极参与,齐抓共管形成合力,聋人学生思想政治教育的美好春天为时不远。②

---

① 郁丽倩.上海聋哑高中政教材课程开发研究[D].上海:上海师范大学,2015.
② 谭笑凤.听障生思想政治教育"供给侧"改革探析[J].中国教育学刊,2016(12):92-96.

第三节
建立基于聋人大学生的文化建设新常态

文化建设教育引领之功能润物无声,但是却最久远而深沉。如果方法得当,切中肯綮,将会对聋人大学生思想政治教育工作起到事半功倍的作用,同时帮助他们系好人生第一粒扣子,更加久远地深入学生骨髓影响他的人生。

一、聋人大学生思想政治人文素养现状

新世纪以来,随着社会的快速发展,国家对残疾人高等教育也越来越重视,至 2022 年,全国已经有 23 所高等院(校)招收聋人大学生,数以万计的聋人得以实现自己的大学梦,实现社会的公平与正义。众多的聋人进入高校学习,一方面提高了他们的社会地位,增强了他们的社会责任感与自信心,另一方面,大量的聋人高等院校扩招也出现了一些问题。近年来在聋人大学生中出现的一些现象显示,聋人大学生在专业得到强化的同时,他们的人文素养存在着不同程度的缺陷。这些问题的存在,对于聋人群体的健康发展,对于聋人大学生的个人进步有着严重的影响。这种人文素质的欠缺主要表现在以下几个方面。

(一)人文知识普遍不足

人文知识是关于人类精神生活领域的基本知识,涉及非常广泛,如历史、文学、政治、法律、艺术、哲学、道德、语言等。人文知识可以从课堂上、媒体中获取,也可以从他人的言传身教中体悟。通过个人理解吸收,内化为自己的意识、思想和情感,就能够转变为人文素养,变为自己的意识、思想、情感乃至行动,显示出人文知识的真正价值。

(二)对于精神需求的重视程度远低于物质需求

物质条件是人类赖以生存与发展的基础,而精神需求则是对人更高境界的追求,代表着人类的进步与发展,二者相互促进,缺一不可。精神与物质的和谐能促进个人人文精神,培养具有崇高精神境界的优秀聋人大学生。

我们在调查中发现,聋人大学生在对精神追求与物质追求过程中,二者的比重是不平衡的,他们对物质追求的意愿过于强烈,而对于精神方面的追求比较淡化。体现在消费比例上,表现出在精神上的费用支出远低于物质上的支出。郑州工程技术学院目前聋人大学生一般每月的生活费为 700~900 元,

更高的有 1200 元以上。但无论花费多少,他们各项支出的比例相近,其中吃饭约占 60%,日用品及娱乐上网占 30%(女生在美容美发上的支出可以占到全部支出的 20%),交通与书籍类的费用均不到 5%(图 9-1)。

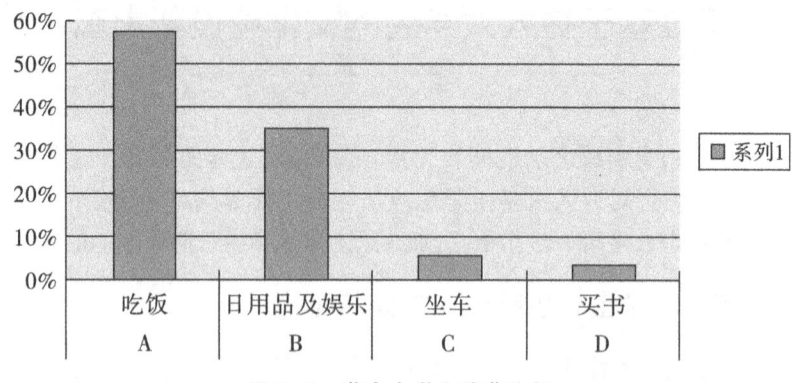

图 9-1 聋人大学生消费比例

聋人大学生由于听觉受损,缺乏声音符号的刺激,无法多维度地获取外界信息,形成视听多元化信息融合,其获取外界有效信息,塑造个人世界观、人生观的途径主要靠视觉,这样往往会被一些表面现象所迷惑,形成不正确的认知。大学阶段正是聋人大学生脱离中学被迫学习、保姆式服务的环境,开始培养其对社会,对人生认识的关键阶段。而面对多元文化的冲击,有许多聋人大学生认不清什么是主流文化,往往过于突出外在形象的塑造,而忽略对自身素质的提高。

(三)人文书籍阅读量少,阅读书籍格调普遍不高

人文类书籍的阅读也是提高人文素养的途径,图书馆丰富的藏书为聋人大学生提高人文素养提供了充足的条件,他们可以利用这些条件去提高自身的人文素养。但我们在调查中发现,郑州工程技术学院 65% 的聋人大学生一学期进图书馆的次数不足三次,近 20% 的甚至一学期一次也没有进去过,只有不到 15% 的同学每学期进过图书馆三次以上;同时还发现进图书馆的同学在专业类别上主要是美术类、摄影类同学,而他们进入图书馆主要是按照老师要求去寻找美术类图书,而对于人文类图书则很少借阅,在调查中发现,35% 的聋人学生不知道中国古典小说四大名著的名称,对中国现当代文学中的优秀作品了解更少,阅读人文知识图书的数量过少,对人类文化中有益的成分吸收不足,严重影响他们人文素养的提高。

聋人学生对人文类纸质图书阅读不多,他们的阅读活动方式主要集中在网络阅读,但阅读量同样不高。在调查中发现他们上网的主要用途除了完成作业外就是看电影、玩游戏以及聊天、发微博,借以排遣寂寞。据统计,

郑州工程技术学院聋人大学生每天上网的时间 3 个小时的有 80%，超过 5 个小时占 40%，甚至有 10% 的学生超过 8 个小时，无论在网上多长时间，他们用在阅读书籍的时间均不到上网时间的 30%，即使阅读文章多是一些网络小说，而对于一些有益的图书则阅读甚少。

(四)法律道德意识淡薄

聋人由于听力存在障碍，家庭教育弱化，加之信息接收能力单一，不能多角度获取社会道德文化与法律知识，使得一些聋人的法律道德意识比较淡薄，价值观不够明确，对自己的行为是否是违法缺乏辨别能力，容易做出违法的事情。部分聋人大学生对聋人盗窃犯持一种宽容态度，认为聋人去偷盗是有特定性原因的，如社会给聋人提供的工作机会少，许多聋人没有工作，即使有工作，工资偏低，家庭困难，不能满足生活的需要；社会对聋人认可度不高。聋人不懂法律；有些聋人是被迫去偷的。同时，他们把偷盗行为说成做生意，因为他们认为偷盗赚钱和做生意一样赚钱快，而对于自己是否会去"做生意"，大部分表示不确定。

聋人大学生的这些态度说明，他们不能去反思自己的行为与思想认识，而归因于社会原因，他们的法律道德观念模糊。这种认识如果没有得到及时解决，将会对社会造成很大隐患。

二、聋人大学生思想政治人文素养缺失的原因分析

(一)社会环境的影响

中国有着悠久的重文化、重修养的人文传统，这种优秀的文化传统的存在，是几千年来中华民族虽然屡经磨难，仍然屹立于世界民族之林并不断发扬光大，对世界文化产生深远影响的根本，中华民族成为世界上仅有的从没有中断过文化传承的民族，民族文化也成为在世界范围内极具影响的文化。但是由于近年来功利主义思想、自由主义思想等的不良影响，对优良的社会传统形成了不小的冲击。我们在调查中发现，部分用人企业对新进员工的首要要求是能够熟练掌握本职位的工作，以能为单位创造利润最大化为主要择人标准。在这种社会风气以及当前存在着较大就业压力的影响下，以就业为导向的聋人高等院(校)为了更好地促进学生就业，在课程设置上比较单一。根据我们的调查，当前聋人院校为聋人大学生开设的专业多为服装与服饰设计和产品设计、绘画、动画、特殊教育、装潢艺术设计、艺术设计(古建筑绘画方向)、摄影摄像技术、计算机应用(多媒体方向)、动漫设计与制作、电子商务专业、机电一体化技术专业、食品加工技术专业、机械电子工

程专业、自动化专业、电子信息工程专业、工程造价专业、财务管理专业等[①]，这些专业都根据聋人视觉观察能力突出的长处开设课程，有利于聋人大学生发挥自己的优势进行学习，但这些专业中的课程设置普遍存在重理轻文的现象，文、史、哲等人文社会科学基础课程开设面狭窄，以专业课取代人文教育，以单一专业教育基本取代人格整体教育，这种状况的发展造成聋人大学生人文素养的缺失。

（二）教育制度的弊端

当前，以考试为中心，以升学为目标的教育使得各级聋人学校非常重视学生成绩的培养，而对于学生的人文精神的重视度远远不够。教育手段单一，加上封闭式管理模式阻隔了聋人学生与社会接触、学习的机会，使得聋人学生在聋校阶段不能得到良好的人文素养教育，缺乏良好的世界观，没有形成比较固定的人生观。而进入大学后采用的考评方式仍然是以分数为标准，这种应试教育的普遍采用使高校忽视了对大学生的道德品质、思想情操、社会责任感等人文情怀的培养，郑州工程技术学院对某聋人动漫专业的课程调查发现，该专业的教学大纲共开设了31门课程，其中仅大一年级中第二学期开设一个学期涉及人文素养的课程，其余的课程中除了体育、英语、思政与法律外全部是专业课程。导致传统人文教育在聋人高等教育中逐渐被淡化，聋人大学生的人文素养受到很大的影响。即使已经开设的关于人文素养方面的课程也不被重视，被视为公共课，授课中往往采用大班合堂上课。几个专业、数十名聋人一起上课，课堂教学不好组织，再加上师生沟通还要通过手语翻译的转述，使得师生缺乏有效互动，上课效果大打折扣，影响到聋人大学生对人文知识的理解与吸收。而且从事聋人高等教育中公共课的教师绝大部分是学校公共科目教研室的老师，他们不懂手语，没有聋人教育经验，不了解聋人大学生的身心特点，造成师生间在知识授受过程的节奏不协调，影响学生的学习积极性与学习效果。

（三）大学教师的人文素养不足

从事聋人高等教育的教师尤其是非人文学科教师他们的知识结构本身就是偏重于科学技术，人文素养的积累不够深厚。他们在教学过程中偏重于纯科学知识的传授和学生技能的训练，忽略了从自然科学知识中挖掘人文因素，使自然科学知识与人文社会科学知识相互融合、补充、贯通，这种缺陷使聋人大学生对人文精神汲取不足，人文素养严重缺乏。同时，由于聋人高等教育在专业设置上以应用型专业为主，聋人大学生认为自己只要把专

---

① 此数据来源于我们对当前开设聋人高等教育的院校的专业设置统计。

业技能学好,将来能找到工作就行,不需要学习人文知识,整体的人文教育氛围不浓。同时,由于人文教育属于纯理论教学,缺乏动手实践过程,学生学习意愿不足,再加上有些人文课程的教师教育教学方法有限,学生没有学习兴趣,也影响了学生人文素养的学习效果。

(四)校园文化建设不力

校园文化既是大学建设、文明创建的重要组成部分,又是文明学校形成的强劲动力。文化建设,有显性的,有隐形的;有硬条件,又有软条件。显与隐,硬与软之间相濡相成,相得益彰,共同促进了校园文化建设的张力。基于聋人大学生的校园文化建设,既有基于健听大学生的文化建设结构与形态,又有基于聋人大学生自身特点的文化建设的结构与形态。往往高校在进行校园文化建设时容易疏漏聋人自身特质的文化认同和需求,忽视文化建设对聋人身心成长、思想政治教育功能的发挥。究其原因,有校园文化建设的决策者和实施者缺乏特殊教育的背景,有决策者在学校建设过程中专注于硬的一方面而忽视了软的一方面的功能发挥,或者实施者不知道怎么样构建基于聋人特点的校园文化。总之,上述原因导致了校园建设作用发挥乏力,供给不足。

(五)聋人大学生自身的问题

聋人大学生人文素养的不高还有学生自身的问题。聋人学生由于先天性听力受损,使很多聋童,特别是出生在健听家庭中的儿童错过了语言学习的关键时期,而且由于和父母的沟通存在障碍,聋童对人文知识的学习存在着种种问题。研究证明人类语言与文化学习的关键时期是3~6岁,但这时候很多的聋童都奔波在治病或者安装助听器的路上,顾不上知识与文化的学习,缺乏人文培养,这一段人文教育的缺失是后来的人文教育不可弥补的。再加上聋校的教育存在过于注重手语技能与知识技能的学习,人文性相对缺失,同时在封闭式的聋校管理模式下他们大多寄宿在学校,不允许学生私自外出,与家庭、社会的接触机会相对较少,使聋童失去了与许多社会接触的机会,造成其社会适应性远远不如正常学生,而且容易忽略良好人文素养和行为习惯的养成,这种培养方式对其人文素质的培养十分不利。

这些不利的条件再加上以升学为目的的教育方式,促使聋人学生过于注重专业知识的学习,而对于人文素养的培养相对松弛,使得有不少聋人学生进入管理模式完全不同的大学后,对突然而至的复杂世界不知所措,人文素养比较低的特点就体现出来。出现以穿戴奇装异服为美,以讲求吃喝为荣、花钱大手大脚、接受不了挫折打击等不正常现象。

三、极强文化建设提高当代聋人大学生思想政治素养的对策

人文素养是人才素质的基础,现代社会发展迫切要求提高大学生人文素养。聋人高校应该调整思路,强化教学,通过各种途径提高学生的人文素养。

(一)完善教学体系,优化课程设置

对聋人大学生进行人文教育,是提高其人文素养工作的出发点与落脚点。没有完善的教学体系,教育体制的改革难以落实。美国哈佛大学曾提出要重视基础,要加强五大领域,每个学生必须在每个领域选修一门课。"第一领域是文学艺术;第二领域是历史;第三领域是社会分析和道德判断;第四领域是数学和自然科学;第五领域是外国语言和外国文化"。[①] 这五个门类不同的领域都是人文素养教育的基础,"他山之石,可以攻玉",哈佛大学提出的加强"五大领域",在人文教育中起着非常重要的作用,对我们优化课程体系,提高人文素养有许多借鉴意义。

利用课堂教学进行素养培养的方式有很多,在专业课教学时,应对于专业的文化背景,以及发展脉络、蕴含的人文精神进行深入剖析,提高学生的专业人文素养。同时针对聋人大学生的法制观念淡薄,分不清楚是非的现象,还应该大力加强对聋人大学生的法制教育,强化他们的法律意识,有条件的还可以聘请有经验的校外法律人士,通过他们工作中的实际案例与经验,来为学生讲解社会对公民法律道德要求。让他们参加社会实践,在具体的生活中使他们认识到社会上有些规则是要严格遵守,不能违反的。公共课是聋人大学生人文素养课堂学习的主要方式,而目前专门针对聋人大学生的人文素养教育公共课程比较缺乏,不能满足聋人大学生人文素养学习的需要。从事聋人教育专家学者应积极开拓适合聋人使用的教材,在公共课程学习中,课程的教学重点不应当仅仅是知识性,而应该为通用性知识培养,结合不同专业的学生,进行有针对性的人文素养教育。

(二)发挥教师的主导作用,教学中渗透文化精神

在学校的人才培养中教师处于主导地位,对学生的影响是最为直接,学生所受到的各种文化知识主要是通过老师传递的。聋人大学生的认知特性也决定了他们对老师的信任,并自觉接受老师的影响。这就要求从事聋人高等教育的教师既要有高深的学科造诣、丰富的人文知识,同时又要讲究教

---

① 转引自范志华《人文素养在当代大学生中的缺失与重建》学校党建与思想教育 2005-12-30

学方法。这些因素中高深的学术功底是教育的根本,而教师丰富的人文修养是灵魂。但是人文教育不能生硬地加入专业课中去,而是要与专业知识巧妙地融合在一起,自然而然地渗透专业知识教学中,这种渗透会使专业课更加丰富、富有生机和个性,这样就会在激发学生追求科学知识与兴趣的同时,潜移默化地提高其人文素养。而对聋人学生进行教学的文化课教师也要懂得聋人群体的心理特征,在对学生进行文化传递时结合聋人大学生的心理与专业背景进行教育教学,使学生乐于接受,易于接受。

(三) 重视环境育人的作用,努力营造良好的校园文化

校园文化指学校所具有特定的精神环境和文化气氛,包括物质形态如校园建筑格局、校园景观设计、绿化美化,也包括非物质形态如学校的传统、校风、学风、人际关系、集体舆论、心理氛围、学校的各种规章制度,以及学校成员在共同活动交往中形成的约定俗成的行为准则。健康的校园文化,可以陶冶学生的情操、启迪学生心智,自觉融入学校的文化氛围中,促进学生的全面发展。而聋人大学生视觉敏锐的优势以及对环境较强的依赖性的特点,决定了我们要通过强化校园文化以加强对聋人大学生人文素质的教育。因此,我们的校园文化要突出主流价值观,在弘扬主旋律同时又要具有人性化。要通过举办专家讲座、文艺演出、体育竞技、专题辩论、主题演讲和各类聋人交流俱乐部等,增强校园文化氛围并积极引导聋人大学生参与其中,使校园文化自然渗透到他们的心中。并且可以在团学活动以及班会中积极倡导聋人大学生明礼仪、守秩序、崇节俭、互济困、讲卫生的新风尚,养成文明的生活习惯、高雅的行为举止。校园环境要求做到洁、绿、亮、美,富于人文气韵。通过开展丰富多彩、健康向上的校园文化,毓人以灵气,陶情以高尚。同时通过便利的设施、具有人性化周到全面的服务,使他们在轻松的人际交往中潜移默化地提升其人文素养。

(四) 完善评价体系,构建人文素养评估标准

长期以来,由于受传统应试教育的束缚,高校对大学生素质的评估主要采用量化的手段,对聋人大学生的要求也同样如此,每年的评选优秀先进,都是跟成绩挂钩。人文素养是潜在的,无法完全用量化的指标来衡量,这就造成能力与素质脱钩。虽然人文社会科学知识的掌握程度可以用测评的方法来考查,但无法看出其内化的程度。人文素养必须通过大学生的行为或能力外显出来,需要循着知识的传授和积累,内化为人的素质,通过素质的修养促进能力的提高。

因此,目前聋人高校应转变传统观念,实行以人文教育为核心,知识与素质并重的素质教育,并建立大学生人文素养的评估体系,将定性指标与定量评分相结合,尽可能全面、客观地反映学生的综合素质。转变教育观念,

构建聋人大学生人文素养评估标准体系,这将有助于把聋人大学生人文素养的重建落到实处。

(五)融合教育文化氛围的支持

充分利用学校的人文环境,利用各种机会组织全校学生开展丰富多彩的校园文化活动。一是让聋人大学生和普通大学生一起参加学校的军训、运动会、文艺演出以及各种社团活动、节假日纪念活动等;二是发挥聋人大学生的专业优势,依托聋人大学生举办摄影、广告作品、写生、书法、藏书票、剪纸、木版画、陶艺及手工制作的展览等;三是给聋人大学生提供更多展示才华的平台,让他们树立自信、发挥优势。聋健同台演出,不仅能消除聋人大学生的封闭自卑心理,培养聋人大学生公平参与的能力,更重要的是这种融合教育的氛围能够深深感染健听学生,使他们进一步了解聋人大学生执着的奋斗精神,加强聋人大学生群体和普通大学生群体的互相交流和关爱,以达到相得益彰、共同提高的目的。

(六)构建支持聋人学生发展的自治体系

支持聋人学生加入自我管理组织队伍。以郑州工程技术学院为例,聋人学生在院学生会、分团委团队中占比约三分之一,学生会副主席、学生会各部副部长均设聋人学生一名;支持聋人学生建立自己的社团组织,爱心手语社为聋人提议创办,聋人文化交流俱乐部成员主要为聋人学生;支持聋人学生交流学习、举办各类文体活动。近年来,聋人学生多次组团到北京联合大学、江苏师范大学等高校交流学习,拓宽了学生的视野。2019 年 12 月 1 日,以聋人学生为主策划、组织、参与、创办了"庆祝第 28 个国际残疾人节"文艺晚会,充分彰显了聋人大学生群体的自我管理组织能力。